I0061254

8° Lf 76 11 (A)

1758

Anonyme

Recherches et considérations sur les finances de la France

6

76
Lf 11.
A

RECHERCHES

ET

CONSIDERATIONS

SUR

LES FINANCES

DE FRANCE.

TOME SIXIEME.

RECHERCHES

ET

CONSIDÉRATIONS

SUR

LES FINANCES

DE FRANCE,

Depuis 1595 jusqu'en 1721.

TOME SIXIEME.

A LIEGE.

M. DCC. LVIII.

RECHERCHES

ET CONSIDERATIONS

SUR

LES FINANCES

DE FRANCE,

Depuis 1595 jusqu'en 1721.

ANNÉE 1717.

D E s le 9 Janvier on commença à ouvrir un débouché aux billets de l'Etat. On avoit déja donné précédemment des ordres pour faire compenser les sommes dûes aux parties prenantes employées dans les états du Roi, jusqu'à la concurrence de ce qu'elles pouvoient devoir de taille, de capitation & de dixieme. Mais comme beaucoup d'Officiers de guerre & de Justice avoient

Tome VI. A

été payés en billets des arrérages de gages, d'appointemens, de penfions & de gratifications qui leur étoient dûs; il fut arrêté qu'ils pourroient, ainfi que les Gentilshommes, payer en billets de l'Etat ce qu'ils devoient d'arréra-ges de la capitation & du dixieme. Ce Réglement produifoit deux biens à-la-fois. En montrant un defir très-réel d'acquitter & de retirer les billets de l'Etat, on rehauffoit leur crédit : d'un autre côté, s'il eft jufte de faire con-tribuer les riches aux charges publi-ques dans la proportion de leurs reve-nus, il eft égalcment effentiel à l'ordre & au produit des finances de les foula-ger, lorfque cela eft poffible, de ma-niere que leurs confommations ne fouf-frent point d'interruption. C'eft un principe bien connu des riches & qui ne doit point être perdu de vûe; mais il faut le diftinguer de la fauffe appli-cation qu'on en peut faire, & tout rai-fonnement ceffe d'être jufte s'il s'éloi-gne de ce point unique où la vérité re-pofe en équilibre.

Dans les crifes de l'Etat, c'eft aux riches fans contredit à faire les fonds de fon maintien & de fa libération, puifque la fûreté de leurs propriétés en dépend. Il eſt vrai qu'un nouvel impôt diminue, s'il eſt un peu fort, la faculté & la volonté de conſommer ; mais cet inconvénient, que les gens intéreſſés font trop valoir, n'approche pas de celui qui réſulteroit de l'impuiſſance du Corps politique ; & il n'eſt pas vrai au fond que la conſommation ceſſe, puiſque l'Etat ne perçoit que pour dépenſer ; c'eſt ſeulement un cours différent que prennent les conſommations. Que pendant la guerre, par exemple, le dixieme des biens-fonds ſoit perçu, il eſt clair que les riches auront de moins à conſommer environ cinquante-deux millions ; mais l'Etat dépenſe cette ſomme pour payer une infinité de fournitures extraordinaires, qui font circuler l'argent dans des mains où il ne paſſoit pas auparavant. S'il étoit poſſible même que toutes les Provinces d'un Etat participaſſent également à ces fournitures, comme elles payent également l'impoſition, & ſi les Traités faits à cette occaſion n'étoient pas ordinairement fort deſavantageux à l'Etat en faveur d'un petit nombre de particuliers, il eſt évident que les terres gagneroient quelque choſe à ce changement de conſommation, dont le bénéfice leur reviendroit plus directement.

Il fut aussi permis de faire pendant le cours de l'année seulement le rachat de l'annuel en billets de l'Etat.

Si ces arrangemens acquittoient une portion des dettes de l'Etat, elles diminuoient la recette déja trop foible en comparaison des dépenses ; d'autant plus que les tailles avoient été diminuées pour cette année de quatre millions six cent cinq mille livres. Ce n'étoit qu'à force d'économie qu'on pouvoit espérer d'atteindre à cette balance. Mais si les retranchemens dans la distribution sont de ces opérations toujours applaudies du Public, il est certain que les particuliers le pardonnent rarement. Il faut un amour du bien tout-à-fait isolé pour y marcher par cette voie.

Le feu Roi ayant abrogé en 1678 les Réglemens qui s'observoient à la Chambre des Comptes touchant les Pensions, il en avoit été accordé à une infinité de personnes sans brevets, & par de simples Ordonnances qui avoient été expédiées dans les différens bureaux des Ministres & des Secrétaires d'Etat. On fit la recherche de toutes ces pensions

diſperſées pour les raſſembler dans un
état général diſtingué par chapitres. Il
parut difficile pendant une Régence d'é-
tablir des différences équitables ſur la
nature de ces penſions ; & pour opérer le bien plus ſûrement , on jugea à
propos de rendre la reforme générale.

Le 30 Janvier parut une Déclaration du Roi pour la réduction des penſions , & pour établir un ordre dans
leur payement , indépendant ſoit de
l'arbitraire , ſoit de l'importunité. C'eſt
ce qu'explique le préambule avec cette
nobleſſe ordinaire d'expreſſion & cette
ſageſſe de vûes qui en rendent la lec-
ture auſſi agréable qu'inſtructive.

« Par l'article 274 de l'Edit du mois
» de Janvier 1629 , donné par le feu
» Roi Louis XIII notre Triſayeul, ſui-
» vant l'avis des Députés en l'Aſſem-
» blée des Notables tenue à Paris en
» l'année 1626 , il fut ordonné que les
» états , entretenemens & penſions ſe-
» roient réduits à une ſomme ſi mo-
» dérée , que les autres charges de l'E-
» tat pûſſent être préalablement acquit-
» tées , & qu'il ſeroit fait un état par
» chacune année , qui contiendroit le
» nom de ceux qui en devroient jouir,
» & hors lequel perſonne ne ſeroit reçu

» à les prétendre, quelque brevet ou
» Ordonnance qu'il en pût obtenir, ni
» être employé dans ledit état qu'en
» vertu de Lettres-Patentes enregistrées
» en la Chambre des Comptes. Et par
» la Déclaration du trente Décembre
» 1678, le feu Roi notre très-honoré
» Seigneur & Bisayeul ordonna que les
» pensions & gratifications seroient
» passées & allouées sur les simples quit-
» tances des parties prenantes, les dis-
» pensant de rapporter aucunes Lettres-
» Patentes enregistrées en la Chambre
» des Comptes, & ce tant qu'il pren-
» droit le soin & l'administration de ses
» Finances. Quoiqu'aux termes de cet
» Edit, & suivant l'esprit de cette Dé-
» claration, les pensions accordées par
» le feu Roi soient éteintes de plein
» droit au jour de son décès, & que
» son intention n'ait point été d'enga-
» ger les revenus de la Couronne par
» des dons & des libéralités au-delà du
» cours de son Regne ; cependant lors-
» que nous considérons les différens
» motifs qui les ont fait accorder, nous
» ne pouvons nous empêcher de les re-
» garder en quelque sorte comme des
» dettes de l'Etat, & nous nous sen-
» tons obligés d'en conserver au moins

» une partie. Si la condition de ceux
» qui font chargés du poids des impo-
» fitions exige que nous donnions tous
» nos foins à rendre leur fituation plus
» heureufe, & nous invite à ne les pas
» charger de nouveau d'une contribu-
» tion dont la libération paroît leur être
» acquife ; le même efprit d'équité nous
» engage à traiter favorablement ceux
» qui ont mérité les bienfaits de notre
» Bifayeul, par les fervices qu'ils ont
» rendus en s'expofant pour la Patrie,
» ou par leur attachement ou les affi-
» duités auprès de fa Perfonne, ou en-
» fin par la confidération d'une naif-
» fance illuftre foutenue d'un mérite
» folide & deftitué des biens de la for-
» tune. Nous remplirons autant qu'il
» eft poffible cette double obligation ,
» lorfqu'au lieu de retrancher abfolu-
» ment une dépenfe fi confidérable ,
» nous nous contenterons de la dimi-
» nuer, en faifant avec de juftes pro-
» portions, & par des claffes féparées,
» une Loi générale à l'égard de toutes
» les penfions & gratifications ordinai-
» res qui fubfiftent, fans en fupprimer
» aucune en entier, afin que le traite-
» ment étant égal, perfonne n'ait lieu
» de fe plaindre d'aucune préférence,

A iiij

» & qu'ils entrent tous avec le même
» zèle qui leur a fait mériter ces distinc-
» tions, dans l'obligation & la nécessité
» où nous sommes de soulager notre
» Etat. Cependant nous avons jugé de-
» voir excepter de cette Loi générale les
» pensions qui sont de six cent livres &
» au-dessous, parce que la plupart de
» ceux qui en ont été gratifiés peuvent
» n'avoir aucune autre ressource pour
» leur subsistance ; nous conserverons
» aussi en leur entier, tant pour le pré-
» sent que pour l'avenir, les pensions
» attribuées à l'Ordre de Saint-Louis,
» attendu qu'elles sont le prix du sang
» répandu pour le service de l'Etat ; &
» nous ne ferons aucune réduction de
» celles qui sont attachées aux Corps
» de nos troupes, non plus que de cel-
» les dont jouissent les Officiers des
» troupes de notre Maison par forme
» d'appointemens ou de supplémens de
» solde, & qui sont attachées, non pas
» à leurs personnes, mais à leurs em-
» plois, ni pareillement de celles qui
» font partie des appointemens & at-
» tributions des Charges de plusieurs
» Officiers de nos Cours : & comme
» malgré la réduction que nous sommes
» obligés de faire des autres pensions per-

» fonnelles & gratifications ordinaires, la
» dépenfe en fera encore extrêmement
» onéreufe (afin qu'elle ne foit pas per-
» pétuelle), notre intention eft de les
» fupprimer, en cas que ceux à qui elles
» ont été accordées obtiennent de nous
» dans la fuite d'autres emplois ou éta-
» bliſſemens, & de n'en faire revivre au-
» cunes lorſqu'elles fe trouveront étein-
» tes par le décès de ceux qui en jouiſ-
» fent, juſqu'à ce qu'elles foient rédui-
» tes & limitées à une fomme fixe qui
» foit moins à charge à nos Peuples, &
» qui ne pourra alors être augmentée.
» Mais étant jufte & même néceſſaire
» de faire envifager des récompenſes
» pour encourager à la vertu, & tout
» fervice rendu à la Patrie méritant un
» prix proportionné, nous nous ré-
» fervons une fomme fixe par chacun
» an pour être diſtribuée par forme de
» gratification à ceux que nous juge-
» gerons l'avoir mérité, en attendant
» que les penſions annuelles & les gra-
» tifications ordinaires foient réduites
» à un objet certain, & que nous puiſ-
» fions difpofer de celles qui viendront
» à vaquer. Notre très-cher & très-
» amé oncle le Duc d'Orléans, Régent,
» uniquement occupé de la libération

» de notre Etat & du foulagement de
» nos Peuples, a jugé qu'il étoit nécef-
» faire de nous propofer ces différens
» arrangemens, quoique par notre Dé-
» claration du 23 Septembre 1715, il
» ait été déclaré Ordonnateur, ainfi
» que l'étoit le feu Roi, & qu'en cette
» qualité il ait droit de faire & d'ordon-
» ner les mêmes chofes : il a de plus
» defiré qu'il fût établi un ordre inva-
» riable & uniforme dans les payemens,
» fans que la faveur ou l'importunité
» puiffent faire accorder aucune pré-
» férence aux uns au préjudice des au-
» tres ; & pour y parvenir, il nous a
» repréfenté que rien n'étoit plus con-
» venable que de faire comprendre tou-
» tes les penfions perfonnelles & les
» gratifications ordinaires dans un état
» général diftingué par des chapitres
» féparés, fuivant la qualité des per-
» fonnes & la différence de leurs em-
» plois, qui fera arrêté chaque année
» en notre Confeil, & dont il fera ex-
» pédié deux doubles ; l'un pour le
» Garde de notre Tréfor Royal, qui
» acquittera fucceffivement les parties
» qui y feront employées, & l'autre
» pour être envoyé à notre Chambre
» des Comptes avec des Lettres-Paten-

» tes fous le contrefcel defquelles il fe-
» ra attaché pour y allouer les mêmes
» parties : au moyen de quoi nous fe-
» rons obferver en même tems & la
» lettre & l'efprit tant de l'Edit du
» mois de Janvier 1629, que de la Dé-
» claration du 30 Décembre 1678,
» fans néanmoins affujettir chaque pen-
» fionnaire à demander tous les ans
» l'expédition d'une nouvelle Ordon-
» nance, ou à obtenir des Lettres-Pa-
» tentes particulieres ; ce qui feroit
» difficile à pratiquer à caufe de la mul-
» titude des penfions qui fubfiftent ;
» outre que cela feroit trop à charge
» à ceux qui n'en ont que de modiques ;
» ainfi nous préviendrons deformais
» toute forte de confufion & d'embar-
» ras ; & par les ordres que nous don-
» nerons pour être affuré de l'exiftence
» de ceux qui devront être employés
» fur l'état général, nous connoîtrons
» toujours d'une année à l'autre les
» penfions qui feront éteintes, pour
» proportionner les fonds deftinés à
» l'acquittement de celles qui fubfifte-
» ront ».

En conféquence, les penfions de dix
mille livres & au-deffus furent réduites aux trois cinquiémes ; celles de fix

mille jufqu'à dix mille aux deux tiers;
celles de trois mille jufqu'à fix mille
aux trois quarts ; celles de mille jufqu'à trois mille aux quatre cinquièmes;
& celles au-deffus de fix cent livres
jufqu'à mille livres aux cinq fixièmes.

Sa Majefté déclaroit qu'aucune pen-
fion ou gratification ordinaire ne feroit accordée jufqu'à ce que celles qui
fubfiftoient fe trouvaffent réduites à la
fomme de deux millions, par le décès
des Penfionnaires, ou leur nomination
à d'autres emplois.

Cependant, afin de ne point laiffer
les fervices préfens fans récompenfe,
il devoit être réfervé annuellement cinq
cent mille livres, pour accorder des
gratifications extraordinaires. C'eft de
toutes les méthodes la plus fûre pour
entretenir l'émulation & perpétuer les
fervices.

La dépenfe des penfions diminuoit
d'un million du jour même de la Déclaration, & cette économie devoit
s'augmenter fans ceffe : mais on ordonna encore que les penfions ne fe
payeroient plus qu'à leur échéance, au
lieu qu'auparavant elles étoient acquifes dès le jour de l'expédition. Par cet
arrangement on profita d'une année

entiere qui montoit à cinq ou six millions.

Ce n'étoit pas aſſez de pourvoir à la diminution des dépenſes, il convenoit de travailler à l'augmentation des revenus. Il étoit impoſſible de le faire plus efficacement que par la ſuppreſſion des quatre ſols pour livre, établis le 3 Mars 1705 & le 7 Mai 1715, ſur toutes les Fermes, quoique cette remiſe fût évaluée ſept à huit millions par les Fermiers. « Nous avons reconnu, » dit Sa Majeſté dans la Déclaration » du 13 Février 1717, que ces diver- » ſes augmentations ſont non-ſeulement » onéreuſes à nos Peuples, par la ſur- » charge de ces nouveaux droits ſur » toutes les conſommations néceſſaires » à la vie, mais encore qu'elles empê- » chent le débit des denrées, & qu'el- » les cauſent la diminution du Com- » merce. Comme nous avons pourvû » d'ailleurs au payement des dettes, » à l'acquittement deſquelles cette aug- » mentation de droits avoit été deſti- » née, & que notre principal objet eſt » de ſoulager nos Sujets, de faire re- » fleurir le Commerce ; nous avons » cru ne devoir pas différer à éteindre » & ſupprimer ces nouveaux droits

» pour l'intérêt général de notre Etat ».

Voilà les grandes vûes & les principes solides de la Finance. Ce n'est pas que les droits ne puissent être augmentés dans quelques occasions pressantes ; mais de toutes les résolutions, celle-ci peut-être exige le plus de combinaisons. Le passage d'un impôt peut ne point affecter le Commerce, l'Agriculture & les autres sources de l'aisance publique, quoique sa durée fût ruineuse. Les choses bonnes par leur nature dégénerent même, si elles franchissent certaines bornes, si l'on n'a point égard aux circonstances. Le produit des Fermes ne diminua réellement que de quinze cent mille livres environ dans la premiere année, & dans la seconde il n'y eut aucune différence.

Des motifs semblables mirent fin aux recherches de la Chambre de Justice au mois de Mars : & l'Edit même nous instruira de ses opérations principales.

« Le nombre presqu'infini d'abus &
» de malversations qui ont été commi-
» ses pendant vingt-cinq années de
» guerre dans la perception & le ma-
» niement de nos deniers, & la licence
» sans borne avec laquelle les usuriers
» publics avoient abusé des besoins de

» l'Etat & de la mifere de nos Peuples,
» nous ont obligé à établir une Cham-
» bre de Juftice, dont la févérité pût
» arrêter le cours de la déprédation, &
» obliger tous ceux qui avoient fait des
» fortunes auffi immenfes que précipi-
» tées, à déclarer des gains la plupart
» illicites qu'il étoit de leur intérêt de
» cacher. Les recherches qu'elle a faites
» & les états qu'une grande partie de
» ceux qui en étoient l'objet ont don-
» nés de leurs biens, nous ont fait
» connoître également la grandeur du
» mal & la difficulté du remede. Plus
» nous avons voulu en approfondir la
» caufe & le progrès, plus nous avons
» reconnu que la corruption s'étoit tel-
» lement répandue, que prefque toutes
» les conditions en avoient été infec-
» tées ; enforte qu'on ne pouvoit em-
» ployer la plus jufte févérité pour pu-
» nir un fi grand nombre de coupables,
» fans caufer une interruption dange-
» reufe dans le Commerce, & une ef-
» pece d'ébranlement général de tout le
» Corps de l'Etat ; & comme fon inté-
» rêt eft une loi fuprême à laquelle
» nous devons faire céder toutes les au-
» tres, nous avons eftimé qu'il étoit à
» propos de modérer la rigueur de no.

» tre Justice , pour ne pas tenir plus
» long-tems un grand nombre de famil-
» les dans une incertitude capable d'ar-
» rêter le cours des affaires & de suf-
» pendre la circulation de l'argent , qui
» fait que toutes les parties de l'Etat se
» prêtent un secours mutuel pour le
» bien général & particulier. C'est dans
» cette vûe que par notre Déclaration
» du 18 Septembre dernier nous avons
» bien voulu nous relâcher de la sévé-
» rité de notre premier Edit ; & conver-
» tissant en peines pécuniaires celles
» qui sont portées par nos Ordonnan-
» ces , nous avons cru devoir nous
» contenter de retirer des Financiers ,
» par des taxes proportionnées à leurs
» facultés , au moins une partie de ce
» qu'ils ont exigé de nos Peuples , qui
» profiteront tous de cette restitution
» par l'usage que nous en faisons pour
» la libération de l'Etat. Les taxes or-
» données par cette Déclaration ayant
» été faites suivant les regles que nous
» avons prescrites en notre Conseil, &
» à la faveur desquelles près de trois
» mille personnes qui avoient fourni des
» états de leurs biens ont été jugées ne
» devoir point être taxées , il ne nous
» resteroit plus pour suivre entierement
»le

» le plan que nous nous étions proposé
» par notre Déclaration du 17 Mars
» 1716 , & par celle du 18 Septembre
» dernier , que de poursuivre à la ri-
» gueur ceux qui au lieu de profiter de
» tous les délais que nous avons eu l'in-
» dulgence d'accorder aux gens d'affai-
» res & autres justiciables de la Cham-
» bre de Justice , n'ont pas encore don-
» né l'état de leurs biens , & de les faire
» condamner aux peines rigoureuses
» établies par notre Déclaration du 17
» Mars ; mais voulant user de clémence
» à l'égard de ceux même qui le méri-
» tent le moins , pour ne rien laisser sub-
» sister après la Chambre de Justice qui
» puisse troubler la tranquillité des fa-
» milles , la liberté & la facilité du Com-
» merce , nous avons jugé à propos de
» faire dresser un état exact de ceux qui
» étoient dans ce cas , sur les déclara-
» tions qui ont été fournies par les au-
» tres & sur les résultats de notre Con-
» seil & autres actes qui nous en ont
» donné la connoissance , & de les com-
» prendre dans les rôles arrêtés en exé-
» cution de notre Déclaration du 18
» Septembre , afin que pour le bien gé-
» néral du Royaume ils puissent partici-
» per à une amnistie dont ils devroient

» être exclus par leur defobéïffance :
» ainfi l'exécution de notre Déclaration
» du 18 Septembre étant entierement
» confommée, nous croyons qu'il eft
» tems de faire ceffer l'ufage d'un reme-
» de extraordinaire que les vœux de
» toute la France avoient demandé, &
» dont il femble qu'elle defire également
» la fin. Nous nous portons d'autant
» plus volontiers à prendre cette réfo-
» lution, que nous pouvons deformais
» recueillir le fruit de cet établiffement
» paffager, non-feulement par l'extinc-
» tion d'une partie confidérable des det-
» tes de l'Etat, mais encore par l'ordre
» & l'arrangement que les recherches
» qui ont été faites nous mettront en
» état d'apporter dans l'adminiftration
» de nos Finances pour l'avantage de
» nos Sujets dont le nôtre eft infépara-
» ble. C'eft dans cet efprit que nous
» avons toujours travaillé depuis le
» commencement de notre regne, &
» nos Peuples en ont déja fenti les ef-
» fets par la fuppreffion des quatre fols
» pour livre que le malheur des tems
» avoit obligé d'ajoûter à tous les droits
» qui fe levent à notre profit ; & quoi-
» que le Commerce de toutes les den-
» rées & marchandifes fe trouve par-

» là confidérablement déchargé , nous
» efpérons que les mefures que nous
» prenons de jour en jour pour propor-
» tionner la dépenfe à la recette, nous
» mettront en état de parvenir à pro-
» curer encore de plus grands foulage-
» mens à nos Peuples , dont la félicité
» fera touiours le premier & le princi-
» pal objet de notre Gouvernement ».

Plufieurs d'entre les Fermiers généraux ayant eu part à des fournitures,
des entreprifes ou à des traités extraordinaires , ils avoient tous été compris
dans la loi portée par la Déclaration du
9 Mai 1716. Le deffein du Confeil étoit
de diftinguer enfuite ceux qui n'avoient
entré dans aucune autre affaire afin de
remplir l'engagement porté par les baux
depuis l'an 1660 qui les décharge de
toute recherche. Ils déclarerent leurs
biens d'eux-mêmes, & offrirent à l'Etat
telle fomme qu'il jugeroit à propos pour
la libération de fes dettes. Elie fut acceptée comme un fecours & non comme une taxe : les rôles en furent arrêtés au Confeil, & l'argent porté au Tréfor Royal à droiture ; afin qu'il ne reftât
à leur égard aucune trace de la Chambre de Juftice. Sa Majefté en donna une
Déclaration expreffe, par laquelle il fut

ordonné qu'à l'avenir, pour éviter tout
prétexte de comprendre les Fermiers
généraux dans de femblables recherches, ceux qui entreroient dans quelques fournitures, traités extraordinaires, ou Charges comptables, fuſſent
exclus de la Compagnie. Il leur fut auſſi
enjoint d'obliger leurs Commis & Receveurs de tenir des livres journaux
dans la forme preſcrite par l'Edit du
mois de Juin.

On exempta également les Receveurs
généraux de toutes recherches, en faveur des ſecours conſidérables que pluſieurs d'entr'eux avoient fournis à l'E-
tat; à condition qu'ils n'entreroient dans
aucune affaire extraordinaire, marché
ni fourniture, & qu'ils s'aſtreindroient
aux regles impoſées par l'Edit du mois
de Juin, afin d'être ſans ceſſe à portée
de connoître l'état actuel de leur recette & de leur dépenſe.

Cette diſtinction fut auſſi accordée à
tous les Tréſoriers ſous les mêmes clau-
ſes.

Après avoir ainſi r'ouvert toutes les
routes de la circulation, on chercha à
lui donner un mouvement plus rapide.
Le 17 Mars il fut ordonné que les billets de la banque générale ſeroient re-

çus comme argent pour le payement
de toutes les efpeces de droits & d'impofitions dans lés Bureaux de recette
des Fermes & autres revenus de Sa Majefté; & que tous ceux qui font chargés
du maniement de fes deniers feroient
tenus d'acquitter à vûe, & fans aucun
efcompte, les billets de la banque qui
leur feroient préfentés.

Une pénétration fort ordinaire conduit à concevoir tous les avantages de
ce Réglement. Egalement favorable au
Roi & au Commerce, il porta le crédit
de la banque au plus haut période qu'elle pût atteindre au-dedans & au-dehors.
Si l'on n'eût pas dénaturé cet établiffement, le Royaume changeoit de face
malgré l'énormité de fes dettes, que
l'augmentation continuelle & rapide de
fes revenus eût acquittées par degrés.
Ce n'eft pas qu'une banque établie puiffe remedier à l'impuiffance où fe jette
un Etat dont les dettes furpaffent les
reffources; mais fon établiffement dans
de pareilles circonftances, aidé de l'ordre d'une adminiftration active & éclairée, peut être comparé à ces remedes
dont l'effet opére une crife falutaire dans
un corps qui n'y eft pas accoutumé. Sans
l'ordre, l'économie & une protection

particuliere accordée au Commerce & à
l'Agriculture, nuls moyens ne seroient
capables de rétablir les affaires ; car
c'est principalement la négligence de
ces parties dans des tems de besoin qui
aggrave le mal & détruit les espéran-
ces pour l'avenir.

Depuis un nombre d'années, une
quantité d'Arrêts obtenus par les Fermiers, & quelques uns contradictoires
sur les vives représentations des Négocians, avoient introduit une grande
incertitude dans le Commerce des Colonies. Pour terminer des contestations
capables de dégoûter d'un Commerce
si précieux à l'Etat, & si contraires au
but du Gouvernement, on donna un
Réglement simple & clair qui régloit les
droits des uns & des autres.

Toutes les marchandises déclarées
pour les Colonies, & munies d'un acquit à caution, furent exemptes de
droits. Le transport des marchandises
dont la consommation n'est pas permise
en France, fut prohibé. Celles même
dont la consommation étoit permise,
ne furent pas exemptes des droits d'entrée dans le Royaume, quoique destinées pour les Colonies, afin de favoriser nos Manufactures ; les bœufs salés

furent seuls exceptés de cette regle. Les denrées de l'Amérique destinées pour l'Etranger jouirent d'une franchise absolue des droits d'entrée & de sortie, excepté du droit de trois pour cent ; & il fut permis de les transporter par terre en pays étrangers, en prenant un acquit à caution & en passant par les Bureaux indiqués.

Les droits sur ces mêmes denrées destinées pour la consommation intérieure furent fixés & modérés, & la gratification proportionnée sur la sortie des sucres raffinés en France.

Les droits sur les sucres étrangers dûrent se percevoir dans tous les ports également, sans aucun égard aux franchises particulieres, hors le cas de réexportation à l'Etranger dans les ports de Bayonne & de Marseille.

Les principes suivis jusqu'alors répugnoient à deux clauses anciennes conservées dans cet Edit ; l'une limitoit la permission du Commerce à un certain nombre de ports ; l'autre obligeoit les Négocians de faire leur retour dans le port d'où ils étoient partis. Il est vraisemblable que le besoin fit accorder quelque chose aux Régisseurs déja mécontens de la suppression des quatre sols

pour livre ; & ce feroit une injuftice de
penfer que ceux qui gouvernoient n'euffent pas deffein de rendre par la fuite à
ce Commerce la liberté & l'activité qui
lui font néceffaires. Car limiter la permiffion d'envoyer des vaiffeaux aux
Colonies, c'eft évidemment limiter le
nombre de nos matelots, la fortie de
nos denrées, l'aifance des Provinces où
cette prohibition s'étendra. Obliger les
Négocians de faire leurs retours dans
le port d'où ils font partis, c'eft gêner
les fpéculations du Commerce, en diminuer l'avantage, ou plutôt l'afſervir
aux arrangemens particuliers des Ré-
giffeurs ; enfin c'eft forcer les François
de naviger plus cherement que les autres Peuples.

Dès vûes fupérieures dans la connoiffance des véritables fources de l'o-
pulence publique, & fans doute moins
contrariées, engagerent à diminuer de
moitié les droits de fortie fur les vins
& eaux-de-vie, foit de Provence, foit
de Languedoc , qui feroient portés à
l'Etranger.

Ce fut le 17 Juin que fe fit le rapport général dont il a été parlé au commencement de cette époque. Il rappel-
loit au Confeil la fituation du Royaume

me au premier Septembre 1715, & le ré-
fultat des diverfes opérations faites pendant le cours des vingt-un mois.

Les revenus montoient
au premier Septembre   liv.
1715 à 165576992

Les charges à   86009310 ⎱ 96766195
Les diminutions à 10756885 ⎰

Ainfi la partie du Tré-
for Royal étoit de 68810797

Le projet de dépenfes
montoit à 146824181

Ainfi il manquoit de
fonds pour 78013384

Les dettes exigibles étoient partagées
en cinq claffes.

La premiere comprenoit les promeffes de la caiffe des emprunts, les billets
de le Gendre, les ordonnances & affignations, les billets de l'extraordinaire des guerres & de la marine, qui au
vifa furent trouvés monter à cinq cent
quatre-vingt feize millions. Cependant
pour parler avec plus d'exactitude, il
eft bon d'obferver que les billets de l'extraordinaire des guerres & de la marine,
montant à foixante-dix-huit millions
quatre cent mille livres, étoient encore
employés dans l'état des ordonnances

& affignations ; ainfi cette premiere claffe ne montoit dans le fait qu'à . . . . liv. 517600000

La deuxieme claffe comprenoit les parties dûes par le Tréfor Royal fur l'emploi des grands & petits états ; elle étoit de . 10394000

La troifieme claffe étoit compofée des arrérages des rentes & gages dûs aux Cours Supérieures, & aux Officiers fubalternes, & de toutes les autres charges affignées fur les Fermes, dont il reftoit dû pour environ 71000000

La quatrieme claffe confiftoit en un peu moins de deux années des charges affignées fur les recettes générales 40000000

La cinquieme claffe étoit celle des billets des Receveurs généraux, montant à foixante fix millions, & des billets de Legendre endoffés par eux, montant à fix millions 72000000

710994000

l.v.

De l'autre part. 710994000

Au 17 Juin 1717, malgré la remise de plusieurs natures de droits, les revenus montoient par l'augmentation des diverses Fermes, à 169427262

Les charges ne montoient plus qu'à 73000000

Les diminutions particulieres . . . . 10000000 } 83000000

Ainsi la partie du Trésor Royal étoit de 86427262

Les dépenses se trouvoient réduites à 80000000

A quoi ajoûtant les intérêts des billets de l'Etat, ceux des billets des Receveurs généraux, enfin ceux dûs aux Officiers supprimés évalués à . . . . . 13427262 } 93427262

Le manque de fonds restoit encore de 7000000

A la fin de l'année 1717 il ne devoit plus être rien dû sur l'année 1716, & le Garde du Trésor Royal étoit en état de rendre son compte à la Chambre, ce qui ne s'étoit point encore vû depuis M. Colbert.

La premiere classe, au moyen de la

C ij

vérification des Ordonnances de trop
de fonds pour cent millions, des doubles emplois pour cent dix millions, &
du bénéfice du visa pour cent quatre-
vingt-huit millions, avoit été liquidée
valeur en billets de l'Etat   liv.
à. 198000000
Sur la seconde classe il
avoit été payé six millions,
& le surplus assigné à
courts termes sur des fonds
certains.
La troisieme classe se
trouvoit réduite à quarante-un millions, sur quoi il y
en avoit trente d'avances
prétendues par les Fer-
miers Généraux ; l'avance
de leur bail étoit de quinze
millions, & il leur restoit
encore une somme pareille
à payer sur les rôles de
leurs taxes ; ainsi la troisieme classe de dettes exigi-
bles étoit au plus de.   20000000
La quatrieme classe étoit
aussi évaluée à.   20000000
La cinquieme classe au
moyen des payemens faits

238000000

liv.

De l'autre part . . . 238000000
se trouvoit réduite à. . . . 50000000
Il avoit été acquitté au
Trésor Royal en billets de
l'Etat pour diverses par-
ties qui restoient dûes au
premier Septembre 1715. 55000000
Total des dettes exigi-
bles au 17 Juin 1717. 343000000

On n'avoit encore reçû que soixante-
dix millions sur les deux cent vingt millions à quoi montoient les taxes de la
Chambre de Justice ; ainsi l'on pouvoit
se flatter de diminuer par ce moyen la
somme des dettes exigibles environ de
cent cinquante millions.

Sur les dettes foncieres ou rentes
perpétuelles on avoit diminué,

1°. Par la réduction sur les capitaux
de diverses rentes constituées sur les
revenus du Roi autres que
les Aides & Gabelles , la
somme de. 24629600
2°. Par ce qui devoit rentrer par la Chambre de Justice sur la même nature de
fonds. 11016311
3°. Par les rentes de l'Hô-

35645911
C iij

liv.

De l'autre part   35645911

tel-de-Ville amorties par les
taxes conformément aux
Arrêts du Conseil.   37353428

                                72999339

A mesure que l'ordre & l'œconomie rapprochoient les affaires d'une assiette plus tranquille, on s'empreffoit de procurer au Peuple les foulagemens que méritoient fa conftance & fes longues calamités. On crut ne pouvoir plus différer à leur accorder la remife du dixieme ; elle fut annoncée dans le mois d'Août pour l'année fuivante. L'Edit renferme une partie des travaux déja faits & des deffeins du Gouvernement.

« Quoique le foulagement de nos
» Peuples épuifés par les efforts que
» notre Royaume a été obligé de faire
» pour foutenir prefque fans interrup-
» tion deux longues & fanglantes guer-
» res, ait été le premier objet de nos
» vœux dès le commencement de notre
» Regne, nous n'avons pû y parvenir
» auffi promptement que nous l'aurions
» defiré, foit à caufe de la multitude
» & de la diverfité des engagemens que
» la néceffité des tems avoit fait con-

» tracter , foit par la difficulté de con-
» noître à fond la véritable fituation de
» nos revenus & de fixer la maffe des
» dettes de toute nature dont notre
» Royaume étoit chargé , foit enfin par
» la confufion qui fe trouvoit dans les
» différentes parties de nos Finances &
» de nos revenus , qui étoient prefque
» tous confommés par des affignations
» anticipées , fuites inévitables du mal-
» heur des tems , qui ne permettoit pas
» de penfer à établir un meilleur ordre
» pendant qu'on étoit uniquement oc-
» cupé à chercher les moyens de foute-
» nir la guerre & de procurer à ce
» Royaume une paix avantageufe : Nous
» n'avons pas laiffé cependant de pour-
» voir aux befoins les plus preffans,
» d'accorder des remifes , des diminu-
» tions ou des compenfations à toutes
» nos Provinces , de jetter les fonde-
» mens de la libération de l'Etat par des
» fuppreffions de charges onéreufes ou
» inutiles , & par des liquidations de
» dettes qui pouvoient feules nous faire
» connoître la grandeur du mal , & la
» nature des remedes convenables. Le
» retranchement de plus de quarante
» millions par an fur l'état de nos dé-
» penfes , l'augmentation de plufieurs

C iiij

» de nos Fermes particulieres, & la di-
» minution des charges, l'ordre & l'ar-
» rangement que nous avons commen-
» cé d'établir dans nos Recettes & dans
» nos Fermes, enfin les payemens ef-
» fectifs qui ont été faits en argent
» comptant, soit en notre Trésor Royal,
» ou à l'Hôtel de notre bonne Ville de
» Paris, & qui ont monté à plus de
» deux cent quarante millions en moins
» de deux années, ont été les premiers
» fruits de nos soins & de l'administra-
» tion que nous avons établie : nous
» avons même été encore plus loin, &
» ne consultant que notre affection pour
» nos Peuples sans attendre l'arrange-
» ment entier de nos Finances, nous
» leur avons déja accordé un soulage-
» ment considérable par la remise des
» quatre sols pour livre sur les droits
» de nos Fermes, & par la suppression
» ou la réduction de plusieurs autres
» droits également onéreux. Mais nous
» n'avons regardé tout ce que nous
» avons fait jusqu'à présent à l'avanta-
» ge de nos sujets que comme une sim-
» ple préparation pour nous mettre en
» état de leur procurer de plus grands
» biens & de former un plan général
» pour l'administration de nos Finan-

» ces qui pût en assurer l'ordre, en sim-
» plifier la régie, prévenir le divertisse-
» ment des fonds, faire cesser les cau-
» ses de l'obstruction du Commerce, &
» par une plus grande consommation
» augmenter nos revenus, sans aug-
» menter les impositions, & en soula-
» geant même nos sujets de toutes cel-
» les qui ne font pas absolument néces-
» saires pour acquitter les dettes de l'E-
» tat. C'est dans cette vûe qu'après
» nous être fait rendre un compte exact
» dans notre Conseil, de la situation
» où étoient nos Finances au premier
» Septembre de l'année 1715, des opé-
» rations qui ont été faites sur toutes
» les parties qui y ont rapport, & de
» tout ce qui compose les revenus, les
» charges & les dépenses de notre
» Royaume, nous avons fait aussi exa-
» miner avec la même attention tous
» les moyens que l'on pouvoit prendre
» pour parvenir à la fin que nous nous
» étions proposée ; & après la discussion
» qui en a été faite, nous avons crû ne
» devoir pas différer plus long-tems
» d'accomplir une partie de nos vœux,
» en soulageant nos sujets d'une des
» deux impositions extraordinaires dont
» ils font chargés, par la remise du di-

» xieme du revenu des fonds de terre
» & des autres immeubles qui étoient
» sujets à cette imposition. Le fonds
» que l'Etat en a retiré tous les ans de-
» puis l'année 1710, sera remplacé
» pour la plus grande partie par le re-
» tranchement de nos dépenses, dont il
» n'y a aucun article que nous n'ayons
» réduit, en commençant par ce qui
» regarde notre personne. Quoique
» nous ayons déja fait une première ré-
» duction sur les Pensions par notre Dé-
» claration du 30 Janvier dernier, nous
» avons crû devoir y faire encore de
» nouveaux retranchemens, qui joints
» au premier en réduiront la plus gran-
» de partie à la moitié; & quelque fa-
» veur que mérite une partie de ceux
» qui jouissent des pensions, nous espé-
» rons qu'ils souffriront sans peine cette
» nouvelle réduction, quand ils sçau-
» ront que notre très-cher & très-amé
» oncle le Duc d'Orléans, petit-fils de
» France, Régent de notre Royaume,
» dont le desintéressement & la gran-
» deur d'ame égalent la vigilance &
» l'attention sur nos intérêts & sur ceux
» de nos Peuples, a voulu, aussi-bien
» que les Princes de notre Sang, don-
» ner l'exemple à tous ceux à qui nous

» accordons des penfions, par la ré-
» duction de celles dont ils jouiffent ;
» ainfi ne pouvant augmenter, ni mê-
» me conferver toutes les impofitions,
» fans charger un Peuple fi digne des
» foulagemens que nous voulons lui
» donner, nous avons trouvé une ref-
» fource plus fûre & plus honorable
» dans le retranchement de notre dé-
» penfe, & de ce qui eft plûtôt un effet
» de notre libéralité, qu'une véritable
» dette de l'Etat. Mais comme les re-
» tranchemens que nous faifons fur
» nous, même fur les Princes de notre
» Sang, fur les dépenfes de la guerre
» & de la Marine, fur les doubles em-
» plois, & en général fur toutes fortes
» de dépenfes privilégiées ou non pri-
» vilégiées, ne fuffifent pas pour rem-
» plir le vuide qui fe trouve dans nos
» revenus par la fuppreffion du dixie-
» me d'impofitions, nous fommes forcé
» de retrancher pareillement tous les
» priviléges & exemptions des droits
» de Gabelles & des Aides qui font éga-
» lement à charge, & par la diminution
» qu'ils caufent dans nos revenus, &
» par les indemnités que nous fommes
» obligé d'accorder à nos Fermiers. Ces
» priviléges qui font un objet confidé-

» rable par rapport à nos Fermes, ne
» forment qu'un intérêt fi médiocre
» pour chacun de ceux qui en jouiffent,
» que nous efpérons qu'ils feront fans
» peine ce leger facrifice à un plus grand
» bien & pour l'Etat & pour eux-mê-
» mes. C'eft par un femblable motif que
» nou sfommes obligés de décharger nos
» Etats de l'entretien des lanternes &
» du nettoyement des rues de notre
» bonne Ville de Paris. D'autant plus
» que les propriétaires des maifons ont
» trouvé dans l'augmentation des loyers
» de quoi fe dédommager de la finance
» qu'ils ont payée pour le rachat de cet
» entretien, dont la répartition étant
» faite fur un grand nombre de perfon-
» nes, devient prefque infenfible pour
» chacun d'eux, au lieu qu'elle eft con-
» fidérable pour l'Etat. Au bénéfice qui
» nous reviendra de ces différens re-
» tranchemens, nous joindrons celui
» qu'une fage œconomie répandue dans
» toutes les parties de nos Finances, &
» l'extinction de plufieurs charges paffa-
» geres qui diminuent tous les jours,
» pourront nous procurer ; & par les
» mefures que nous prenons pour être
» exactement inftruit du produit de cha-
» que efpece de revenus, nous efpé-

» rons de les porter à leur juste valeur,
» en sorte que dans la suite nous soyons
» en état d'accorder des nouvelles re-
» mises à nos Sujets. Mais comme le
» rétablissement du Commerce peut
» contribuer plus que toute autre chose
» & à leur soulagement & à l'augmen-
» tation de nos revenus, nous avons
» crû y devoir donner une attention
» principale ; & considérant qu'il fal-
» loit d'abord faire cesser le mal, pour
» être ensuite à portée de faire le bien,
» qui se fait presque de lui-même en
» matiere de Commerce, lorsqu'il n'y
» a point d'obstacle étranger qui en ar-
» rête ou qui en retarde le cours, nous
» avons regardé comme un des objets
» les plus dignes de nos soins l'examen
» des moyens qui pourroient faire ces-
» ser cette espece d'obstruction généra-
» le que les billets de l'Etat & ceux des
» Receveurs Généraux causent dans le
» mouvement & dans la circulation de
» l'argent. Nous avons donc fait exa-
» miner tous les mémoires que le zele
» ou l'intérêt même de plusieurs parti-
» culiers leur a inspiré de donner sur
» une matiere si importante, & nous
» avons crû devoir rejetter tous les
» moyens qui ne tendoient qu'à nous

» libérer, soit en surchargeant nos Peu-
» ples, soit en faisant perdre successi-
» vement aux porteurs des billets une
» partie de leur capital, ou qui n'a-
» voient pour objet que de les faire en-
» trer dans les payemens , par une
» contrainte fatale à la circulation de
» l'argent, & encore plus au Commer-
» ce, ou de les confondre dans la va-
» leur des monnoies réformées par un
» mélange qui tôt ou tard auroit été
» également ruineux pour les particu-
» liers & pour l'Etat ; toutes ces voies
» nous ayant paru ou injustes en elles-
» mêmes, ou violentes dans leur exé-
» cution, ou pernicieuses dans les sui-
» tes, nous avons jugé à propos d'em-
» ployer des moyens plus simples pour
» retirer du Commerce ces billets par
» parties, soit en donnant à nos Sujets
» la faculté de les employer en rentes
» viageres à raison du denier seize sans
» aucune distinction d'âge, soit en éta-
» blissant des loteries sous des condi-
» tions favorables au public, soit en
» aliénant en billets de l'Etat & sur le
» pied du denier trente au moins, quel-
» ques bouquets de bois éloignés de
» nos forêts, & quelques portions de
» nos Domaines qui ne nous sont pres-

» que d'aucun ufage , & dont nous ne
» pouvons tirer aucune utilité qu'en
» les vendant ; foit enfin par l'établiffe-
» ment des Compagnies de Commerce,
» dont les actions feront au porteur &
» acquifes en billets de l'Etat fur le pied
» de cinq cent livres chaque action,
» en forte qu'outre les intérèts à raifon
» de quatre pour cent que nous affigne-
» rons fur un fonds certain, & qui fe-
» ront reçûs par les Directeurs des
» Compagnies , pour être diftribués
» tous les fix mois aux Actionnaires,
» à la réferve de ceux de la préfente
» année qui ferviront à faire le fonds
» defdites Compagnies ; les Actionnai-
» res jouiffent encore de leur part &
» portion dans le profit qui en revien-
» dra , ce qui rendra lefdites actions
» commerçables entre toutes fortes de
» perfonnes, comme n'étant plus qu'une
» marchandife dont le prix peut hauffer
» & baiffer, fuivant les hafards de la
» navigation & du Commerce. Après
» avoir ouvert ces différentes voies aux
» porteurs des billets de l'Etat, fans
» compter la quantité confidérable de
» ces billets qui fe trouvera confommée
» par le payement des taxes de la Cham-
» bre de Juftice, nous croyons pou-

» voir fixer aux porteurs un terme cer-
» tain pour se déterminer sur le parti
» qu'ils voudront prendre, après lequel
» il ne leur sera plus payé aucuns inté-
» rêts desdits billets, en quoi nous ne
» leur ferons aucun préjudice, puisqu'il
» n'aura dépendu que de leur volonté
» de prendre l'une des voies que nous
» leur offrons pour s'assurer la conti-
» nuation du payement de leurs inté-
» rêts, avec les avantages particuliers
» que chacune de ces voies leur présen-
» te. A l'égard des billets des Receveurs
» Généraux, nous avons considéré, que
» dans la situation présente de nos affai-
» res il n'étoit ni possible ni même con-
» venable de payer des intérêts sur un
» pied aussi fort que celui de sept & de-
» mi pour cent, comme nous avions
» crû d'abord le pouvoir faire dans le
» tems de notre Déclaration du 12 Oc-
» tobre 1715. Nous avons donc jugé
» qu'il étoit nécessaire de les assujettir
» à la regle commune des autres dettes
» de l'Etat pour le taux des intérêts,
» en ouvrant d'ailleurs les mêmes voies
» aux porteurs de ces billets que celles
» que nous avons marquées pour les
» billets de l'Etat, après néanmoins que
» lesdits billets des Receveurs Géné-

» raux

» raux auront été convertis en d'autres,
» qui feront appellés *Billets de la Caiſſe*
» *commune des recettes générales*, ſur le
» fonds de laquelle les intérêts en ſe-
» ront payés, pour conſerver toujours
» aux porteurs deſdits billets le gage ſur
» la foi duquel ils ont contracté. Les
» mêmes raiſons qui ne nous permettent
» pas d'employer au rembourſement du
» capital des billets des Receveurs Gé-
» néraux les fonds qui y avoient d'a-
» bord été deſtinés, nous obligent à
» réſerver auſſi dans la partie du Tréſor
» Royal le bénéfice des fonds qui re-
» viennent de la réduction des rentes
» conſtituées ſur les Tailles, ſur le Con-
» trôle des Actes & ſur quelques-unes
» de nos autres Fermes, parce que la
» premiere juſtice que nous devons à
» nos Sujets eſt d'aſſurer le payement
» de tous les intérêts qui leur ſont dûs,
» en attendant que nous puiſſions par-
» venir au rembourſement des princi-
» paux; & que le fondement de toutes
» les diſpoſitions de notre préſent Edit,
» comme de toute bonne & ſolide ad-
» miniſtration, eſt d'établir une telle
» proportion entre la recette & la dé-
» penſe, que l'une puiſſe porter les
» charges de l'autre, & que cette éga-

» lité nous donne les moyens de satis-
» faire en même tems & aux engage-
» mens & aux besoins de l'Etat. C'est
» dans toutes ces vûes que travaillant
» sans relâche à diminuer ou à retran-
» cher successivement le poids des im-
» positions extraordinaires, à perfec-
» tionner toujours de plus en plus l'or-
» dre & l'arrangement des Finances, à
» rendre au Commerce sa vie & son
» mouvement, en le dégageant de tous
» les obstacles étrangers, & en l'ho-
» norant d'une protection singuliere,
» nous espérons de jouir enfin de la sa-
» tisfaction de voir notre Royaume
» dans un état florissant, & ce qui nous
» touche encore plus, de pouvoir ren-
» dre nos Peuples heureux ».

Rien de plus grand, de plus sage,
que ce desir ardent de faire jouir les
Peuples des douceurs du repos ; la plupart des moyens proposés pour retirer
les billets de l'Etat eussent eu le succès
qu'on s'en promettoit, si l'on eût voulu l'attendre. Mais s'il étoit permis de
joindre des idées douteuses à des projets réflechis par des vûes supérieures,
& rédigés avec un zele peu commun
pour le service public, ne pourroit-on
pas dire qu'il eût été plus avantageux

pour les Peuples que le dixieme eût continué encore pendant quatre à cinq ans, excepté fur l'induftrie ? La partie des billets de l'Etat retirée par la Compagnie d'Occident ne devoit pas laiffer de coûter quatre millions tous les ans de charge perpétuelle ; les rentes viageres plus propres à libérer l'Etat augmentoient fes charges pendant les premieres années : la loterie étoit un établiffement à fuivre, avantageux au Roi & au public, mais lent ; la vente des petits Domaines étoit un objet borné, quoiqu'également bien imaginé : au lieu que la continuation du dixieme d'impofition montant alors à quinze millions, avec la permiffion à chaque Province de le payer en billets de l'Etat, en raffurant pleinement les efprits, eût donné une faveur nouvelle à ces effets. Les autres expédiens offerts au Public euffent encore gagné dans la confiance générale. Dans le cours de quatre à cinq années foixante-quinze millions de billets de l'Etat euffent pû être libérés ; les trois à quatre millions d'intérêts gagnés euffent fervi à en acquitter environ cinquante dans l'efpace de dix ans ; les rentes viageres & la loterie euffent éteint le furplus à peu près ; &

l'on se fût dispensé d'accorder le Commerce exclusif de deux Colonies très-importantes & très-riches, toutes les fois qu'une concurrence absolue les fera valoir.

Si les évenemens auxquels le changement du plan donna bientôt naissance, pouvoient servir à justifier l'idée que l'on présente, il est évident que personne n'auroit dû regretter sa portion de dixieme. Si ces raisonnemens sont probables, tirons-en une nouvelle source d'instructions, & remarquons que l'impatience des Peuples sous la charge des impôts nécessaires, leur a attiré plus de malheurs que s'ils s'en fussent remis avec constance à la sagesse & à l'amour de ceux qui les gouvernoient.

Suivons cependant l'Edit de la suppression du dixieme : il renfermoit plusieurs Réglemens très-utiles.

La remise du dixieme ne s'étendit point aux parties payées des deniers de Sa Majesté ; ce qui formoit alors un objet d'environ trois millions.

Indépendamment des réductions des pensions, il fut arrêté que le cinquieme seroit déduit sur leur montant au lieu du dixieme. Cependant les pen-

fions de fix cent livres , même celles
de mille livres accordées aux Officiers
des troupes , ainfi que les penfions attachées aux Emplois pour tenir lieu de
gages, ne furent foumifes qu'au dixieme.

Tous les priviléges de franc-falé accordés à quelques Corps, Communautés ou particuliers que ce fût , même
aux Hôpitaux , furent fupprimés. De
cette maniere , l'impôt des Gabelles
rentroit dans fa premiere inftitution qui
le rendoit général. C'étoit même fous
ce point de vûe qu'il avoit été envifa-
gé dans un tems où le choix des moyens
n'étoit pas toujours libre.

La révocation des exemptions de droits
d'Aides , d'entrée & de fortie, n'étoit ni
moins jufte ni moins néceffaire ; cependant il fallut fe prêter aux tems & fe contenter de reftreindre les exemptions à
celles que portent les Ordonnances de
1680 & de 1681. Il eft vrai cependant
que lorfqu'on fe détermine dans ces occafions à réfifter avec fermeté aux clameurs injuftes des parties intéreffées,
& à fupporter la fatigue des importu-
nités , on en eft bientôt dédommagé
par l'utilité qui en revient au Public ,

& dès qu'elle eft connue, la chaleur des murmures s'amortit.

La partie employée dans les états de la recette générale de Paris pour l'entretien des lanternes & le nettoyement des rues devoit être retranchée, fauf à être levée fur les propriétaires des maifons. Mais le Parlement fit des remontrances fur cette charge que le Régent avoit cru compenfée par la remife du dixieme ; il fallut chercher d'autres expédiens pour remplacer ce fonds abfolument néceffaire au maintien de l'Etat dans des circonftances auffi preffées. Les Caiffiers, Receveurs & Commis de tous les Comptables quelconques furent obligés d'envoyer tous les premiers jours de chaque mois copie de leurs Regiftres Journaux au Confeil des Finances ; & il fut réfolu d'introduire l'ordre des parties doubles dans toutes les parties des Finances.

On fit auffi un arrangement par rapport aux différens états du Roi : les quatre parties qui y étoient employées furent diftinguées en quatre claffes différentes.

La premiere regardoit les frais de régie & d'adminiftration.

La deuxieme comprenoit les gages, augmentations de gages & droits attribués aux Officiers des bureaux des Finances des Eleĉtions, Bailliages, Sénéchauſſées & autres Juriſdiĉtions ordinaires : les parties de ces deux premieres claſſes furent conſervées dans les états.

La troiſieme claſſe concernoit les gages, augmentations & droits attribués aux Offices de toute nature créés depuis 1689, & qui avoient été ſupprimés ou dont on ſe propoſoit de faire la ſuppreſſion. Il en fut dreſſé un état général, diſtingué par natures d'Offices, pour pourvoir enſuite au payement des intérêts, & au rembourſement des capitaux lorſqu'on ſeroit en état d'y travailler.

La quatrieme claſſe renfermoit les rentes & droits de toute nature créés depuis 1689, & dont l'emploi avoit été fait indifféremment dans les états de Finance pour la ſeule commodité des acquéreurs. Ces parties furent ſéparées des états pour en faire un ſéparé & diſtingué par chapitres, afin de les connoître à fond, de ſupprimer les parties les plus onéreuſes pour les reporter dans l'état général de rembourſement, de

trouver tous les doubles emplois qui
s'y étoient glifsés, & d'examiner fi
quelque partie ne s'y trouvoit pas fans
titre légitime.

Il fut aufsi arrêté au Confeil qu'au
commencement de chaque année il feroit préfenté une efpece d'état au vrai
du total de la recette & de la dépenfe
de l'année précédente, pour connoître
diftinctement l'application des fonds,
ce qui reftoit à confommer, les non-
valeurs furvenues, les dépenfes extraordinaires & imprévûes. À cet état devoit être joint le projet de recette &
de dépenfe ; de maniere que chaque
partie de dépenfe fe trouvât afsignée
diftinctement fur une partie de recette.

Il fut réglé que moyennant les divers
emplois propofés pour les billets de
l'Etat, il n'en feroit plus payé d'intérêt pafsé le premier Janvier 1718 ; mais
depuis on craignit que les propriétaires
ne fufsent allarmés de cette efpece de
contrainte, ou qu'éloignés de la Capitale, ils n'eufsent pas l'occafion d'en
faire l'emploi dans les termes prefcrits :
ainfi le payement de l'intérêt fut pro-
rogé.

Les billets des Receveurs Généraux
vifés durent être convertis en billets de

la Caiffe commune des recettes générales, & l'intérêt compté à quatre pour
cent juiqu'au rembourfement. De cette
maniere, le Roi s'en chargeoit, & fans
aucune diminution du capital, pour
maintenir la parole donnée au commencement de la Régence lors du ré-
fultat paffé avec les Receveurs Généraux. Mais le mois fuivant on laiffa
l'option aux propriétaires, de les convertir ou non à leur gré, pour ne pas
gêner les opinions, à condition cependant que l'intérêt en feroit toujours réduit. Enfin l'Edit annonçoit que le Confeil s'occupoit du véritable rétabliffement de la France, c'eft-à-dire, des
moyens de fimplifier les droits des Fermes & de diminuer les frais de la Régie. La Banque même dans fa premiere
inftitution n'eût pas animé auffi puif-
famment l'induftrie que ce grand & pé-
nible travail, s'il eût été achevé. Il fut
défendu aux Fermiers, fous peine d'en
répondre, d'avoir aucun égard aux
paffeports accordés à d'autres perfonnes qu'aux Miniftres étrangers, ou à
ceux que Sa Majefté enverroit elle-
même dans les Cours étrangeres. Cet
abus étoit monté à un tel excès, qu'il
occafionnoit annuellement une diminu-

tion d'un million fur les Fermes. Le travail commencé pour fimplifier les droits & diminuer les frais de Régie promettoit de remplacer en peu d'années les remifes accordées au Peuple, & de procurer à l'Etat le moyen de faire des rembourfemens confidérables.

Prefque en même tems on créa douze cent mille livres de rentes viageres au denier feize, pour retirer dix-neuf millions deux cent mille livres de billets de l'Etat feulement, fans que ces rentes puffent être achetées avec de l'argent.

Un autre Edit ordonna la vente & aliénation des Juftices & Seigneuries de Paroiffes fans domaines, enfemble de tout ce qui conftitue les petits Domaines, comme moulins, fours, preffoirs, &c. à condition que le prix ne feroit point au-deffous du denier trente, & que les acquéreurs donneroient des billets de l'Etat en payement.

Enfin parurent les Lettres-Patentes pour l'établiffement de la Compagnie d'Occident, qui réuniffoit pendant l'efpace de vingt-cinq ans feulement le Commerce excluff de la Louifiane, & des Caftors au Canada, à l'imitation

des grandes Compagnies Angloifes. Diverfes faveurs lui furent accordées outre fon privilége ; comme l'exemption
de la moitié des droits payés fur les
denrées des autres Colonies ; une gratification de fix livres par tonneau pour
les Vaiffeaux de deux cent quatre-vingt
tonneaux & au-deffus, & de neuf livres pour les Vaiffeaux de deux cent
cinquante tonneaux & au-deffus qui feroient conftruits dans l'étendue de fa
conceffion, mais pour le premier voya-
ge feulement.

Le fonds de la Compagnie devoit
être compofé de billets de l'Etat, dont
la converfion feroit faite en rentes au
denier vingt-cinq. L'intérêt de la premiere année feulement étoit deftiné à fervir
de fonds de commerce à la Compagnie ;
& chaque Actionnaire devoit dans les
fuivantes être payé de fa rente de trois
mois en trois mois. Depuis, un autre
Edit fixa le fonds à cent millions pro-
duifant quatre millions de rentes.

Il eft certain qu'en ne continuant pas
le dixieme, il n'y avoit pas de meilleure iffue pour délivrer le Commerce
d'une fomme auffi confidérable de billets de l'Etat. Comme d'ailleurs notre
navigation étoit extraordinairement

tombée, probablement malgré l'exclufif, cette Compagnie ainſi limitée auroit pû rendre des ſervices, ſi de trop
grands intérêts n'euſſent depuis abſorbé
celui-là.

Une Déclaration du 21 Août établit une loterie dont le billet coûtoit
vingt-cinq ſols ; elle devoit ſe tirer
tous les mois en quelque état que ſe
trouvât la recette. Elle devoit porter
ſoixante-quatorze lots proportionnés à
la recette ; ſçavoir, un du dixieme de la
recette, deux du vingtieme, quatre du
quarantieme, trois du cinquantieme,
& ſoixante-quatre du centieme : ſans
cependant que le gros lot pût excéder
trente mille livres, & le moindre être
ou-deſſous de mille livres. En cas que
la recette fût aſſez conſidérable pour
porter le gros lot au-deſſus de trente
mille livres, l'excédent devoit être employé en lots de mille liv. Ceux à qui les
lots ſeroient échus devoient rapporter
une ſomme pareille à la valeur de ces
lots en billets de l'Etat ; après quoi on
leur délivroit, premierement, le lot
en argent, enſuite un contrat de rente
viagere d'une rente pareille aux intérêts des billets rembourſés. Les per-
miſſions pour toutes autres loteries furent révoquées.

Celle-là réuffit fi bien que les propriétaires des rentes conftituées fur l'Hôtel-de-Ville, des augmentations de gages ou Offices fupprimés, demanderent avec empreffement d'y être admis : leur demande fut écoutée favorablement : & même pour mieux inviter les particuliers à y prendre part, les lots en argent furent multipliés. Sur chaque cent mille livres de recette, dix mille leur furent prélevées pour compofer foixante-huit lots d'argent comptant, fans être tenus de rapporter aucuns effets. Les quatre-vingt-dix mille livres reftantes devoient être employées à former cent trente-deux lots de rembourfement ; fçavoir, un lot de dix mille livres, un de cinq mille livres, un de quatre mille, un de trois mille, huit de mille, & cent vingt de cinq cent livres chacun.

A l'égard des excédens qui pourroient fe trouver en fermant chaque loterie, au-delà des fommes de cent mille livres qui auroient été reçues ; le dixieme devoit toujours être prélevé pour former quelques lots d'argent comptant : & du furplus on formoit un gros lot de rembourfement par proportion à cet excédent.

E iij

Par ce moyen, fans qu'il en coûtât rien au Roi, on pouvoit efpérer chaque année de fondre en rentes viageres à quatre pour cent un capital de deux à trois millions conftitués en rente perpétuelle.

Si tant d'expédiens divers pour libérer l'Etat font honneur au difcernement & à l'application de ceux qui dirigeoient les Finances, ils prouvent en même tems combien il eft difficile d'atteindre au but qu'ils fe propofoient, & combien un traitement en apparence moins favorable dans les tems de befoin eût épargné aux Peuples de craintes, d'incertitudes & d'allarmes.

A ces diverfes opérations on voulut ajouter celle d'une réduction fur l'intérêt de l'argent. La matiere fut difcutée dans des Comités & au Confeil : elle éprouva tant de réfiftance, qu'il fallut en abandonner le projet, quoique le plus grand nombre des membres du Confeil des Finances fût perfuadé que la circonftance autorifoit une réduction forcée, toujours fâcheufe en foi en d'autres tems. Le rapport de cette affaire au Confeil de la Régence renferme les raifons refpectives qui furent employées, & cette piece aura place dans cet ouvrage. On fe perfuade cependant que le Lecteur ne defapprouvera point une legere difcuffion fur cette matiere en foi & relativement à la circonftance.

Dans l'origine, le Commerce confiftoit dans l'échange des denrées contre les denrées: l'introduction de l'argent, pour fervir de moyen terme à l'évaluation de toutes chofes, facilita les échanges, & dès-lors les multiplia; c'eft-à-dire, que la confommation fut accrue, le Peuple plus occupé, plus heureux phyfiquement.

Bientôt l'inégalité de l'induftrie, des rangs, des fucceffions, dut partager très-inégalement la quantité d'argent introduite dans le Commerce, pour fervir de moyen terme à l'évaluation des denrées expofées en vente. La défiance & d'autres paffions engagerent les poffeffeurs du moyen terme à refferrer ce qu'ils en poffédoient au-delà de leurs befoins. Ceux qui ne purent s'en paffer imaginerent pour en obtenir d'accorder à l'argent un produit, comme on en trouve un dans des fonds de terre. Cette récolte affignée à l'argent, appellée intérêt, fut vrai-femblablement réglée fur le produit de

E iiij

l'emploi quelconque de l'argent emprunté, sur la facilité ou difficulté d'en
avoir, c'est-à-dire, sur la concurrence
des prêteurs & des emprunteurs, enfin
sur le risque ou la sûreté du prêt. On ne
voit pas du moins ce qui auroit pû servir
à le regler dans les tems primitifs où
l'autorité législative n'intervint pas vraisemblablement dans ces sortes de conventions, à moins qu'on ne suppose que
cet intérêt fut réglé sur le produit des
terres : mais cela n'est gueres probable. Les sûretés de chaque emprunteur
ont dû influer sur l'intérêt du prêt, jusqu'à ce qu'une loi l'ait fixé : or ces sûretés varioient à chaque prêt : de plus
dans le cas d'un prêt solide, l'intérêt
auroit dû se trouver tout au plus au niveau du revenu des terres, & le produit en auroit toujours été plus utile
que celui des terres sur lesquelles porte
l'imposition, qui sont sujettes à l'embarras des régies, à des réparations, à
des inégalités de recoltes. Il paroît
qu'en 1320 les fonds se vendoient au
denier vingt ; en 1541 au denier trente ; cependant dans la premiere de ces
époques, l'intérêt de l'argent étoit à
douze pour cent avec hypotheque, &
dans la seconde à huit & un tiers pour

cent ; en 1560 à six & sept huitiemes
pour cent. On a revû, depuis que l'argent est à cinq pour cent , les terres
tomber au denier vingt & au-dessous ;
elles se vendent aujourd'hui du denier
vingt-cinq au denier trente-cinq. Il ne
paroît pas que le rapport entre le produit de l'argent & le produit des terres ait eu dans cet espace de tems aucun terme fixe. On en peut dire de même du rapport entre le prix du prêt hy-
pothécaire, & le prix du prêt marchand : car en 1560 l'Ordonnance de
Charles IX, en fixant l'intérêt des rentes à six & vingt-un vingt-quatriemes
pour cent , permit aux Marchands l'intérêt à huit & huit vingt-quatriemes :
ainsi la différence étoit de un & onze
vingt-quatriemes pour cent. Aujour-
d'hui en 1754 l'argent est réglé par la
loi à cinq pour cent : les effets publics,
qui indiquent le cours naturel de l'argent, s'achetent sur le pied de quatre
& demi & quatre pour cent : cependant le prêt du Marchand subsiste toujours à six pour cent. Il y a donc une
différence de un pour cent avec l'intérêt légal, & de un & demi à deux pour
cent avec le cours naturel. Dès-lors
toute proportion est évanouie dans ces

rapports, & fur-tout fi l'on fait attention à l'abondance de l'argent, à l'accroiffement de la confiance par celui
du Commerce, par la tranquillité publique.

Tant de caufes influent fur ces différences, que toute recherche feroit plus
curieufe que d'une inftruction folide &
réelle. Il eft très-vrai que le produit des
fonds & du Commerce doit fervir à régler l'intérêt des rentes ; mais il paroît
que ce rapport eft plutôt une fuite de
combinaifons que l'origine de l'intérêt.
Il fuffit de s'en tenir au fait, c'eft-à-dire
de reconnoître ce qui fe paffe fous nos
yeux, & de comprendre que la combinaifon de la quantité d'argent offerte
avec la quantité de l'argent demandé forme en général ce qu'on appelle le taux
de l'intérêt, auquel la différence des
fûretés réelles ou apparentes du prêt
imprime des nuances infinies qu'il eft
impoffible de prefcrire.

Il s'enfuit que le prix de l'argent ne
devroit pas être fixé plus que celui des
autres denrées, dont l'abondance ou
la rareté reglent le prix : mais la dureté
& l'avidité des créanciers, les troubles
que leurs rigueurs ont excités en divers
Etats, la facilité plus évidente de con-

vertir l'argent en monopole à la faveur même des gros intérêts que toute autre denrée ; enfin depuis les conseils de la charité Chrétienne ont engagé les Législateurs à intervenir dans une convention qui devoit être libre de sa nature.

La Politique cependant connoissant le danger de donner des Loix que les hommes eussent intérêt à ne point exécuter, obligée d'en punir les infractions, & cherchant plutôt à guider les hommes vers l'objet de la société, qu'à les y contraindre, a dans tous les tems établi ses fixations générales sur les convenances les plus usitées entre les prêteurs & les emprunteurs.

Comme les sûretés du prêt influent de leur côté sur son prix, & qu'il est impossible à la Législation d'entrer dans ces évaluations particulieres, elle s'en est tenue à calculer la sûreté générale, qui consiste dans l'hypotheque réelle & dans la confiance publique.

A mesure que les idées se sont perfectionnées, on a remonté vers les causes qui influoient sur le nombre des prêteurs & des emprunteurs de l'argent. On a reconnu qu'il dépendoit de la plus grande ou moindre inégalité dans la ré-

partition des richeffes pécuniaires : que
cette plus grande ou moindre inégalité
de répartition dépendoit de l'abondance
ou de la rareté du travail parmi le Peuple ; cette abondance ou cette rareté de
travail de la perfection de l'agriculture
& des autres arts qui forment le fonds
des revenus primitifs dans un Etat : enfin pour raffembler toutes ces chofes
en un mot, de l'activité de la circulation
du Commerce dont la production des
valeurs nouvelles eft le moyen, & la
confommation la fin.

Diverfes caufes ont introduit dans
tous les Etats une feconde forte de biens
qui n'a point la production des valeurs
nouvelles pour objet ni la confommation pour terme, & fans l'achat ou la
vente defquels la production & la confommation des denrées fe feroient également. De ce genre, font les Offices,
les rentes fur l'Etat & les particuliers,
les intérêts de finance, &c. Cette feconde efpece de biens, fe trouvant en
concurrence avec les biens primitifs
dans les échanges que les hommes font
entr'eux, attire à elle une partie de l'argent qui fe trouve dans l'Etat. Lorfque fa proportion avec les biens primitifs fe trouve telle que l'argent n'eft

plus aussi facilement présent lors de la consommation des denrées , l'activité de la circulation du Commerce diminue, l'argent se trouve plus inégalement réparti, le nombre des emprunteurs augmente, & dès-lors l'intérêt ; à moins qu'une augmentation proportionnelle dans la masse de l'argent n'arrête le surhaussement d'intérêt & ne le contienne dans ses bornes anciennes. Ces recherches & ces connoissances ont augmenté la difficulté de la combinaison des Législateurs, lorsqu'ils ont voulu intervenir dans la fixation des intérêts de l'argent.

D'un côté, il a été reconnu que la réduction forcée des intérêts ne pouvoit en soi diminuer le nombre des emprunteurs : de l'autre, que si ces réductions forcées augmentoient la sûreté des biens-fonds en accroissant leur capital numéraire, elle ne pouvoit avoir le même effet sur la sûreté d'opinion dans les prêts sur le billet, & dès-lors augmenter le nombre des prêteurs dans le Commerce. On a craint que l'usure trop resserrée par la Loi n'en rompît les digues ; que les prêteurs, ne croyant plus trouver une compensation convenable à leurs risques dans le prêt mar-

chand, ne portaffent leur argent vers
les fonds de terre, les Offices, ou qu'ils
ne le cachaffent.

D'autres perfonnes ont penfé que le
propriétaire de l'argent refferré feroit
invité par la diminution de fon revenu
à augmenter la fomme de fon prêt ; que
le produit des terres étant toujours plus
borné que celui de l'argent, on fe dé-
goûteroit promptement de cet emploi
exclufif ; enfin qu'il en réfulteroit toujours que l'emploi plus abondant de l'argent dans la culture des terres, fource
primitive de tous les revenus, produiroit néceffairement avec le tems une
plus grande confommation foit intérieure, foit extérieure, & ranimeroit
l'activité de la circulation du Commerce.

L'une & l'autre opinion a trouvé
dans tous les Pays d'habiles défenfeurs,
& il femble que cela a dû arriver, parce
que chacune s'appuye de vérités peu
fufceptibles de démonftration, mais
qui fe font aifément fentir à ceux qui
font accoutumés à l'obfervation.

En effet, il paroît qu'une partie des
raifons de ceux qui s'oppofent aux réductions forcées auroit lieu ; & même
fi cette réduction avoit pour objet celle

des engagemens publics, elle altéreroit
certainement la confiance. Au moins il
est certain que cette réduction forcée opé-
reroit dans le moment de la crise une incertitude dans la circulation. Cette considération seule paroît suffire pour donner la préférence à tous les moyens politiques qui amenent les particuliers à diminuer volontairement entr'eux les intérêts. Ces moyens sont très-étendus, &
leur exposition seroit hors de place en
cet endroit. Favoriser la production & la
vente des denrées, libérer l'Etat de l'espece de biens qui n'a point la production des valeurs nouvelles pour objet
ni la consommation pour terme, sont
les grands expédiens : ils peuvent être
secondés dans leur marche par diverses
autres combinaisons de forces inférieu-
res. Sans entrer dans le détail, on se
contentera de remarquer que le seul
moyen d'égaliser les sûretés & de réduire l'intérêt à sa juste proportion avec
la quantité d'argent offerte & demandée, c'est le prêt sur gages tel qu'il est
usité dans la plûpart des Pays Chrétiens
& bien policés ; c'est-à-dire, en con-
fiant ce prêt seulement à des personnes sûres ou à des Compagnies sous des
regles & une police publique.

Il paroît en même tems difficile de
fe diffimuler que les mauvais effets d'u-
ne réduction forcée ne feroient que mo-
mentanés, fi cette réduction n'avoit
point un objet capable d'altérer la
confiance publique. La libération plus
facile des propriétaires des terres, le
nouvel avantage que l'on trouveroit à
les améliorer, auroient affurément un
effet, fi la liberté dans le commerce des
denrées n'étoit point reftrainte. Enfin
la différence entre une réduction forcée
& une réduction naturelle confifte peut-
être uniquement dans leur effet fur la confiance : la premiere ne peut en donner,
& fon paffage peut la troubler; la feconde eft une fuite de la confiance. L'opinion des réductions naturelles a prévalu
& femble avoir dû prévaloir par les raifons qu'on vient d'expofer ; mais elle
en a produit une autre aportée en France pour la premiere fois par M. Law ;
c'eft que l'Etat ne doit jamais donner
de Réglemens fur le taux de l'intérêt.

Cette opinion, vraie en foi, comme on l'a prouvé plus haut, a ceffé de
l'être dans la pratique par diverfes circonftances ; & peut-être le feroit-elle
encore fi jamais les Légiflateurs ne fuffent intervenus dans ces fortes de Réglemens.

glemens. Mais une fois qu'ils fe font
chargés de ce foin, il fembleroit à craindre que jamais le bénéfice d'une diminution ne fût général dans un Etat.
L'expérience prouve du moins que l'an-
cien taux fournit toujours aux prêteurs
des moyens de difficultés & d'embarras
qui tiennent l'intérêt au-deffus de fon
cours naturel. L'emploi de l'argent dans
les effets publics fe fait aujourd'hui fur
le pied de quatre à quatre & demi pour
cent, & le prêt marchand continue d'ê-
tre à fix. Il eft toujours un nombre confidérable de perfonnes dont la néceffité
preffante arracheroit un gros intérêt fi
cela étoit permis. Les propriétaires de
l'argent le refferreroient bientôt en
partie, dans l'efpérance de trouver
quelque occafion d'un emploi fi lucratif qu'ils fe dédommageroient du tems
où leur argent feroit refté dans l'inaction. Le vuide qu'occafionneroit le ref-
ferrement feroit remonter les intérêts
avec toutes fortes de débiteurs, comme une grande perte fur le change
avec une place confidérable s'étend fur
le change de places où il n'eft rien dû.
Le Légiflateur doit donc établir une
Loi commune fur le taux que le plus
grand nombre des particuliers reglent

entre eux. Il ne doit pas exiger de ceux
qui lui obéiffent un facrifice imprévû,
& trop confidérable à la fois ; mais,
comme les habiles Médecins, il doit
aider la nature dès qu'elle déclare fes
befoins. L'aifance nationale eft le vrai
guide du taux de l'intérêt : à mefure
que les confommations générales augmentent, le prix de l'argent doit baiffer : & la mefure de cette baiffe, le
figne certain du cours naturel de l'argent, c'eft le gain des effets publics fur
la place. Lorfque de pareilles opérations paroiffent utiles, il eft dangereux
de trop en retarder l'exécution, fur-
tout fi la paix n'eft pas affurée pour
plufieurs années après l'opération.

La réduction propofée, qui a donné
lieu à cette difcuffion, étoit certainement forcée ; mais les circonftances fin-
gulieres dont elle étoit accompagnée,
paroiffent former une de ces exceptions
rares qui modifient l'application des
principes fans en changer la nature.

La crife de l'Etat avoit forcé de diminuer l'intérêt de tous fes engagemens
depuis 1714 ; les détreffes dans lefquelles il continuoit de fe trouver altéroient
la confiance publique ; les effets réduits
à quatre pour cent d'intérêt perdoient

fur la place cinquante pour cent.

Mais de ces cinquante pour cent il y en avoit vingt à imputer fur la différence du taux de dix-huit cent millions de dettes de l'Etat, avec le taux ufité entre les particuliers à cinq pour cent.

Il eſt donc évident que la réduction propoſée eût révivifié pour trois cent foixante millions de capitaux perdus & abſorbés. Quoique forcée & d'une mauvaiſe nature en foi, elle ſe trouvoit utile par une ſuite des circonſtances déplorables qui l'avoient précédée: car cette ſomme confidérable ſe retrouvant de plus dans les propriétés, les ſûretés augmentoient d'autant. Toutes les opérations entrepriſes ou projettées, ſoit pour acquitter les engagemens de l'Etat, ſoit pour ſa libération, ne pouvoient qu'accroître chaque jour la confiance, parce qu'on partoit du dernier période du difcrédit, fituation violente dont les particuliers s'efforcent continuellement de fortir. Enfin il ſemble qu'il étoit contre toute bonne politique que l'effet le moins accrédité produiſît moins qu'aucun autre.

Mon deſſein n'eſt pas de rappeller toutes les raiſons qu'on peut lire dans le Mémoire. J'inſiſte fur celle qui m'a

paru la plus décifive ; car il femble
d'ailleurs contraire à la nature des chofes, comme à l'expérience, de penfer
que la réduction en foi devoit ranimer
la circulation.

Les objections faites à la propofition
m'ont paru folides en plufieurs points
quant aux principes généraux, mais fans
aucun égard à la circonftance qui y dérogeoit. Il y en a deux qui méritent
d'être examinées, non pas à caufe de
leur folidité, mais parce qu'elles font
quelquefois répétées, & qu'on s'en eft
fervi plus d'une fois pour arrêter la bonne volonté du Gouvernement fur cette
matiere.

L'une eft l'augmentation qui furvien-
droit fur le prix de toutes les denrées
néceffaires à la vie, & les loyers. On
y repliqua avec beaucoup de jufteffe,
que c'étoit précifément ce qu'on cherchoit. La réponfe convenoit au tems,
puifque le malheur de l'Etat provenoit
de l'aviliffement des denrées ; mais exa-
minons fi une réduction en foi peut occafionner cette augmention. Si l'on cite
la cherté des denrées en Hollande & en
Angleterre où l'intérêt eft bas, ce fera
peut-être faute d'obfervation. Les denrées y ont enchéri par la multiplication

des richesses soit réelles, soit artificielles, & non par la réduction, qui elle-
même n'a été que l'effet & le remede
de cette multiplication. En France où
depuis quatre-vingt neuf ans l'argent se
soutient au même taux, les denrées en
général sont fort augmentées de prix à
raison de l'accroissement des richesses
numéraires : ainsi nous éprouvons la
cherté sans recourir au remede ; l'argent est la seule denrée qui n'ait pas varié, & c'est celle qui s'accumule le plus.

Considérons donc l'effet d'une réduction d'intérêt sur les productions de la
terre & les ouvrages de l'industrie.

La réduction favorise évidemment
l'amélioration des terres : or l'amélioration des terres produit l'abondance des
vivres & des matieres premieres, &
ordinairement l'abondance baisse les
prix.

Les ouvrages de l'industrie, avant
d'arriver au terme de la consommation,
passent par les mains de divers entrepreneurs, qui comptent parmi leurs frais
l'intérêt de l'argent avancé ou sur leur
crédit ou sur leurs capitaux : or la diminution des intérêts est donc en cette
partie une diminution sur le prix des productions de l'art ; elles gagneroïent en

outre le bénéfice du bon marché des vivres & des matieres premieres par l'amélioration de la culture.

Si la réduction est forcée, je conviens que dans le commencement le Négociant ne trouvera pas plus d'argent qu'il n'en trouvoit ; mais aussi il est probable qu'il ne lui en sera pas moins offert, parce que l'intérêt du Commerce sera toujours plus fort que l'intérêt des hypotheques & celui des terres. Mais si la réduction est faite d'après le cours naturel de l'argent, il en sera certainement offert davantage au Commerce, & cette facilité multipliant les concurrences baissera les prix. On peut même espérer avec quelque confiance qu'en peu d'années il en résulteroit autant d'une réduction forcée.

On objectera que les entrepreneurs & leurs ouvriers destinent leurs gains à des placemens à rente, & que ne retrouvant plus le même intérêt, leurs salaires renchériront. Il semble convenable de séparer la considération sur les entrepreneurs & sur les ouvriers.

Rien ne seroit assurément plus utile qu'un moyen d'engager les entrepreneurs à continuer de faire valoir leurs capitaux dans le Commerce, dont ils ne se retirent point sans perte pour l'Etat ; & c'est un des grands inconvéniens des gros intérêts qui les y invitent. Toute réplique sur cet article rentrera dans la classe des intérêts particuliers, & c'est de ceux du public qu'il s'agit ici.

Quant aux ouvriers & manouvriers, leur ambition & leurs facultés se bornent le plus communément à l'éducation & à l'établissement commode de leurs enfans au moyen de quelque argent comptant. Ceux dont la profession est un peu plus lucrative cherchent à agrandir leur petit commerce ; & sur cinq cent qui se trouveront dans cette situation, à peine en verra-t-on un qui s'avise de placer son bien à rente. Il est beaucoup plus commun qu'ils portent leur aisance vers l'acquisition d'un petits fonds de terre ; & dans les Provinces où il y a des fabriques, on sçait qu'aux environs des Villes ces sortes de biens se vendent communément du denier quarante au denier cinquante, au-delà de beaucoup de ce qu'on appelle les grosses Fermes ; preuve certaine que les artisans qui cherchent à assurer leur sort ne calculent pas l'intérêt à cinq pour cent dans l'évaluation de leurs salaires.

Parmi les manouvriers on ne voit que

les domeftiques dans l'ufage de placer à rente ; parce qu'accoutumés à une efpece d'oifiveté, & incapables de tout lorfqu'ils avancent en âge, ils n'ont pas d'autre reffource. Si l'on fait attention d'ailleurs à la maniere dont ils font payés & à l'humanité employée ordinairement en faveur de vieux ferviteurs, leur fort eft plutôt digne d'envie pour la moitié de la Nation, qu'il ne doit inquiéter le Légiflateur.

Les profeffions lucratives & utiles, fans produire de nouvelles valeurs, telles que celles de la Médecine, de la Chirurgie, du Barreau, &c. peuvent augmenter leurs honoraires, fans qu'il en réfulte un grand inconvénient pour l'Etat : mais il eft vrai de dire que, quel que foit le taux de l'intérêt, les habiles gens s'enrichiront dans ces Profeffions, & les médiocres y fubfifteront difficilement.

Il n'eft pas aifé de voir quelle analogie l'augmentation des loyers peut avoir avec la baiffe des intérêts : le fonds des maifons augmentera de valeur, mais c'eft tout ; & fi cet accroiffement engage à bâtir de nouvelles maifons, les loyers baifferont. On peut donc conclure qu'il n'y a aucune augmentation

mentation à craindre fur les denrées néceffaires par une réduction forcée ; &
fi elle eft naturelle, il eft probable qu'il
en réfulteroit une diminution dans les
prix. Dans ces matieres revenons toujours au principe général ; la baiffe de
l'intérêt eft-elle favorable à l'amélioration & au produit des terres ? vos confommations feront moins cheres, plus
abondantes, vos ventes extérieures
plus faciles, les gains de votre Peuple
augmenteront avec le travail. Si tel eft
l'effet général, n'entrez en difcuffion
avec aucune claffe particuliere qui pro-
mettra de vous parler de l'intérêt public, quoiqu'aveuglé par le fien.

La feconde objection fouvent réité-
rée contre la baiffe des intérêts, c'eft
qu'il faut obferver une proportion exacte entre le produit des rentes & le produit, foit des fonds, foit du Commerce. C'eft une de ces maximes vagues
dont l'explication embarraffe toujours
ceux qui en font parade fans égard aux
circonftances. En quoi confifte cette
exactitude de proportion ? Si le produit
des fonds & celui du Commerce font
les revenus primitifs de l'Etat, c'eft à
eux à régler l'intérêt des rentes, & non
aux produits des rentes à influer fur le

leur. En cette année 1754 le produit
des fonds de terre n'eſt pas réputé net
de trois pour cent : il n'y a donc aucune proportion entre ce produit & celui
des rentes à cinq pour cent ſuivant l'intérêt légal : car la différence de la ſûreté de l'hypotheque à la ſûreté du fonds
ne va pas à un pour cent. Pour preuve, le prêt marchand ne diffère du prêt
hypothéquaire que d'un pour cent ; or
il y a plus d'intervalle entre la ſûreté de
ces deux prêts qu'entre celle des terres
& de l'hypotheque de ces terres. L'intérêt légal ſeroit donc dans une proportion plus juſte avec le produit des terres s'il étoit borné à quatre pour cent.
Il eſt vraiſemblable que tous les Négocians du Royaume unanimement aban-
donneroient très-volontiers à dix pour
cent le produit de leurs capitaux per-
ſonnels & ceux de leur crédit : cependant le prêt marchand eſt à ſix pour
cent, & dans tous les pays l'uſage, même parmi les Caſuiſtes les plus rigou-
reux, eſt d'évaluer le ſalaire & les riſques du Commerce au double de l'intérêt payé. Or tant que les rentes ſeront
légalement à cinq pour cent, le prêt
marchand ſubſiſtera à ſix pour cent ; il
n'y a donc plus de proportion entre le

produit du Commerce & le produit des rentes.

Ainsi l'examen de cette objection contre la baisse des intérêts lui est favorable au contraire, & conduit à cette maxime qu'il convient de baisser l'intérêt légal, lorsque le produit des fonds & du Commerce baisse naturellement : or cette baisse du produit des fonds & du Commerce se verra toujours accompagnée de la baisse du cours naturel de l'argent. De cette explication résulte encore la nécessité d'aider les réductions à se consommer, puisque nous voyons par expérience que le silence du Législateur entretient une disproportion entre les divers produits de l'argent contre l'ordre naturel.

Il faut convenir d'ailleurs que cette objection n'avoit pas dans le Mémoire de 1717 le même sens qu'on lui donne aujourd'hui lorsqu'on discute la matiere d'une réduction. On avoit avancé pour proposition préliminaire, que la réduction ne feroit point augmenter les fonds, ce qui est évidemment faux, parce que les hommes feront toujours une appréciation des sûretés dans l'emploi de leur argent. Si la réduction est forcée, comme elle ne peut accroître la confiance, qu'au contraire elle peut l'altérer à fon paffage, les fonds monteront beaucoup plus que par une réduction naturelle, qui cependant les fait toujours monter.

Tant de chofes fe trouvoient à exécuter, & le tems étoit fi bien employé, que chaque jour, pour ainfi-dire, voyoit éclore quelque amélioration. Les taxations des Receveurs généraux furent réduites à cinq deniers pour livre de leurs recouvremens comme en 1669; mais on y ajoûta cette reftriction, jufqu'à la concurrence de quinze cent mille livres du montant des impofitions dans chaque année d'exercice; & dans le cas où elles excéderoient cette fomme, la remife fur cet excédent fut bornée à trois deniers pour livre. Cependant comme ils avoient avancé diverfes fommes pour l'acquifition des taxations retranchées, leurs gages furent augmentés.

Les Charges des Receveurs des tailles triennaux furent fupprimées, ainfi que les droits de quittances. Les taxations des Officiers confervés furent réduites à quatre deniers pour livre. Après la liquidation des fommes payées pour les Offices ou les droits fupprimés, l'intérêt devoit en être alloué au denier vingt-cinq jufqu'au remboursement.

Toute autre entreprife ou traité fut expreffément défendu, tant aux Receveurs généraux que particuliers, à l'exception de l'intérêt qu'ils pourroient prendre dans les Compagnies de Commerce, à caufe de la faveur qu'il mérite.

Le Confeil avoit commencé à exécuter les grands deffeins qu'il avoit annoncés aux Peuples, en corrigeant le plus funefte de tous les abus qui puiffe fe rencontrer dans la perception d'un impôt : l'arbitraire de la taille perfonnelle, qui a vivement frappé tous les Miniftres compatiffans & éclairés, reçut un frein pour la premiere fois par l'établiffement de la taille proportionnelle. L'Arrêt du 27 Décembre 1717 pour la ville de Lifieux expliquera le détail de cette nouvelle forme d'affeoir les tailles.

Article I.

« La répartition de la taille fera faite
» fur les contribuables par rapport à
» l'occupation des fonds & par rapport
» à l'induftrie, profeffion ou qualité des
» perfonnes.

I I.

» Les propriétaires, fermiers ou lo-

» cataires taillables des terres, maisons
» & jardins situés dans l'étendue de la
» Ville, Fauxbourgs & Bourgeoisie, se-
» ront imposés par rapport auxdits fonds
» à la somme de quatre mille six cent
» soixante-trois livres dix sols, qui est
» à raison de deux sols pour livre du
» loyer desdits fonds, suivant l'état
» d'évaluation qui en a été arrêté le pre-
» mier Décembre 1717, lequel état se-
» ra incessamment déposé au Greffe de
» l'Hôtel-de-Ville de Lisieux, pour y
» avoir recours quand besoin sera ; &
» sera ladite somme répartie sur lesdits
» propriétaires, fermiers ou locataires
» à raison desdits deux sols pour livre,
» suivant ledit état d'évaluation.

I I I.

Les fermiers & locataires taillables
» payeront lesdits deux sols pour livre
» de leur occupation, sans aucun re-
» cours contre les propriétaires, soit
» privilégiés ou taillables ; & ne seront
» tenus les propriétaires taillables
» de payer pour ladite occupation,
» qu'au cas qu'ils occupent eux-mêmes,
» ou qu'ils louent à des exempts ou
» privilégiés ; & seront lesdits fermiers,
» locataires & propriétaires occupans
» responsables chacun en droit soi de

» leurs fous-fermiers , fous-locataires
» & locataires particuliers , fans qu'en
» aucun cas les privilégiés propriétai-
» res ou locataires puiſſent être tenus de
» ladite occupation.

I V.

» Et pour prévenir la confuſion que
» les changemens de demeures pour-
» roient cauſer dans la ſuite dans l'im-
» poſition par rapport à l'occupation
» des fonds ; les propriétaires & prin-
» cipaux locataires feront tenus de don-
» ner avis aux Maire & Echevins deſ-
» dits changemens de demeure, fous
» telle peine qu'il appartiendra.

V.

» Par rapport à l'induſtrie, profeſſion
» & qualité des perſonnes , les profeſ-
» ſions , arts & métiers feront cottiſés
» en gros chacun à une ſomme certaine,
» dont la répartition fera faite fur les
» contribuables de chaque profeſſion ,
» art ou métier, foit par rapport à la
» conſommation , fabrique ou débit
» qu'ils feront, foit ſuivant le nombre
» des Compagnons employés par cha-
» que Maître, foit par tarif de qualités
» & conditions , le tout ſuivant la na-
» ture deſdites profeſſions , arts ou mé-

» tiers, ainsi qu'il sera expliqué dans les
» articles suivans.

VI.

» La Manufacture des toiles payera
» pour sa cotte-part la somme de deux
» mille quatre cent vingt livres, dont la
» répartition sera faite par les Mar-
» chands en gros de ladite profession ;
» dans laquelle répartition les Maîtres
» fabriquans pour leur compte payeront
» par tête sept livres dix sols, & cin-
» quante sols pour chacun des Compa-
» gnons qui travailleront pour eux ; les
» chefs de caves & leurs ouvriers do-
» miciliés aussi chacun cinquante sols ;
» les Marchands de détail en boutique
» dix livres chacun ; les Rosiers huit li-
» vres chacun ; les blanchisseurs de toile
» vingt livres chacun ; les blanchisseurs
» de fil huit livres chacun ; les linotiers
» trois livres chacun ; les couverturiers
» huit livres chacun ; & le surplus de la-
» dite somme sera supportée par les
» Marchands en gros & autres particu-
» liers commerçans membres de ladite
» Manufacture, & reparti entre eux à
» proportion des pieces de toiles qui
» seront portées à la marque ; sans pré-
» judice de la cotte que ceux desdits
» Marchands en gros qui vendront aussi

» en détail, devront fupporter pour ledit
» détail, ainfi qu'il eſt réglé ci-deſſus.

» La Manufacture des frocs payera
» pour fa cotte-part dix-huit cent vingt
» livres, dont la répartition fera pareil-
» lement faite par les Marchands en
» gros de ladite profeſſion ; dans laquel-
» le répartition les Marchands en détail
» payeront dix livres chacun ; les ton-
» deurs apprêteurs dix livres chacun ,
» & deux livres dix fols pour chaque
» Compagnon ; les teinturiers douze li-
» vres dix fols , & cinquante fols pour
» chaque Compagnon , & les machi-
» niers dix livres par machines ; & le
» furplus de ladite fomme fera fupporté
» par les Marchands en gros , membres
» de ladite Manufacture , & reparti en-
» tre eux par rapport au nombre de
» frocs qu'ils acheteront à la halle , fans
» préjudice de la cotte que ceux defdits
» Marchands en gros qui vendront auſſi
» en détail devront fupporter pour ledit
» détail , ainfi qu'il eſt réglé ci-deſſus.

» La Communauté des Tiſſerands
» payera pour fa cotte-part mille livres,
» dont la répartition fera faite entre
» eux à proportion des pieces de frocs
» qui feront par eux portés à la mar-
» que.

» La Communauté des Foulons paye-
» ra pour fa cotte-part quatre-vingt dix
» livres, en déduction de laquelle fom-
» me chaque exploiteur de moulin à
» foulon payera quinze livres, & le fur-
» plus fera réglé par foules & lanes,
» de la quantité defquels les Maîtres fe-
» ront tenus de faire déclaration.

» La Communauté des Boulangers
» payera pour fa cotte-part onze cent
» foixante livres, dont la répartition
» fera faite à proportion du nombre de
» leurs tournées.

» La Communauté des Bouchers
» payera pour fa cotte-part la fomme
» de quatre cent cinquante livres, dont
» la répartition fera faite à proportion
» du nombre des bêtes qu'ils tueront,
» en déduction de laquelle fomme les
» Tripiers payeront cinq livres chacun.

» La Communauté des Tanneurs
» payera pour fa cotte-part deux cent
» dix livres, laquelle fomme fera répar-
» tie entre eux à proportion de la quan-
» tité de boiffeaux de tan qui leur feront
» délivrés par l'exploiteur des moulins
» de la Ville ; & en cas qu'ils foient
» obligés d'en prendre dans les moulins
» étrangers, ils feront tenus d'en faire
» déclaration, fous telle peine qu'il ap-
» partiendra.

» La Communauté des Corroyeurs
» payera pour fa cotte-part cent livres,
» laquelle fera répartie entre eux à pro-
» portion des peaux qui feront par eux
» portées à la marque.

» La Communauté des Paffementiers
» payera pour fa cotte-part quatre-
» vingt livres, dont la répartition fera
» faite entre eux à proportion du nom-
» bre des paquets de paffement dont la
» vérification fera faite fur le Regiftre
» du Calendreur, en déduction de la-
» quelle fomme les Calendreurs paye-
» ront dix livres chacun.

» La Communauté des Ferronniers
» payera la fomme de cent livres, la-
» quelle fera répartie entre eux à pro-
» portion des voitures de fer qui leur
» feront amenées, dont ils feront tenus
» de faire déclaration aux Gardes de
» leur Communauté, en déduction de
» laquelle fomme les Cloutiers paye-
» ront fix livres chacun.

VII.

» Les Chapeliers payeront pour leur
» cotte-part quatre-vingt dix livres.

» Les Cordonniers, trois cent cinquan-
» te livres.

» Les Savetiers, deux cent quarante
» livres.

» Les Maréchaux, Taillandiers ou
» Blancheurs, deux cent soixante livres.

» Les Tailleurs, Bonnetiers, Bou-
» tonniers & Tapissiers, deux cent tren-
» te livres.

» Les Perruquiers, cent quarante li-
» vres.

» Les Orfévres & Libraires, quaran-
» te-cinq livres.

» Les Etamiers & Potiers d'étain,
» quatre-vingt cinq livres.

» Les Chaudronniers & Fondeurs,
» quarante livres.

» Les Serruriers, Couteliers, Vitriers,
» Armuriers & Horlogers, deux cent
» livres.

» Les Menuisiers, les Marchands de
» bois en détail, autres que lesdits Me-
» nuisiers, Charpentiers, Sculpteurs,
» Ebénistes & Lanterniers, trois cent
» soixante livres.

» Les Bourreliers, Arçonniers, deux
» cent livres.

» Les Eperoniers & Selliers, cin-
» quante livres.

» Les Grainiers, Regratiers, Ven-
» deurs de briques, de poterie de ter-
» re, cent livres.

» Les Cordiers & Voituriers, cin-
» quante livres.

» La répartition de chacune des fom-
» mes mentionnées au préfent article
» fera faite fur les particuliers qui doi-
» vent y contribuer, à raifon de cin-
» quante fols pour chaque Compagnon
» ou ouvrier par eux employé, & le
» furplus par égale portion entre lefdits
» particuliers.

VIII.

» Pour prévenir les difficultés qui
» pourroient naître fur l'âge & qualité
» des Compagnons mentionnés dans les
» précédens articles ; tous ouvriers de
» l'âge de quinze ans & au-deffus, mê-
» me les fils de Maîtres, feront réputés
» Compagnons, excepté néanmoins les
» apprentis pour lefquels le Maître ne
» contribuera qu'après la premiere an-
» née de leur apprentiffage ; & à l'égard
» des ouvrieres tenant lieu de Compa-
» gnons, les Maîtres ne payeront que
» vingt-cinq fols pour chacune d'elles.

IX.

» Les Cabaretiers à enfeignes, Mar-
» chands de vin, Bouchons, Vendeurs
» & Bouilleurs d'eau-de-vie, payeront
» pour leur cotte-part fix cent dix li-
» vres, dont la répartition fera faite
» par lefdits Cabaretiers à enfeigne &
» Marchands de vin ; dans laquelle ré-

» partition les bouchons payeront dix
» livres chacun ; les Vendeurs & Bouil-
» leurs d'eau-de-vie, fix livres chacun,
» & lefdits Cabaretiers à enfeigne &
» Marchands de vin, chacun vingt li-
» vres.

» Les Merciers, Quincailliers & Mar-
» chands de dentelles , payeront pour
» leur cotte-part, cinq cent trente li-
» vres, de laquelle fomme les gros
» Marchands faifant commerce de draps,
» d'étoffes de foye & de mercerie por-
» teront trente livres chacun ; les Mer-
» ciers vendans feulement des draps,
» étoffes de laines & menues merceries,
» & les Quincailliers, vingt livres cha-
» cun , & les Merciers ne vendant que
» des merceries , & les Marchands de
» dentelles , dix livres chacun.

» Les Chandeliers payeront pour leur
» cotte part trois cent livres , dont la
» répartition fera faite entre eux par
» égale portion.

» Les Exploiteurs de moulins à bled
» & à tan payeront quatre-vingt li-
» vres , aufli à répartir entre eux par
» égale portion.

» Les Pâtiffiers, Rotiffeurs, Poiffon-
» niers, payeront pour leur cotte-part,
» cent cinquante livres, dont les Poif-

» fonniers fupporteront fix livres cha-
» cun, & le reftant fera réparti par tête
» fur lefdits Pâtiffiers & Rotiffeurs.

» Les Mégiffiers & Marchands de
» laine, payeront pour leur cotte-part
» cent-vingt livres, de laquelle fomme
» les Marchands de laine porteront dix
» livres chacun, & le furplus fera ré-
» parti par tête fur lefdits Mégiffiers.

X.

» Les Veuves qui continueront leur
» Commerce feront comprifes dans les
» Communautés pour la même fomme
» que payeroient leurs maris, à l'ex-
» ception cependant de celles des Cor-
» donniers, Chapeliers, & tous autres
» Artifans de pareille efpece, lefquelles
» ne pouvant exercer par elles-mêmes
» la profeffion de leurs maris, ne feront
» obligées de contribuer que pour moi-
» tié, & payeront néanmoins deux li-
» vres dix fols en fus pour chaque Com-
» pagnon & ouvrier qu'elles employe-
» ront.

X I.

» Le Corps des Officiers de Juftice
» payera pour fa cotte-part quatre cent
» trente livres, de laquelle fomme le
» Bailli payera trente livres ; les autres
» Juges & le Procureur du Roi du Gre-

» nier à Sel, chacun vingt livres ; les
» Avocats & Procureurs chacun dix li-
» vres ; les Greffiers & Notaires chacun
» quinze livres ; les Huiffiers & Sergens
» Royaux chacun huit livres ; les Ser-
» gens du Bailliage chacun cinq livres ;
» les Praticiens & Clercs chacun trois
» livres.

　» Les Médecins, Apothiquaires &
» Chirurgiens payeront pour leur cotte-
» part quatre-vingt-quinze livres ; de la-
» quelle fomme les Médecins payeront
» quinze livres chacun, & les Apothi-
» quaires & Chirurgiens chacun douze
» livres dix fols.

X I I.

　» Les perfonnes fans induftrie ni pro-
» feffion feront cottifées & fixées par
» l'eftimation de faculté, fans néan-
» moins que la plus forte taxe puiffe ex-
» céder la fomme de quarante livres,
» dans laquelle claffe feront comprifes
» les veuves qui ne font point de Com-
» merce, lefquelles feront cottifées à
» la moitié de la cotte que portoient
» leurs maris ; & à l'égard des journa-
» liers, la cotte de chacun d'eux demeu-
» rera fixée à cinquante fols : toutes les
» perfonnes mentionnées au préfent
» article, porteront en tout quinze cent

» foixante-

» soixante-treize livres pour leur cotte-
» part.

XIII.

„ Les taillables qui se trouveront
„ hors d'état de contribuer comme les
„ autres par leur caducité, leurs infir-
„ mités, ou les autres malheurs qui peu-
„ vent leur être arrivés, ne seront cot-
„ tisés que pour l'occupation des mai-
„ sons qu'ils habiteront.

XIV.

„ Le rôle de ladite Ville sera fait par
„ les Maire & Echevins, en présence du
„ Subdélegué du Sieur Intendant & au-
„ tres notables habitans, que ledit sieur
„ Intendant pourra nommer, s'il le juge
„ à propos ; & sera rendu exécutoire
„ par lui ou par sondit Subdélegué. Le-
„ dit rôle contiendra les taxes de l'ex-
„ ploitation des fonds en détail & par
„ article ; les cottes des personnes sans
„ industrie ni profession, & autres men-
„ tionnées en l'article XII ci-dessus aussi
„ en détail, & seulement en gros les
„ sommes pour lesquelles chaque Corps,
„ Profession ou Communauté devra
„ contribuer ; le tout ainsi qu'il est
„ marqué ci-dessus. Et comme les dif-
„ férentes parties qui doivent compo-
„ ser ledit rôle ont été fixées aux som-

,, mes portées par le préfent Arrêt, pour
,, fournir la fomme totale de dix-huit
,, mille quatre cent vingt-trois livres
,, fept fols, à laquelle la taille de ladite
,, Ville monte pour l'année prochaine
,, 1718, fuivant le mandement du fieur
,, Intendant : en cas qu'il furvienne
,, dans la fuite quelque augmentation
,, ou diminution à la taille de ladite
,, Ville, la répartition fera faite au marc
,, la livre fur toutes lefdites perfonnes
,, dont le rôle doit être compofé ; tou-
,, tes les impofitions à faire au marc la
,, livre de la taille qui pourront furvenir
,, dans le courant de l'année, feront
,, pareillement répandues fur toutes
,, lefdites parties.

X V.

» Les Corps, Communautés & Pro-
» feffions feront chacune fur elles-mê-
» mes la répartition en détail des fommes
» qu'elles doivent fupporter , & les
» contribuables dont elles font compo-
» fées pourront faire entre eux telles
» conventions raifonnables qu'ils juge-
» geront à propos, pour régler ladite
» répartition & prévenir les contraven-
» tions, fans néanmoins que lefdites
» conventions puiffent donner atteinte
» à ce qui eft porté par le préfent Arrêt,

X V I.

» Il sera nommé pour un ou deux ans
» un Receveur aux gages de huit cent
» livres, au payement desquelles seront
» appliqués les six deniers pour livre
» attribués aux Collecteurs, dont l'im-
» position continuera d'être faite en la
» maniere ordinaire, & le surplus des-
» dits gages sera pris sur la partie des
» deniers des octrois de ladite Ville qui
» a coutume d'être payée en déduction
» de la taille ; lequel Receveur fera sous
» le cautionnement de lad. Ville le recou-
» vrement en détail des taxes de l'oc-
» cupation des fonds & des cottes des
» particuliers sans industrie ni profes-
» sion, & autres compris dans l'article
» XII du présent Arrêt, & pareillement
» le recouvrement en gros des sommes
» que chaque Corps, Communauté ou
» profession devra supporter, sur ceux
» qui seront préposés dans chaque Corps
» ou Profession pour lever en détail
» lesdites sommes ; à l'effet de quoi
» ledit Receveur pourra faire & exer-
» cer en vertu du rôle toutes les di-
» ligences permises aux Collecteurs ,,
» aux termes des Réglemens, & pourra
» pareillement être contraint par les
» Receveurs des tailles, ainsi & par

» les mêmes voies qui font en ufage
» contre lefdits Collecteurs.

» Et pour éviter l'embarras d'une
» affemblée générale pour la nomina-
» tion dudit Receveur, il fera nommé
» & élu par quarante habitans des plus
» notables, dont la lifte fera faite par
» les Maire & Echevins, & préfentée
» au Sieur Intendant pour être par lui
» approuvée.

XVII.

» Les Corps, Communautés & Pro-
» feffions feront choix, chacun à leur
» égard, de perfonnes fuffifantes & fol-
» vables pour faire le recouvrement des
» deniers de l'impofition faite fur eux,
» du maniment defquels prépofés lefdits
» Corps, Communautés & Profeffions de-
» meureront folidairement refponfables,
» auffi-bien que des payemens qu'ils fe-
» ront tenus de faire entre les mains du
» Receveur, aux échéances prefcrites
» par les Réglemens, & feront lefdits pré-
» pofés leur recouvrement fur des états
» de répartition qui feront arrêtés dans
» lefdits Corps & Communautés, &
» vifés par les Maire & Echevins, fans
» qu'il foit befoin d'autres formalités
» pour les rendre exécutoires.

XVIII.

» En cas qu'il fe trouve quelques
» non-valeurs bien & dûement juftifiées,
» celles qui procéderont de la taxe de
» l'occupation des fonds feront rem-
» placées de la partie des deniers des
» octrois de ladite Ville, qui a coutume
» d'être payée en déduction de la taille ;
» & à l'égard de toutes les autres non-
» valeurs, le rejet en fera fait fur les
» Corps & Profeffions d'où elles pro-
» céderont, au marc la livre de la taille
» de chacun des contribuables qui en
» dépendent ; & il en fera ufé de mê-
» me à l'égard des non-valeurs qui pour-
» ront fe rencontrer dans la claffe des
» perfonnes comprifes dans l'article
» XII, fur lefquelles le rejet defdites
» non-valeurs fera pareillement fait, au
» moyen dequoi le bénéfice des augmen-
» tations qui pourront furvenir dans
» lefdits Corps & Profeffions, & dans
» ladite claffe, par rapport au nombre
» ou à la qualité des contribuables,
» tournera pareillement à l'avantage
» de chaque Corps ou Profeffion & de
» ladite claffe en particulier, fans que
» les autres habitans puiffent y parti-
» ciper.

X I X.

» Les conteftations qui pourront naî-
» tre fur l'exécution du préfent Arrêt
» par rapport à la taille de l'année pro-
» chaine 1718, foit au fujet de la ré-
» partition qui en doit être faite fur les
» contribuables dans ladite Ville de Li-
» fieux, foit au fujet de la perception
» & du recouvrement de ladite Ville,
» feront jugées fommairement par le
» Sr Intendant & Commiffaire départi
» dans la Généralité d'Alençon, fur l'avis
» des Maire & Echevins & de deux au-
» tres perfonnes qu'il jugera à propos
» de nommer, lefquels donneront leur
» avis par écrit après avoir entendu les
» parties intéreffées ; & ce qui fera par
» lui jugé, fera exécuté nonobftant op-
» pofition ou autres empêchemens &
» fans y préjudicier, fauf l'appel au
» Confeil. Enjoint Sa Majefté audit
» Sieur Intendant de tenir la main à l'e-
» xécution du préfent Arrêt, qui fera
» enregiftré fur les Regiftres de l'Hôtel-
» de-Ville de Lifieux ».

Cet établiffement tranfporta les habitans d'une telle joie, que les réjouif-
fances publiques durcrent pendant plufieurs jours. Depuis toutes les Paroiffes
des environs fupplierent inftamment

pour que la même grace leur fût accordée. Diverfes Villes préfenterent
d'un vœu unanime des placets. Des raifons qu'il ne nous appartient pas de de-
viner firent rejetter ces demandes ; tant
il eft difficile de faire un bien dont chacun difcourt beaucoup plus pour paroître le vouloir, que dans le deffein
de le pratiquer. La ville de Lifieux
même vit avec douleur diverfes attein-
tes données à une régie qui dans un feul
jour avoit terminé des haines invété-
rées, raffuré le Commerce chancelant, encouragé l'induftrie par la fûreté dont on la faifoit jouir, rétabli
l'aifance & les confommations. Un
trait décifif achevera de donner une
idée des avantages que le Roi en retiroit ; l'impofition de 1718 avec les arrérages des cinq années précédentes fut
acquittée dans douze mois fans frais ni
difcuffion. Par un excès le plus capable peut-être de dégrader l'humanité,
le bonheur commun fit des mécontens
de tous ceux dont la profpérité dépend
de la mifere d'autrui. C'eft alors que
le Peuple en gémiffant s'écrie, fi le
Prince étoit fervi comme nous l'ai-
mons !

Depuis ce tems, on a effayé d'introduire la même nature d'impofition en diverfes Provinces du Royaume ; mais elle n'a point réufli dans les campagnes, parce qu'on l'a dénaturée en voulant impofer le Fermier à raifon de fon induftrie particuliere, au lieu de l'impofer uniquement à raifon de l'occupation du fonds. Dès-lors l'arbitraire continue fes ravages, éteint toute émulation, & tient la culture dans l'état languiffant où nous la voyons.

C'étoit précifément fur cette répartition plus jufte des tailles que fe fondoient les plus grandes efpérances pour l'avenir ; parce qu'on voyoit clairement qu'augmenter l'aifance du Peuple, c'eft augmenter les revenus du Prince.

Par cette même raifon, on travailloit encore à la fuppreffion d'un grand nombre de Charges de toute efpece, afin d'épargner aux Peuples la dépenfe des taxations, des exercices, & d'augmenter le nombre des contribuables. L'incertitude où les pourvûs d'Offices s'étoient trouvés jufqu'alors avoit diminué confidérablement le revenu des parties cafuelles, que la fin de ce travail auroit vû fe rétablir.

Il fe trouvoit encore une amélioration

tion à faire fur la Capitation fans aucune augmentation fur le taux où elle
fe levoit ; & feulement en n'y admet-
tant ni exemption ni exception. Quoique les affranchiffemens euffent été fupprimés au mois de Juin 1715, la plûpart des acquéreurs n'avoient point été
compris dans les rôles ; de façon qu'en
les y faifant rentrer, la recette devoit
augmenter de trois millions fuivant les
dépouillemens qui avoient été faits.
Beaucoup dé perfonnes par faveur ou
autrement n'avoient point été augmentées non plus fur les nouveaux rôles, à
raifon de l'accroiffement de leurs biens
par héritage ou de quelqu'autre maniere
que ce fût. On efpéroit encore avec fondement augmenter d'un million au moins
le revenu des parties cafuelles, en levant
promptement l'incertitude qui régnoit
fur les Offices par la confection défi-
nitive des états de fuppreffion.

Pour diminuer l'état des dépenfes,
on réimpofa fur les Provinces la dépenfe des Ponts & Chauffées ; parce
que ces objets, très-confidérables pour
l'Etat dans la pofition fâcheufe où il fe
trouvoit encore, formoient un objet
médiocre pour les particuliers.

Avant de terminer notre carriere,

il eft à propos de donner l'état des fonds & des dépenfes pendant l'année 1717.

ETAT *de ce qui reftoit dû des années* 1715, 1716 & 1717.

Les dettes arriérées des quatre derniers mois de 1715, & des années 1716 & 1717, montoient pour les parties qui fe payent au Tréfor Royal, fuivant les dépouillemens qui en ont été faits, à .... *liv.* 40000000

Les arrérages des rentes fur la Ville. 10000000

Les arrérages des gages des Cours fupérieures arriérés d'une année & demie, & qu'on s'étoit engagé de payer par doublement dans les années 1718 & 1719 : ce qui fur le pied de quatre millions fait un objet de ... 6000000

Les intérêts des billets de l'Etat pour l'année 1717, qui à ne les compter que fur le pied de deux cent millions montoient à 8000000

Les intérêts dûs aux Of-

————————

64000000

	Dépenses pro-jettées.	Dépenses du Trésor royal	
	liv.	liv.	
. . . .	156000	120000	Vente
. . . .	200000	118276	Revenu
. . . .	575000	358707	Imposit
. . . .	150000	73840	Recette
. . . .	1400000	879773	Imposit
. . . .	350000	353511	Capitat
. . . .	150000	55077	Dixiem
. . . .	507989	540044	Gabell
. . . .	53987	49607	Com
. . . .	61575	42767	Ferme
. . . .	325000	225056	Ferme
. . . .	34000	17454	quar
. . . .	1200000	808094	Domai
. . . .	4100897	4173866	Tiers-f
ry	620000	913400	me d
. . . .	300000	250000	Domai
ıs	660000	550000	naut
ns	250000	195000	Ferme
. . . .	600000	440000	Tréf
. . . .	150000	125000	com
ierc	230000	126000	Breta
. . . .	110000	149000	*Idem* de
. . . .	60000	60000	fons.
onty premiere			Droits
. . . .	100000	100000	vent
Conty feconde			
Conty	130000	130000	
. . . .	112000	223200	

éans	660000	550000
léans	250000	195000
. . . . . .	600000	440000
. . . . .	150000	125000
airiere	230000	126000
. . . . .	110000	149000
s	60000	60000
Conty premiere		
. . . .	100000	100000
e Conty seconde		
de Conty	130000	130000
. . . . .	112000	223200
. . . . .	90000	90000
quartier retranché	600000	1126547
. . . . .	120000	
. . . . .	236500	
. . . . .	60000	
. . . . .	93700	
. . . . .	241000	870562
. . . . .	264800	
. . . . .	180600	
yaume	131000	
. . . . .	62700	
. . . . .	112000	62325
nce	117000	. . . . .
des Grands Offi-		
. . . . .	400000	138331
ureaux de Finance	. . . . .	41610
. . . . .	800000	682816
. . . . .	3000000	864000
. . . . .	250000	75000
. . . . .	600000	604797
. . . . .	30000000	29545125
. . . . .	2400000	2490981
. . . . .	1800000	1019351

De l'autre part... 64000000
ficiers fupprimés au moins
pour deux années, 1716 &
1717, l'un portant l'autre ;
ce qui fur le pied de trois
millions faifoit un objet de 6000000
Enfin les arrérages des
Charges affignées tant fur
les Fermes que fur les Recettes générales & particulieres, qu'on ne croyoit pas
pouvoir tirer au-deffous de
vingt-cinq millions, fçavoir
vingt millions pour les parties affignées fur les Recettes générales, & cinq millions pour les Fermes..... 25000000
_____
95000000

Les reftes des tailles , du dixieme,
de la Capitation jufques & compris
l'année 1717, montoient à plus de quatre-vingt millions. Ce qui étoit dû par
des Fermiers particuliers & autres revenus avec le refte du fonds des monnoies, montoit environ à dix millions à
la fin de l'année 1717. Ainfi à cinq millions près, l'Etat avoit en créances de
quoi fatisfaire à ces dettes afin de rc:

joindre le courant ; de maniere qu'en suivant les mesures prises avec constance & fermeté, on pouvoit espérer de voir en peu de tems l'extinction des dettes exigibles.

Nous avons vû qu'au 17 Juin elles ne montoient plus qu'à . . . . 343000000 **liv.**

Il avoit été employé des Billets de l'tat en rentes viageres pour	19200000
En Actions de la Compagnie d'Occident pour	100000000
On pouvoit évaluer la vente des petits Domaines & des Seigneuries au moins à . .	5000000
Il restoit à rentrer des taxes de la Chambre de Justice, pour	150000000

274200000

Restoit donc à liquider les dettes exigibles, pour . , . 68800000

Le projet étoit formé d'établir une Compagnie des Indes sur le modele de celle d'Occident, qui eût absorbé ce restant.

Le grand point étoit d'employer tous les billets de l'Etat & ceux des Rece-

veurs Généraux , afin de retirer de la
circulation des effets qui perdoient par
l'incertitude d'une affignation ; & pour
y parvenir , il falloit que le Régent
fuivît l'effet de la Chambre de Juftice,
fans écouter ni la faveur ni les impor-
tunités. Alors les cent cinquante millions qui devoient rentrer par cette
voie euffent éteint au moins pour fix
millions de charges annuelles. On verra par le projet des dépenfes & des
fonds pour l'année 1718, que la recette eût dès cette année égalé la dépenfe.

Quelque différence qu'il y eût de
cette pofition à celle où l'on étoit au
premier Septembre 1715, il s'en falloit de beaucoup que l'Etat eût repris
les forces qu'il doit avoir pour être
refpecté au dehors : l'ordre étoit rétabli, l'économie préfidoit à la diftribu-
tion des revenus, on avoit remédié au
mal le plus preffant , mais on refpiroit
plutôt qu'on étoit foulagé. La force
d'un Etat ne fe calcule pas fur la jufteffe de la balance entre fes revenus &
fes dépenfes ordinaires, mais fur l'a-
bondance des reffources qu'il peut employer dans les évenemens extraordinaires.

I iij

On n'étoit point fans espérance fur cette importante partie. Le rétabliffement du Commerce & de la circulation, fans produire un bien actuel & préfent, ne laiffoit pas de promettre une reffource affurée avec laquelle on parviendroit fucceffivement à la libération de l'Etat. On avoit remarqué que les mêmes parties de revenus qui en 1683 produifoient cent quatorze millions deux cent quatre-vingt-fix mille fept cent livres, l'argent à vingt-fept livres le marc, ne rendoient plus en 1715 que cent quinze millions neuf cent cinquante-fept mille deux cent huit livres, l'argent à trente livres dix fols dix deniers le marc. Encore les augmentations à raifon des nouvelles Fermes montoient en 1715 à cinq millions fept cent quatre-vingt mille huit cent cinquante livres. La Ferme du tabac étoit montée de trois cent mille livres à deux millions; les poftes de quatorze cent mille livres à trois millions; les tailles de trente-quatre millions huit cent foixante-dix mille neuf cent cinquante-huit livres à quarante-un millions deux cent quatre-vingt-fept mille cent foixante-dix-huit livres: enforte qu'à bien évaluer toutes chofes, les mêmes parties de revenus rendoient en 1715 de moins qu'en 1683 la somme de quinze millions quatre cent quatre-vingt-dix-fept mille foixante-dix livres. Tel étoit le fruit de la furcharge des impofitions fur le Peuple qui payoit de plus qu'en 1683 le dixieme & la capitation, des aliénations du Domaine, de la multitude des priviléges créés depuis 1689, des traités extraordinaires qui avoient défolé la France & tiré des Peuples en vingt-fix ans huit cent quatre-vingt-onze millions trois cent dix-fept mille cent vingt-une livres.

On pouvoit donc fe flater que les encouragemens donnés à l'agriculture & au Commerce, la remife du dixieme & celles qu'on avoit accordées tant fur les tailles que fur d'autres impofitions ; la fuppreffion d'un grand nombre de priviléges, leveroient les caufes d'obftruction dans la circulation, & l'aifance générale, & enfin dans le produit de diverfes impofitions. Les éclairciffemens que l'on prenoit, foit pour connoître à fond la valeur de toutes les Fermes, foit pour diminuer les frais de la Régie, foit pour établir l'égalité des répartitions, ne pouvoient manquer d'accroître en peu de tems les

produits, puisque depuis cent cinquante ans on avoit éprouvé une augmentation successive & considérable tous
les vingt ans.

On en voyoit une assurée pour le
moment de quatre millions environ,
par les arrangemens arrêtés sur la capitation & les parties casuelles, dont le
montant pouvoit déja être employé au
remboursement annuel des Officiers supprimés, ce qui eût en même tems diminué annuellement les charges au
moins de cent soixante mille livres.
Diverses aliénations devoient se liquider avec leur propre revenu dans un
certain nombre d'années, telles que
celles des Offices sur les ports & dans
les marchés de Paris. Enfin lorsque la
consommation auroit eu repris son

cours, & que la fortune des Peuples
se seroit affermie, non-seulement les
ressources eussent augmenté chaque
jour avec les revenus ; mais il eût été
facile, par quelques impositions sur le
luxe & sur d'autres parties de consommation, de consacrer un fonds annuel
de dix à douze millions à l'amortissement des dettes foncieres de l'Etat,
principalement des Offices de Finance
qui jouissent de grosses taxations, tels

que ceux des Receveurs Généraux,
dont la Caisse commune pouvoit, sans
aucun inconvénient, faire une bran-
che directe des parties du Trésor royal,
ceux des Elections, des Greniers à sel,
&c. Mais il faut convenir que ce plan
d'administration, quelque sage qu'il
fût, étoit d'une exécution lente & exi-
geoit une conduite aussi ferme que sui-
vie. Peut-être eût-il été possible d'ac-
célerer un peu la marche des liquidations par un parti moyen entre la route
ordinaire & l'usage des papiers monnoie. On auroit pû rembourser deux
cent millions de Charges en billets nu-
mérotés, qui auroient été divisés en
coupons de deux cent à dix mille livres, négociables comme l'argent même. Alors l'Etat cessoit de payer un
intérêt au moins de huit millions, qui
ajoutés au fonds d'amortissement de
douze millions eussent formé une somme annuelle de vingt millions, dont
on se seroit servi pour faire quatre remboursemens de trois mois en trois mois
à l'Hôtel-de-Ville, où les effets éteints
eussent été brûlés en présence des Magistrats, & la liste du numero publiée
& affichée. Les billetts de l'Etat une
fois employés, cette opération, que la

Banque générale auroit pû faciliter ;
devoit naturellement réuffir , & les
deux premiers rembourfemens euffent
mis ces nouveaux papiers au pair de
l'argent. La diminution des charges par
cette extinction , jointe aux nouveaux
fonds, au produit des aliénations liqui-
dées & à l'amélioration des Fermes, mettoit l'Etat dans une pofition favorable
au dehors : on lui permettoit de profiter de la durée de la paix pour amortir
annuellement une partie confidérable
des rentes conftituées. Car dès que les
rembourfemens commencent à devenir
confidérables , les intérêts feuls fourniffent dequoi amortir de nouveaux capitaux. Mais il ne falloit vrai-femblablement pas moins de quinze ans d'économie & de vigilance pour liquider
environ trois cent cinquante millions.
Un étranger s'engagea d'établir un plan
d'adminiftration moins auftere , & des
reffources plus promptes. Perfuadé le
premier qu'on pouvoit gouverner la
confiance du Public par les regles d'un
calcul trop compliqué pour être à fa
portée, & avilir les richeffes de convention unanime entre tous les Peuples
pour leur en fubftituer de nouvelles ,
qu'il multiplieroit en fûreté fuivant les

besoins, il fit des promesses magnifiques; & on ne douta point de leur réalité, parce qu'elles séduisirent.

Le Ministre, qui conduisoit les Finances, aima mieux que les fondemens de ce grand édifice fussent jettés sous d'autres auspices que sous les siens; il quitta la présidence des Finances.

Lorsqu'un Etat est parvenu au période d'accablement où celui-ci étoit réduit à la mort de Louis XIV, il est presque impossible que la nécessité ne force de recourir à des opérations violentes & douloureuses. Le public soupire après le rétablissement des affaires, & aucun particulier ne veut souscrire à la réforme. Il faut cependant qu'elle coûte à quelqu'un, souvent à tous, & c'est peut-être le meilleur parti, s'il est praticable. Lorsque les circonstances sont si fort au-dessus des regles communes, il semble que la bonne maniere de discuter les opérations, ce n'est pas d'examiner les inconvéniens particuliers de chacune, mais de proposer les expédiens qu'il étoit possible d'employer, & d'en comparer le résultat probable.

Cette révolution de nos Finances, comparée à celles qui ont précédé,

présente une marque qu'il ne faut pas
oublier. L'excès du defordre dans l'adminiftration qui précéda M. le Duc de
Sully, & le befoin extrême que les
Peuples avoient de refpirer, facilite-
rent fes opérations & fa réforme. A
peine fix ans s'étoient écoulés qu'il ne
reftoit plus de traces du paffé. Ce fut
un acte de juftice que d'annuller la ma-
jeure partie des dettes de l'Etat; une
ou deux années de jouiffance liqui-
doient la plupart des aliénations : en
retranchant les penfions fur les Fermes & les intérêts de la Cour, on en
augmentoit le revenu d'un tiers.

L'excès du pouvoir & de la faveur
du Maréchal d'Ancre porta aux Finances un coup dont elles ne fe releverent
pas : cependant l'adminiftration de M.
le Maréchal d'Effiat & de M. le Cardinal de Richelieu le foutinrent pendant
des tems difficiles, quoique les circonftances ne leur permiffent pas d'y employer tous les bons principes capables de les perfectionner. Ce ne fut que
fous le miniftere du Cardinal de Maza-
rin que leur chute fut précipitée par
une multitude de traités onéreux & de
déprédations.

C'eft dans ces fept à huit années de

desordre que M. Colbert trouva la matiere des réformes immenses qu'il fit ; le reste de ses améliorations employa plus de dix années.

Les mauvais principes suivis après sa mort énerverent les Finances en peu d'années, & réduisirent successivement l'Etat à l'impuissance de se soutenir sans le secours des Traitans, qui appellerent à leur suite l'usure & la confusion ; mais ils n'avoient que la moindre part à la triste situation des Finances ; & sans compter les treize millions d'intérêts assignés pour les dettes exigibles après le visa, il ne laissoit pas d'être dû soixante-treize millions de charges annuelles au denier vingt-cinq, en conséquence d'engagemens contractés sous la foi publique au capital de dix-huit cent vingt-cinq millions. Ainsi la libération des revenus publics ne pouvoient guérir radicalement la plaie dont l'Etat étoit affligé.

Cette comparaison conduit à connoître évidemment qu'un relâchement insensible sur les bons principes des Finances a des effets plus dangereux & plus prompts que ne le prévoyoient quelquefois les auteurs de ces premiers desordres ; que cette partie ne peut être conduite avantageusement pour le Prince & pour les Peuples, si le systême en est, arbitraire & variable : enfin dans le Corps politique, comme dans le corps humain, il est presque impossible de guérir les maux dont le principe lent & caché ne s'est manifesté que par un épuisement subit & total.

Le projet des dépenses & des fonds libres pour l'année 1718, mettra le Lecteur en état de juger du travail qui avoit été fait pour la diminution des dépenses, & des réflexions qui ont été faites sur la position des Finances.

Nous voici arrivés au terme marqué à cet ouvrage. Cette derniere époque, quoique la plus courte de toutes, puisqu'elle ne comprend que vingt-huit mois, n'est pas la moins remplie d'évenemens intéressans & instructifs. La position où se trouvoient les affaires sera à jamais mémorable dans la Monarchie.

On ne pourra prendre une idée plus juste des vûes de l'administration & du systême qu'elle avoit embrassé pour l'avenir, qu'en lisant la sixieme partie du rapport général dont j'ai parlé au commencement de cette époque. Elle étoit destinée à rappeller les principes des Dépenſes & des Fonds libres pour l'

	Dépenſes projettées.	
	liv.	
. . . .	60000	Gabelles
. . . .	200000	che-Co
. . . .	500000	Ferme des
. . . .	800000	Ferme du
. . . .	140000	Domaine
. . . .	350000	Tiers-ſur-
. . . .	50000	tieme d
. . . .	55000	Contrôle
. . . .	150000	Ferme des
. . . .	25000	Ferme des
. . . .	600000	Ferme des
. . . .	3843805	Recettes
. . . .	1944000	Impoſition
du Sang	785600	Impoſition
l	480000	
. . . .	96000	Comté de
. . . .	189200	Duché de
. . . .	48000	Languedo
. . . .	74960	Bretagne
. . . .	193600	Provence
. . . .	211840	Bois . . .
. . . .	144480	Revenus
Royaume	105600	Capitatio

fur lefquels il convenoit de conduire deformais les Finances. On ne peut fe réfoudre à dérober au Public la connoiffance de ce morceau précieux. Le refte ne feroit qu'une répétition des faits qu'on a détaillés avec plus d'étendue & par ordre de dates. On a même vû plufieurs opérations importantes, qui ont fuivi ce rapport, qui fut fait le 17 Juin.

J'ai promis d'inférer ici un Mémoire lû au Confeil, lorfque la queftion de la réduction des intérêts y fut agitée.

Il a été fi fouvent queftion des Monnoies, que pour fixer en quelque façon les idées des Lecteurs moins au fait de cette matiere, j'ai cru qu'il feroit utile de joindre à cet Ouvrage le Mémoire que le célebre Law préfenta fur cette matiere au Régent.

Enfin pour achever de parcourir la révolution qu'éprouverent les Finances après la mort de Louis XIV, on a cru devoir ajouter une vûe générale & hiftorique du fyftême des Finances, jufqu'à la fin de 1720.

SIXIEME PARTIE

Du rapport des Finances fait le 17 Juin 1717.

PAR le compte que j'ai eu l'honneur de rendre à Votre Alteſſe Royale & au Conſeil, de l'état où étoient les Finances à la mort du feu Roi, des principales opérations qui ont été faites depuis ce tems-là & de notre ſituation préſente, il eſt aiſé de juger qu'il y a encore beaucoup à travailler pour rétablir entierement les affaires.

Avant que de chercher les moyens qu'on peut mettre en uſage, il paroît convenable d'examiner les cauſes du mal dont nous reſſentons aujourd'hui les effets, afin de tirer des principes qui puiſſent nous ſervir de regle & de conduite pour l'avenir.

Une des premieres cauſes de nos maux, c'eſt la maxime qu'on a tenue par le paſſé, que rien n'étoit moins onéreux au Public, dans la néceſſité où l'on s'eſt trouvé de fournir à des dépenſes exceſſives, que de faire des aliénations ſur les revenus, en créant des rentes & des charges de toute eſpece;

pece ; & rien en effet ne peut avoir
des suites plus funestes, & dont les
conséquences soient plus durables.

Les aliénations ont formé une espece
de bien, qui, n'ayant en lui-même aucune réalité, porte sur tout le véritable bien du Royaume, & le détruit insensiblement. En effet, on doit regarder les rentes, les gages & augmentations de gages, les Finances des Offices supprimés & les billets de l'Etat,
comme autant de créances qui ont leurs
hypotheques sur tout le bien-fonds du
Royaume, sur le Commerce & l'industrie, & qui par conséquent le diminuent
d'autant ; puisque ce ne peut être qu'a-
près avoir prélevé ce qui est nécessaire
pour acquitter les intérêts de ces dettes,
qu'on peut faire usage du produit des
impositions & des droits qui forment
la partie du revenu destiné aux dépenses actuelles & indispensables : ainsi
bien loin de regarder cette nature de
biens comme une augmentation dans
l'Etat, il faut au contraire regarder le
bien du Royaume, de même que le revenu général de l'Etat, comme étant
diminué à proportion du capital & des
intérêts qu'il y a à payer. Cette espece
de bien produit d'ailleurs un des plus

grands maux dont un Etat puiffe être affligé : c'eft le luxe, l'oifiveté & la pa-
reffe où tombent tous ceux qui n'ont
que cette forte de revenus. De-là l'a-
griculture, le Commerce, l'induftrie
s'anéantiffent. Au contraire, ceux qui
ne fe repofent point fur le produit annuel & toujours égal d'un bien conftitué font forcés d'employer leurs talens
à faire valoir & les biens-fonds & l'induftrie, & à multiplier leur Commerce,
d'où feul peut naître la véritable ri-
cheffe d'un Etat.

Un autre inconvénient non moins
confidérable, c'eft que la facilité qu'on
a trouvée dans cette maniere d'emprunter, l'a multipliée à tel degré qu'on eft
forti de toute proportion, & qu'elle
a caufé l'augmentation des dépenfes,
qui auroient été plus modérées, fi on
avoit trouvé moins de moyens pour y
fatisfaire.

Ce mal n'eft pas nouveau dans l'Etat,
il y en a plus d'un exemple. M. de Sully,
appellé à l'adminiftration des Finances
par le Roi Henry IV. bifayeul de V. A. R.
trouva le Royaume dans un defordre &
un épuifement général, caufé par les
guerres inteftines & étrangeres qui l'a-
voient ravagé depuis plufieurs années.

De vingt-quatre millions de revenus dont l'Etat jouissoit, il n'en entroit que quatre dans les coffres du Roi, le surplus étoit consommé par les arrérages & les intérêts, & il étoit chargé outre cela de plus de cent dix millions de dettes exigibles.

Ce Ministre jugea de concert avec son Maître, que pour sauver l'Etat & lui rendre sa force & sa splendeur, il n'y avoit point d'autre parti à prendre que de diminuer les créances qui portoient sur le Roi. Il agit en conséquence. Les gages, les rentes & les autres charges de l'Etat furent éteintes ou réduites, soit par des imputations, soit par le moyen d'une Chambre de Justice, qui fut alors établie. Il réduisit le taux des rentes du denier douze au denier seize à mesure qu'il faisoit des réductions, & liquidoit les revenus anciens, rembourfoit les dettes légitimes, remettoit les impôts extraordinaires ; & par ces opérations qui furent une suite nécessaire les unes des autres, & qui à la vérité causerent dans ce tems-là des murmures & des plaintes, il parvint en moins de douze années non-seulement à augmenter les revenus du Roi, qui de vingt-quatre millions furent portés jufqu'à trente-cinq, & à lui ménager environ trente millions d'argent comptant qu'on trouva après la mort de ce Prince.

M. Colbert entrant dans le miniftere trouva à peu-près un pareil defordre. Il reconnut que les conftitutions qui avoient été faites fur l'Etat abforboient tout le produit du bien réel, & il fuivit la même route qui lui avoit été tracée par M. de Sully. Il fupprima des principaux en entier, fit des imputations du capital fur l'excedent des arrérages, réduifit auffi le taux des rentes, du denier dix-huit, à quoi elles avoient été fixées en 1634 fous le miniftere de M. le Cardinal de Richelieu, au denier vingt par l'Ordonnance de 1665. Il établit une Chambre de Juftice, abolit l'ufage des billets de l'Epargne, dont il refte encore une partie dans le public & réduifit toutes les charges qui étoient employées dans les Etats du Roi; enforte qu'au bout de dix années il parvint à liquider les revenus. En les liquidant il les augmenta. Les forces de l'Etat augmenterent à proportion; & il eut le bonheur de voir qu'il n'étoit dû en 1671 que fept millions trois cent mille livres de rentes fur la Ville.

Il jugea que les constitutions sur l'Etat ne devoient point exceder cette somme ; que tant que les choses demeureroient dans cet équilibre le Roi & les Peuples seroient à leur aise, & il se fit une maxime de ne jamais passer au-delà. Mais ce qui déconcerta son projet, le Conseil ne sera pas fâché de sçavoir cette anecdote, & cela servira de plus en plus à persuader de la nécessité qu'il y a de suivre, autant qu'on le pourra, les mêmes principes.

M. de Louvois, comme tout le monde le sçait, n'étoit pas fâché de voir la guerre. Au commencement de celle qui fut entreprise en 1672, il fallut des secours extraordinaires.

M. Colbert fit quelques traités de nouvelles impositions & des augmentations de droits ; ce qui excita des plaintes dans le Public, & des représentations même de la part des Magistrats. On lui demanda de nouveaux secours ; il représenta qu'il n'y avoit pas moyen & que ce seroit accabler le Peuple.

M. de Louvois, instruit de ces difficultés, alla trouver un des premiers Magistrats, homme d'un mérite distingué & d'une probité reconnue. Il lui dit qu'il rendroit un fervice effentiel au Roi, en lui remontrant qu'au lieu de ces traités extraordinaires, que le Parlement fe faifoit tant de peine d'enregiftrer, & qui étoient fi infupportables au Peuple, il étoit bien plus fimple & plus aifé de créer de nouvelles rentes ; qu'un million de rentes créées produiroit tout d'un coup vingt millions, & que ce feroit un petit objet par rapport aux revenus confidérables dont jouiffoit Sa Majefté. Ce Magiftrat fuivit de bonne foi l'avis qui lui étoit donné. Le Roi ravi de cet expédient, qui lui venoit d'un homme fi approuvé, dit à M. Colbert qu'il n'y avoit qu'à créer des rentes. M. Colbert, qui en prévoyoit les fuites & les inconvéniens, voulut, avant que de rendre l'Edit, fe donner la fatisfaction de parler au Premier Préfident. Il lui fit fentir les conféquences du confeil qu'il avoit donné à bonne intention, & lui dit qu'il répondroit devant Dieu du préjudice qu'il caufoit à l'Etat, & du mal qu'il faifoit au Peuple.

La guerre dura jufqu'en l'année 1678. Pendant ce tems-là il y eut de nouvelles conftitutions de rentes ; & fi-tôt qu'elle fut terminée par le Traité de Nimégue, M. Colbert fuivit

fon premier principe & fe fit une loi
de détruire une efpece de bien , qui
étoit de trop dans l'Etat , & qui formoit
un excedent dans les particuliers ; en
forte qu'en l'année 1683 , tems de fa
mort , les rentes fe trouverent au même point où elles étoient en l'année
1671, c. à d. qu'il n'y en avoit que pour
fept millions deux à trois cent mille liv.

La conclufion qui paroît devoir être
tirée de ces obfervations & de ces faits,
c'eft qu'on doit , fi V. A. R. & le Confeil le jugent ainfi , avoir pour objet
principal d'éteindre par toutes les voies
qui paroîtront équitables les conftitutions faites fur le Roi , ou du moins
d'en fixer la durée , parce que c'eft de-
là que dépend la fin de nos malheurs ,
& que tout bien en doit revenir.

On doit par la même raifon regarder
comme une maxime dont il feroit à
defirer qu'on ne s'écartât jamais, que de
toutes les reffources la plus mauvaife ,
dont les plus fuites font les plus funeftes, c'eft de former des engagemens
fur l'Etat.

Comme il paroît convenable de parler de ce qui a caufé les maux que nous
reffentons, afin d'y apporter les remedes néceffaires & de n'y plus retomber,

je fupplie V. A. R. & le Confeil de me permettre encore de difcuter en peu de mots la matiere des traités extraordinaires.

Si les fuites n'en font pas fi durables & fi permanentes que celles des conftitutions fur l'Etat, il eft certain au moins que c'eft une voie beaucoup plus odieufe & plus injufte.

Qu'y a-t-il en effet de moins légitime que de faire ce qu'on appelle un traité extraordinaire fur l'idée d'un homme d'affaires, fur un avis qu'il propofe, & dans lequel, en fuppofant des prétextes frivoles, on comprend deux ou trois mille familles, à qui on enlevera de force & par autorité une partie non du revenu, mais du capital de leur bien, & de repaffer ainfi tour-à-tour & à différentes reprifes les trois quarts des fujets du Roi, en leur demandant tout-à-la-fois des fommes confidérables qui les ruinent fans reffource, pendant qu'on ne fait rien payer aux autres qui font également obligés de foutenir la caufe commune & de contribuer aux befoins du Royaume. On fe contentera d'en rapporter ici fommairement quelques efpeces qui donneront l'idée de toutes les autres.

Un

Un homme fe trouve poffeffeur d'u-
ne terre qui a autrefois appartenu à une
Communauté ; on fupppfe que fes ancêtres l'ont acquife à trop bon marché,
& fur ce prétexte on fait un Edit qui
ordonne qu'il donnera la fixieme partie du prix de fa terre au Roi. En vain
il tâche de s'en défendre en prouvant
que cet héritage, qui eft depuis plus
de cent ans dans fa famille, a été acheté au-delà de fa valeur, & qu'il a peine
en le cultivant à y trouver de quoi fubfifter. Le Traitant, qui veut retirer fes
avances & avoir le profit qu'il s'eft pro-
pofé, ne l'écoute point. La loi eft faite,
le Roi le veut. Ce miférable propriétaire
n'a rien pour payer vingt mille liv. qui
font le fixieme de la premiere acquifition avec les deux fols pour livre. On
exécute fes meubles, on vend fes bef-
tiaux, on faifit réellement fa terre ; &
il fe voit lui, fes enfans & fes defcen-
dans réduits à la mendicité.

Un autre propriétaire a dans fa terre
un ruiffeau, une fontaine, une ifle,
un iflot, du bois propre à faire du char-
bon ; & fur cela fe forme un traité par
lequel on taxe arbitrairement ce propriétaire, pour lui donner, dit-on, la
faculté de jouir de fon bien ; comme

s'il lui étoit défendu de boire de l'eau
& de se chauffer , sans avoir payé le
droit qu'on lui demande ; & voilà le
sujet de la persécution qu'on lui fait.

Un Officier dans une Ville de Province est titulaire d'une Charge, dont
il ne retire le revenu qu'au denier quarante, parce qu'elle lui conserve un
rang dont ses ancêtres ont toujours
joui. Le Traitant va rechercher les at-
tributions de sa Charge ; il trouve qu'il
y a trois ou quatre droits utiles ou ho-
norifiques qui y sont attachés ; & de
ces différens droits il compose successivement trois ou quatre corps d'Offices
distincts & séparés , avec faculté à
l'Officier de les réunir moyennant une
somme. Cet Officier acquiert son propre bien , & réunit la premiere Charge
créée aux dépens de la sienne , parce
qu'il trouve du crédit pour payer ce
qu'on lui demande. Le second Édit de
création paroît aussi-tôt après. L'Officier desolé fait ses remontrances, on ne
l'écoute point. Il s'engage de nouveau
pour ne pas laisser démembrer son Of-
fice. Il survient un troisieme Édit , il
ne trouve plus à emprunter ; un autre
acquiert la plus belle partie de cet Of-
fice , lui enleve l'honneur & le profit ;

& ce malheureux Officier, qui a toujours rendu la justice avec intégrité, se voit en même tems ruiné & avili ; & ses enfans ne peuvent plus paroître avec bienséance dans le lieu où leurs peres étoient en vénération parmi leurs concitoyens.

On juge à propos de taxer un Corps entier d'Officiers. Chacun selon la mesure de son pouvoir fait des efforts pour payer, afin d'éviter les vexations du Traitant, de ses Commis & de ses Huissiers. La moitié satisfait en se privant du nécessaire. L'autre moitié est absolument hors d'état de fournir ce qu'on veut exiger. Le Traitant, qui n'a que son intérêt en vûe, imagine, compose, obtient une Déclaration ou un Arrêt de solidité, au moyen duquel il rend tout le Corps responsable de ce qui lui manque du côté de ceux qui n'ont pas pû fournir leur contingent. Il persécute de nouveau ceux-là mêmes qui ne doivent rien de leur chef : exécutions, ventes de meubles, garnisons, rétentions de gages, il n'y a sorte de cruautés qu'il n'exerce à leur égard ; & nous avons vû pendant cinq ou six années entieres presque tous les anciens Officiers des Compagnies de Province ré-

duits par cette injufte folidité à avoir
pour tout meuble un lit fans rideaux,
une marmite de fer, & des cuillers de
bois; & cette calamité devint fi commune qu'il paffa en proverbe ordinaire, que c'étoit être meublé fuivant
l'Ordonnance.

En joignant à ces quatre efpeces les
créations d'une multitude d'Offices
auffi inutiles qu'ils étoient autrefois in-
connus, & de différens droits qui ne
font pas moins à charge au Peuple qu'à
l'Etat, on connoît les différentes natures des traités extraordinaires, auffi-
bien que l'art & la capacité des gens
d'affaires.

Mais afin que le Confeil foit parfaitement inftruit fur cette matiere, &
que les principes qu'il fe formera en
conféquence puiffent être regardés comme invariables pour l'avenir; j'aurai
l'honneur de lui faire deux obfervations
effentielles.

L'une que l'objet & l'effet des traités
particuliers & extraordinaires, c'eft
de n'affecter qu'un certain nombre de
perfonnes à qui on demande toujours,
non pas l'excédent de leur revenu, mais
une partie du capital de leur bien, &
qu'on ruine néceffairement fans qu'ils

puiſſent preſque s'en relever ; au lieu
que ſi on faiſoit une impoſition générale ſur tout le Corps de l'Etat , cela
n'entameroit qu'une portion du revenu. Chacun en ſeroit quitte pour modérer ſa dépenſe , pour ſe priver de
ſon ſuperflu , ou de quelques commodi-
tés ; il conſerveroit toujours le capital
de ſon bien ſans être contraint ni à faire
des emprunts ni à vendre ſes effets. Et
quand même on iroit juſqu'à demander
une portion conſidérable des revenus
des ſujets du Roi , ainſi qu'il ſe pratique en différens Etats , comme cela
n'arriveroit que par degré & à meſure
que les beſoins augmenteroient , ils di-
minueroient de même inſenſiblement
leur dépenſe ; la condition ſeroit égale
pour tous ; perſonne n'en auroit honte ,
parce que ce ſeroit le ſort commun. On
ſeroit plus lié à la Patrie dès qu'on contribueroit à ſa défenſe avec une proportion équitable ; & le jour de la paix,
qui ſeroit le jour de la ceſſation des
dépenſes extraordinaires , ſeroit un jour
de réjouiſſances & d'acclamations, où
chacun rentreroit dans l'entiere poſſeſ-
ſion de ſon revenu ſans avoir été forcé
d'en aliéner le fonds , & ſans avoir le

chagrin de voir une troupe de gens in-
connus enrichis à leurs dépens.

La feconde obfervation, c'eft qu'il
s'en faut de beaucoup qne le produit
des traités n'entre en entier dans les
coffres du Roi comme le produit de fes
revenus ordinaires.

Il y en a toujours une partie confidérable pour le Traitant, & fa portion
va beaucoup plus loin qu'on ne fe l'eft
imaginé par le paffé. Nous en avons
une preuve bien conftante par la taxe
de 1701.

Les Traitans furent taxés environ à
la moitié de ce qu'ils avoient gagné
dans les traités. Pour fixer cette moitié
on fuivit les réfultats qu'ils avoient fi-
gnés au Confeil.

Par ces réfultats on trouva que tous
les traités faits pendant la précédente
guerre avoient rapporté trois cent cinquante millions fix cent vingt-fept mille
neuf cent quatre-vingt onze livres,
dont deux cent quatre-vingt-feize millions pour le Roi, & le fixieme en de-
dans, qui faifoit la partie des Traitans,
avoit confumé l'excédent, le furplus en
dehors ne leur ayant point été impu-
té. Ils furent taxés à vingt-quatre mil-

lions, qui faifoient à peu-près la moitié de ce qui leur avoit été accordé ; & il ne leur devoit par conféquent refter à tous enfemble qu'une pareille fomme d'environ vingt - quatre millions, en fuppofant même qu'ils n'euffent rien donné, dépenfé, ni diffipé.

Cependant il parut évidemment aux yeux du Public qu'il leur reftoit à tous enfemble, après leur taxe payée, des richeffes infiniment plus confidérables.

Quelle raifon & quelle politique peut-il y avoir de faire profiter les uns du malheur des autres ? N'eft-il pas plus jufte que tout ce qui fe leve fur les Peuples, pour fournir aux befoins de l'Etat, tourne uniquement à fon bénéfice ?

Ceux qui fuppofent qu'on a quelquefois befoin du crédit & des avances des Traitans, font dans l'illufion. Ils n'ont aucun crédit par eux-mêmes, & celui dont ils jouiffent n'eft jamais fondé que fur les affaires qu'ils exploitent. On les a vûs plus d'une fois, quoique riches, abfolument décrédités auffi-tôt qu'on a fupprimé les traités dont ils étoient chargés.

Si l'on oppofe qu'il y a des tems & des circonftances au-deffus de toutes les regles, & dans lefquelles on eft forcé de faire bien des chofes dont on fent les inconvéniens & les abus, mais qui cependant deviennent indifpenfables ; je conviendrai que dans les tems de guerre il n'eft pas praticable de ne pas augmenter les dépenfes, & qu'il faut pour cela des fonds extraordinaires. Mais ils doivent toujours venir du produit des impofitions générales, & non pas de traités particuliers.

Pour en donner une preuve évidente par un exemple, qui vaut toujours mieux que les difcours & les raifonnemens, fans vouloir rappeller le paffé ni en faire d'autre ufage que celui de nous préferver des mêmes inconvéniens pour l'avenir, j'obferverai que les dépenfes depuis 1689 jufques & compris 1699, tems certainement de la plus grande force de la France, & où elle a eu le plus d'ennemis à combattre, ont monté à deux milliars.

Pour remplir cette fomme, outre les revenus ordinaires on a été obligé de faire pour environ fix cent millions d'aliénations ou d'affaires extraordinaires, fçavoir :

Deux cent huit ou dix millions de créations de rentes fur la Ville.

Environ cinquante-quatre millions d'augmentation de gages ou de création de Charges :

Deux cent quatre-vingt-seize millions d'affaires extraordinaires.

Et environ trente millions d'aliénations sur les autres revenus.

Ce qui fait en total cinq cent quatre-vingt-dix millions.

Si au lieu d'avoir fait des affaires extraordinaires & ces aliénations, on eût imposé cinquante millions par année dès 1689, qui est le montant du dixieme & de la capitation, ce fonds seul auroit suffi, & on eût été en état de remettre au Peuple cette augmentation de charges au moment de la paix, ou tout au plus tard une année après, sans compter qu'il en auroit coûté plus de quatre-vingt-deux millions de moins aux Peuples, dont les Traitans ont profité pour la remise qui leur a été accordée par leurs traités, & sans parler des frais ni des vexations qu'ils ont exercées à cette occasion, & qui passent certainement de plus du double de leur gain connu.

De plus tous les priviléges qui sont accordés à l'occasion de ces traités & de ces créations, ont fait porter le fardeau des impositions par les plus foibles, pendant que les plus riches se sont rendus créanciers de l'Etat de débiteurs qu'ils étoient peu auparavant. Et enfin pour comble le Royaume a déja acquitté depuis ce tems-là plus d'une fois & demie le capital par les intérêts, & le doit encore aujourd'hui. On pourroit dire la même chose par rapport à la derniere guerre sur la précédente.

Il résulte de tout ce qui vient d'être dit, qu'il n'y a rien de plus préjudiciable à l'Etat que de faire des aliénations ou des traités, & que dans les tems de nécessité & de besoin, on doit toujours avoir recours aux impositions générales, en observant cependant que lorsqu'elles seroient portées jusqu'au point de ne pouvoir en faire le recouvrement, plutôt que de réduire les Peuples à une certaine extrémité, il faut bien par nécessité faire des emprunts, & en payer les intérêts. Mais ce doit être avec la condition de destiner toujours un fonds pour le remboursement du capital dans un tems fixe & connu, ainsi que cela se pratique dans les pays qui ont le plus d'attention à ménager & à soutenir leur crédit. On peut aussi avoir recours à des créations de rentes viageres ; c'est de tous les moyens celui qui est le moins onéreux à l'Etat.

Une troisieme cause de la misere publique a été l'inégalité dans la répartition des impositions ; pendant que les gens d'affaires profitoient aux dépens des Peuples, eux & leurs Commis ne contribuoient point aux charges de l'Etat. Les personnes accréditées dans les Provinces trouvoient le moyen de s'en exempter ; les fermiers des terres augmentoient ou diminuoient le prix de leurs fermes, à mesure qu'ils trouvoient de la protection ; & les Intendans n'avoient garde de se commettre avec les personnes d'un rang élevé pour ne pas risquer la perte de leurs Emplois. De-là il est arrivé que le poids des impositions a tombé sur les misérables, ou sur les gens dénués de tout crédit, qui ont été accablés, & auxquels on n'a pas même laissé le moyen de faire valoir leur bien ni celui des autres.

Ce desordre vient de ce que les impositions sont arbitraires, de ce qu'il n'y a pas un pied commun, ou une estimation des biens, pour regler les impositions à proportion des facultés, ainsi qu'il se pratique dans tous les Etats bien réglés. Et il est arrivé de cette inégalité que ceux qui ont le plus fait valoir leur crédit ont trouvé à la fin que s'ils avoient contribué aux charges publiques, leur revenu se seroit tenu sur un meilleur pied , que leurs voisins n'auroient pas été obligés d'abandonner leurs terres & leurs maisons , & que les impositions se trouveroient aujourd'hui répandues sur un plus grand nombre de personnes. S'il y a un remede à ce mal, c'est certainement celui de la taille proportionnelle, la juste estimation des biens du Royaume , & la connoissance des facultés des Sujets du Roi. Il seroit à desirer qu'on pût en même tems imprimer à tous ceux qui cherchent à s'exempter aux dépens des autres, combien il leur seroit avantageux que la contribution se fît avec une proportion équitable.   Outre que cela est juste en soi, ils n'auroient jamais à craindre la ruine de l'Etat , qui à la fin entraîne nécessairement celle de tous les particuliers.

Si les aliénations des revenus de l'Etat , les affaires extraordinaires & l'inégalité dans la répartition des impositions , doivent être regardées comme les principales causes de nos malheurs, la défense du transport des especes, &

le peu d'attention qu'on voit sur ce qui s'appelle le change , n'y ont peut-être pas moins contribué.

Comme c'est une matiere naturellement abstraite , on l'a regardée pendant long-tems comme une de ces sciences qu'on doit laisser aux gens du métier , c'est-à-dire , aux Négocians & aux Banquiers , & l'on ne s'est point apperçu de la conséquence dont ce change étoit pour le bien général du Royaume.

On doit ajoûter que l'intérêt particulier des Banquiers a toujours été de faire un myftere du change , pour empêcher qu'on ne connût que leur conduite portoit un préjudice notable au Royaume. Ils étoient contens de s'enrichir , & s'embarrassoient peu qu'il en coûtât des millions à l'Etat.

Quoique S. A. R. & le Conseil soient bien convaincus de la nécessité de soutenir le change sur un pied avantageux, & que d'ailleurs cette matiere demande une grande discussion pour être bien approfondie , je ne laisserai pas d'en donner l'idée en peu de mots , sans entrer dans un trop grand détail.

On entend par change le prix auquel sont les lettres de change pour faire des remises d'une place à une autre.

Les lettres de change ont été intro-
duites pour éviter le transport actuel
des especes, qui, outre les frais, les risques & l'inutilité de l'argent dans cet
intervalle, apportoit un retardement
considérable au Commerce, qui n'a
commencé à fleurir que depuis l'usage
des lettres de change.

Le change est au pair lorsqu'il n'en
coûte rien pour faire remettre ce qu'on
doit d'un pays à un autre.

Le change est avantageux lorsqu'au
lieu de remettre, par exemple, cent
pistoles qu'on doit en Hollande on n'en
remet que quatre-vingt-quinze au Ban-
quier pour les faire tenir.

Il est au contraire à notre desavantage, lorsque pour payer une somme on
est obligé de payer au-delà.

Il faut maintenant examiner en peu
de mots les causes de la variation du
change.

Le change varie, soit parce qu'il est
dû réellement d'une place à une autre,
soit par la demande qu'on fait tout d'un
coup d'une grande quantité de lettres
de change pour un pays qui ne doit
rien, parce qu'alors la place qui fait la
demande contracte une dette dont il
faudra qu'elle fournisse tôt ou tard la
valeur.

Il en est de même de toutes les espèces de denrées & de marchandises : s'il se présente tout-à-la-fois un grand nombre d'acheteurs, la denrée & la marchandise hausseront de valeur. Si personne n'en demande, il faut nécessairement qu'elles baissent de prix.

Cela présupposé, tout ce qui augmente la demande des lettres de change augmente nécessairement le change.

Deux choses augmentent la demande des lettres de change.

L'une, lorsqu'on a besoin de faire de nouveaux fonds dans un pays.

L'autre, lorsque s'agissant de payer les marchandises qu'on y a achetées, il se trouve qu'elles surpassent le prix de celles qu'on y a vendues, parce qu'après avoir compensé ce qui étoit dû réciproquement, n'y ayant plus de lettres de change pour acquitter le surplus de ce qui est dû, on est obligé pour en faire la remise de fournir une somme plus considérable.

Alors ceux qui ont du fonds ou du crédit dans le pays auquel on doit remettre, se prévalent de la demande qu'on fait des lettres de change, & veulent y gagner à proportion que la demande est plus forte.

Si ce gain eſt de dix pour cent, le change ſe trouve augmenté de dix pour cent.

Si l'on continue à faire des remiſes par lettres de change, au lieu d'envoyer des eſpeces, on augmente la dette de plus en plus, & le change augmentera par la même raiſon de dix à douze, à quinze, à vingt pour cent. Cela n'a point de bornes. On l'a malheureuſement éprouvé dans la derniere guerre.

Le Roi avoit beſoin de fonds pour entretenir ſes armées en Italie, en Allemagne, en Eſpagne & dans les Pays-bas. Dans la vûe d'empêcher la ſortie des eſpeces on ſe ſervoit de Banquiers pour faire la remiſe des fonds; & voici quelles ont été les ſuites de ce prétendu ménagement.

Comme les remiſes étoient fortes, & que nos Banquiers ſe ſervoient du crédit des Banquiers étrangers, le change a baiſſé tout d'un coup de quinze pour cent à la perte de la France; en ſorte que pour vingt millions qu'on auroit pû voiturer, il en a coûté vingt-trois millions que nos Banquiers ont réellement fait ſortir du Royaume; mais c'eſt le moindre mal.

Dès

Dès que le change a baissé de quinze
pour cent contre la France à l'avantage
de la Hollande, tous les François sans
exception perdent aussi quinze pour
cent sur tout ce qui leur est dû par les
Hollandois, & sur tout ce qu'ils doivent aux Hollandois.

Par exemple, Bordeaux avoit envoyé des vins en Hollande pour trois
millions. Le Hollandois s'acquittera
avec Bordeaux en payant deux millions cinq cent cinquante mille livres.

Au contraire, si Bordeaux doit trois
millions aux Hollandois pour épiceries,
il faudra qu'il paye pour s'acquitter
près de trois millions cinq cent mille liv.

Non-seulement les François perdent
sur ce qui leur est dû, & sur ce qu'ils
doivent aux Hollandois, mais par la
liaison du Commerce général de l'Europe, ils perdent encore ces mêmes
quinze pour cent sur toutes leurs dettes actives avec les Anglois, les Allemands, les Italiens, &c. qui ne font
plus leurs remises directement en France ; mais par l'entremise des Hollandois, afin de gagner sur le change,
parce qu'ils sçavent qu'en remettant
quatre-vingt cinq en Hollande, ils font
payer cent en France.

Les François achetent par conséquent tout plus cher de quinze pour cent, & vendent quinze pour cent meilleur marché que si le change étoit au pair.

D'ailleurs les intérêts & les frais s'accumulent, & le change augmente de plus en plus faute de payement actuel.

A la fin il faut payer, & un Etat se trouve ruiné: voilà les suites funestes du peu d'attention qu'on a eu sur le change; & c'est par-là qu'au lieu de onze cent millions d'especes qui devoient être dans le Royaume, soit qu'il s'en trouvât plus de six cent à la premiere reforme qui fut faite en 1689, soit parce qu'il en est arrivé aumoins cinq cent depuis ce tems-là par le commerce de la Mer du Sud; il seroit difficile de compter aujourd'hui sur plus de cinq à six cent millions, l'excédent ayant été transporté aux Etrangers.

Le Conseil voit donc de quelle importance il est de soûtenir le change. S. A. R. qui en est parfaitement instruite, y a donné toute son attention depuis le commencement de la Régence; & jusqu'à présent elle l'a maintenu sur un pied avantageux, quoique la réformation des especes dût naturellement le faire tomber, parce que les étrangers

ont coûtume de profiter de la plus -va-
lue, pour peu qu'on manque de précautions pour leur en ôter les moyens.

Mais on ne doit pas oublier qu'il y a
des circonstances où il n'est pas possible
d'empêcher le change de tomber ; on
vient de les expliquer : c'est lors qu'on
achete plus qu'on ne vend, ou lors qu'-
on doit plus qu'il n'est dû. Alors le seul
remede est de s'acquitter promptement
& en especes.

Du transport des especes.

Il en est précisément du Commerce
général d'un Etat à un autre, comme du
Commerce particulier entre deux Négocians. On vend & on achete réciproque-
quement à crédit pour quelque tems ;
mais au bout d'un terme préfix il faut
solder les comptes, & celui qui doit
paye en especes.

Il seroit injuste, inutile & nuisible d'ordonner par une loi, que Pierre ne payeroit point Jacques en argent à la solde de
leurs comptes. La défense de payer en
especes d'un Etat à l'autre est également
injuste, inutile & nuisible. L'injustice
est manifeste : il est contre le droit civil
& le droit des gens d'empêcher celui

qui doit de s'acquitter. Mais, dira-t-on, que l'étranger fe paye en marchandiſes du pays, qu'il dépenſe d'une main ce qu'il reçoit de l'autre; il le fera de lui-même fi ces marchandiſes lui conviennent, & s'il eſpere en avoir le débit avec profit. Mais dans cette ſuppoſition même il faut le laiſſer libre de le faire ou non, & hors cette ſuppoſition rien n'eſt plus injuſte.

L'inutilité de ces défenſes n'eſt pas moins évidente. Il n'y a point de pays où la défenſe de la ſortie des eſpeces ſoit plus rigoureuſe qu'en Eſpagne, & il n'y a aucun pays d'où il en ſorte tant. Et malgré l'abondance d'or & d'argent qui y entre, c'eſt par la pareſſe des habitans un des Etats le moins riche de l'Europe. Au contraire la liberté entiere qu'-on a en Hollande de tranſporter les eſpeces, y fait fleurir le commerce & enrichit le pays.

En Angleterre le tranſport des matieres & des eſpeces d'or & d'argent étrangeres eſt permis. On y défend ſeulement, mais inutilement comme ailleurs, la ſortie des eſpeces monnoyées dans le pays, & en cela leur principe eſt faux.

Enfin cette défenſe eſt nuiſible, parce

qu'outre la gêne qu'elle donne au commerce, la défenſe cauſe ordinairement
une plus forte ſortie.

L'avidité du gain eſt ſi grande dans
le Marchand, que lorſqu'il trouve ſon
profit à négocier avec l'étranger, il ne
s'embarraſſe point de toutes ces défenſes, & trouve toujours le moyen d'envoyer en argent, lorſqu'il ne le peut autrement, & qu'il doit à ſon correſpon-
dant. Il le fait même avec une perte proportionnée au danger qu'on court par
les défenſes. Au lieu de n'envoyer que
cent mille livres, il faudra qu'il en envoye cent deux, cent trois & juſqu'à
cent dix à cent douze mille, parce qu'il
ſe trouve obligé de ſe ſervir d'entremet-
teurs, la plupart étrangers & ſur les
frontieres, qui prennent tant pour la
contrebande.

Les ſeuls véritables moyens d'empêcher le tranſport des eſpeces, c'eſt de
modérer le luxe & la fureur pour les
manufactures étrangeres, & de les modérer encore plus par l'exemple du
Prince & de la Cour que par les loix,
afin que la France, tirant moins de l'é-
tranger qu'il ne tire d'elle, elle ne ſoit
pas débitrice; que par conſéquent le

change ne nous soit pas desavantageux, & qu'il ne faille point faire sortir d'argent pour solder le compte.

Tant que les montres & les autres menues quincailleries d'Angleterre seront meilleures & plus belles que celles de France, il sera difficile d'empêcher qu'on ne les fasse venir en France. Le moyen le plus efficace c'est d'encourager nos ouvriers par honneur & par récompense à devenir aussi habiles , & plus s'il se peut, que les ouvriers étrangers. Il faudroit même attirer les ouvriers étrangers ; ce sont-là les moyens sûrs & légitimes d'empêcher le transport des especes.

On peut encore établir des droits d'entrée sur les marchandises étrangeres permises qui balancent le profit des étrangers , & favoriser d'ailleurs la sortie de nos denrées & de nos manufactures.

Une derniere observation c'est que rien n'est à négliger, quand on veut conserver véritablement la balance du commerce. Si la France tire seulement pour cent mille écus par an de marchandises de plus qu'elle n'en fournit, il faudra nécessairement à la fin qu'elle se trouve épuisée. On ne s'apperçoit pas dans les commencemens de cette différence, mais dans la suite elle devient immense & peut causer la ruine totale.

Il est donc bien important d'y avoir une attention particuliere & de ne pas accorder certaines facilités qui portent un préjudice irréparable à l'Etat. On est trop accoutumé en France à regarder les choses par parties séparées sans embrasser la matiere en général, & à croire tant sur les dépenses que sur l'entrée des marchandises défendues pour le bien du commerce, que ce sont de petits objets de nulle conséquence.

Cette maniere de penser fait un tort infini ; ce n'est que la multitude des petits objets qui composent le tout dont nous nous trouvons aujourd'hui accablés. On ose dire que ce n'est pas là un des moindres abus auxquels il est de la prudence de S. A. R. & du Conseil d'apporter les remedes convenables.

Il paroit naturel de dire quelque chose sur ce qu'on appelle le crédit, dont on n'a peut-être pas une idée assez juste ni assez étendue.

Le commerce roule bien plus sur le crédit que sur l'argent comptant. Car comme tout consiste à acheter & ven-

dre, payer & recevoir, emprunter &
s'acquiter, s'il falloit à chaque marché
ou négociation tout payer & recevoir
comptant, on ne pourroit commercer
que très lentement de proche en proche
& feulement en petites parties, comme
on fait chez les Barbares, où l'on ne fçait
ce que c'eft que de vendre & d'acheter à crédit.

D'un autre côté s'il falloit voiturer
continuellement le prix des marchandifes d'une Ville à une autre, voiturer le
tribut des Provinces à la Capitale, &
réciproquement les gages & les appointemens des Officiers civils & militaires
de la Capitale dans les Provinces, ce
feroit des embarras, des frais, des rif-
ques perpétuels. Tout languiroit, & les
efpeces feroient inutiles dans le tems du
tranfport.

Pour éviter ces inconvéniens, animer le commerce & faire agir de concert tous les membres de l'Etat, il a fallu fubftituer le crédit au payement actuel.

On peut définir en général le crédit,
en difant que c'eft l'affurance du payement aux termes & aux conditions dont
on eft convenu.

Cette affurance produit les mêmes
effets

effets que le payement actuel, & beaucoup plus promptement. Rien n'est plus précieux que ce crédit, tant pour les particuliers que pour l'Etat.

Quand un Négociant a la réputation d'être riche, habile & de bonne foi, & d'être exact dans les payemens, il a du crédit. Il peut acheter sans payer comptant, tirer des lettres de change sur ses correspondans sans leur avoir remis des fonds, & il trouve aisément de l'argent à emprunter à un médiocre intérêt ; c'est un crédit particulier plus ou moins étendu, à proportion de la confiance que le Public a pour lui.

Il y a une autre espece de crédit, qui est le seul qu'on puisse véritablement appeller crédit public. Il a été successivement introduit dans plusieurs Villes de l'Europe pour suppléer au payement actuel, & pour faciliter le commerce.

A Lyon c'est le virement des parties, par lequel les particuliers en écrivant sur leurs livres, se transportent réciproquement leurs débiteurs pour s'acquitter de ce qu'ils se doivent les uns aux autres.

A Stockholm, à Gênes, à Amsterdam, il y a des banques qui servent de dépôt. On y est inscrit pour les sommes qu'on y a dépofées : & le débiteur, au lieu de payer lui-même fon créancier, le fait infcrire en fa place. Cette maniere eft plus fure que le virement des parties.

Les Banques qu'on a établies depuis peu à Londres & à Edimbourg font encore plus commodes, en ce qu'elles fourniffent à ceux qui y portent leur argent, un billet portant promeffe de payer à vue dans le lieu du dépôt ; en forte qu'avec ce billet on peut payer, acheter, & négocier plus facilement qu'avec de l'argent ; mais ces billets ne font d'aucun ufage hors l'enceinte des Villes où elles font établies.

La Banque de France, dont on doit l'établiffement à S. A. R. doit néceffairement l'emporter fur toutes les Banques de l'Europe ; parce que les billets qu'elle fournit pour l'argent qu'on y remet, font non-feulement payables à vûe dans le lieu du dépôt, mais qu'on les reçoit & qu'on les acquitte dans toutes les Villes du Royaume, qu'on les négocie dans les autres Etats, & qu'ils fervent aux étrangers à remettre des fonds dans le Royaume ; d'où il réfulte qu'ils ont un crédit beaucoup plus étendu, & qu'ils fervent par conféquent à un plus grand nombre d'opérations pour l'avantage du Commerce.

A l'égard du crédit d'un Etat, il reſſemble beaucoup plus au crédit d'un particulier qu'à celui des Banques publiques.

Lorſqu'un Etat paſſe pour riche, que les ſujets & les voiſins ont confiance dans la bonne foi de ceux qui gouvernent, & qu'on a vû pendant long-tems les dettes publiques régulierement acquittées, cet Etat a du crédit. S'il ſe trouve obligé d'emprunter, c'eſt à un léger intérêt. Il fait agir avec un peu d'habileté ſes ſujets & les étrangers ſuivant ſes vûes, de même que s'il les payoit actuellement. La France a eu autrefois ce crédit, elle ne l'a plus aujourd'hui.

Mais qu'un Etat trouve à emprunter à un intérêt exceſſif, ce n'eſt pas avoir du crédit, c'eſt en manquer ; c'eſt achever de ſe ruiner entierement. Combien de tems encore auroit-on pû ſoutenir des emprunts à raiſon de vingt, trente & quarante, & même de quatre-vingt pour cent de perte, tels qu'ils ſe faiſoient quelques jous avant la mort du feu Roi ?

Les quatre ſources ou cauſes du crédit ſont en général,

1°. La richeſſe réelle ou préſumée.

2°. La bonne conduite.

3°. La bonne foi.

4°. L'exactitude dans les payemens.

Cette derniere suffit presque toute seule. Le Public examine peu les trois autres.

Il est difficile de ne pas convenir qu'on ait ci-devant manqué dans tous ces chefs; cependant si la confiance étoit rétablie, & si avec la confiance on pouvoit voir renaître la circulation & le Commerce, peut-être trouveroit-on qu'il y a suffisamment de richesses dans le Royaume, & l'augmentation qu'on feroit dans les revenus produiroit insensiblement de quoi acquitter l'excédent des dettes.

La confiance est donc la base & le fondement du crédit d'un Etat; mais comment peut-on la rétablir lorsqu'elle est perdue? Le moyen unique c'est d'avoir de la bonne foi & de l'exactitude dans les payemens.

Cela feroit aisé si la recette excédoit la dépense; mais lorsque, après avoir satisfait au payement de tout ce qui est nécessaire pour le soutien du Gouvernement civil & militaire, il ne reste pas de fonds suffisans pour acquitter les charges & les dettes, il s'ensuit qu'il est impossible d'avoir de l'exactitude dans les payemens, & par conséquent d'acquérir la confiance qui eſt la ſource de tout bien.

Je ne crois pas avoir beſoin de faire ſur cela des réflexions. Le conſeil les prévient, & il juge dès à préſent que tant que la dépenſe excédera la recette, tant que les charges & les dettes ſubſiſteront ſur le pied où elles ſont aujourd'hui, tant que l'on ne prendra point des meſures pour éteindre les capitaux immenſes qui portent ſur l'Etat, on ne peut eſpérer ni confiance ni crédit : Au lieu que ſi les choſes étoient au niveau ſans que les Peuples fuſſent ſurchargés, tout deviendroit facile. On verroit bientôt les revenus augmenter par le moyen de la circulation & du Commerce, & l'augmentation des revenus procureroit non-ſeulement l'acquittement des dettes, mais elle rendroit de plus la tranquillité au public ſur celles qui reſteroient à acquitter , & tous les fonds qu'ils auroient ſur l'Etat ſeroient eſtimés & vendus leur juſte prix.

A ces différentes cauſes de nos calamités on en pourroit joindre quelques autres, telles que l'établiſſement de nos manufactures dans les pays étrangers, & l'abſence d'une multitude de perſonnes qui ſont ſorties du Royaume à l'occasion de la révocation de l'Edit de Nantes, la plûpart tous gros Commerçans, qui ont transporté leurs richesses, leurs talens & leur industrie, dont les Etats voisins se sont agrandis enrichis à nos dépens, à mesure que le nôtre a diminué & s'est appauvri. Ils ont trouvé depuis ce tems-là chez eux ce qu'ils ne pouvoient avoir que par notre moyen.

De plus, la guerre qui a soûtenu ce débit des denrées par une plus grande consommation, a été comme la sievre qui soûtient les forces d'un malade pendant qu'elle dure, mais qui le mine cependant; & ce n'est que lorsqu'elle est cessée qu'il sent & son état & sa foiblesse.

Il y a constamment aujourd'hui beaucoup moins de monde dans le Royaume qu'il n'y en avoit il y a trente-cinq ans, ce qui est le plus grand de tous les malheurs.

La France par la bonté de son terroir pourroit, si elle étoit bien cultivée, nourrir le double des habitans qu'elle contient, & tripler en même tems son Commerce avec les autres Etats.

Ce sera là certainement une des plus importantes matieres sur laquelle le Conseil aura dans la suite à donner toute son attention ; mais ce n'eft pas ni le lieu ni le tems d'en dire davantage.

La derniere diminution d'efpeces ne nous a pas fait moins de tort, par l'indifcrétion & la folie de tous les Négocians, qui voulant éviter une perte idéale, s'en font procuré une réelle. Les banqueroutes que cette mauvaife conduite a attirées, font la principale caufe de la langueur & de la ceffation du Commerce.

Ce font là les principales caufes des maux dont la France eft affligée aujourd'hui. On ne peut douter que S. A. R. & le Confeil n'en foient bien perfuadés, & qu'ils ne donnent dans la fuite toute l'attention néceffaire, non-feulement pour y apporter des remedes, mais même pour les prévenir.

La conduite qu'on a tenue depuis le commencement de la Régence en eft une preuve évidente, puifque l'on n'a fait aucun emprunt, que loin d'écouter aucunes propofitions d'affaires extraordinaires, on a révoqué tous les traités qui fubfiftoient ; qu'on a pris toutes les précautions poffibles pour empêcher les inconvéniens qu'on avoit lieu de craindre du furhauffement de la monnoie ; qu'on n'a rien négligé pour foûtenir le change fur un pied avantageux, & qu'on tra-

vaille actuellement & fans relâche pour
parvenir à rendre plus égale la répartition des impofitions.

Mais ce n'eft pas affez d'établir des
principes folides ni de fuivre de fages
maximes. Il faut dans un tems de paix
& de tranquillité fe préparer des reffources pour l'avenir.

Quoique l'on puiffe dire que l'ordre
commence à fe rétablir, & que l'état
préfent des affaires foit différent de ce
qu'il étoit au mois de Septembre 1715,
foit par l'extinction de quatre cent millions de dettes, foit parce que la recette
ne diffère de la dépenfe que de fept millions, il s'en faut cependant beaucoup
qu'on puiffe fe flater d'être dans une heureufe fituation.

La Capitation & le dixieme fubfiftent
encore. Le capital des dettes eft immenfe, & on ne pourroit dans un befoin
preffant entreprendre d'augmenter aucune impofition ni même y réuffir. Tout
eft par conféquent forcé; ainfi il ne feroit pas convenable de demeurer tranquille ni de fe repofer fur ce qu'on a fait
jufqu'à préfent; & l'on doit travailler
au contraire à chercher par tous les
moyens poffibles à fe mettre dans un
état plus fixe & moins expofé aux inconvéniens.

Les instructions que j'ai tâché de prendre à mesure qu'on a formé des arrangemens dans les différentes parties de la Finance, les idées que m'a fait naître le travail dont S. A. R. m'a fait l'honneur de me charger, me mettent en état de pouvoir donner au Conseil tous les éclaircissemens qu'on croira nécessaires par rapport à la situation présente des affaires & aux différens arrangemens qui seront jugés convenables.

Les vues qu'on peut avoir se peuvent réduire toutes,

1°. à l'ordre qui doit être observé dans l'administration de toutes les parties de la Finance:

2°. A l'augmentation de la recette:

3°. A la diminution de la dépense:

4°. Au rétablissement du Commerce & de la circulation:

5°. Au soulagement des Peuples:

6°. A la libération de l'Etat.

Mais ces matieres sont trop importantes & d'une trop grande étendue, pour pouvoir être traitées d'abord dans le Conseil de Régence avant que d'avoir été examinées & discutées dans une assemblée particuliere. Ainsi je supplie V. A. R. de choisir tels de Messieurs du Conseil qu'Elle jugera à propos de charger de cette discussion, pour en rendre compte ensuite au Conseil de Régence. Je m'estimerai trop heureux, Monseigneur, si je suis parvenu à remplir les intentions de V. A. R. dans le compte que j'ai eu l'honneur de lui rendre ; si mon travail est approuvé du Conseil, & s'il peut être de quelque utilité.

MÉMOIRE sur la réduction des intérêts.

Lorsqu'on fit part au Conseil de Finances de l'avis de Messieurs les Commissaires sur les points que V. A. R. & le Conseil déciderent Jeudi dernier, Messieurs du Conseil de Finances nous témoignerent qu'ils avoient espéré qu'on auroit pris une résolution touchant la réduction du taux des rentes.

Ils crurent devoir traiter à fond cette matiere dont ils s'étoient déja entretenus plusieurs fois à l'occasion des affaires journalieres de leur Département & des correspondances qu'ils ont dans les Provinces ; & après une discussion exacte ils demeurerent tous persuadés, sans en excepter aucun, que le bien de l'Etat, l'intérêt public, la justice même, & la situation présente des affaires exi-

geoient qu'on fixât pour l'avenir le taux
des conftitutions des rentes entre les
particuliers du denier vingt au denier
vingt-cinq ; c'eft-à-dire que la regle que
le Roi a faite pour tout ce qu'il doit aux
Créanciers de l'Etat devînt la regle des
conftitutions qui feront faites entre fes
Sujets, fans néanmoins toucher à celles
qui fubfiftent actuellement ; au moyen
de quoi les particuliers n'auroient aucun lieu de fe plaindre.

Il nous chargerent en même tems de
faire fur cela leurs repréfentations à V.
A. R. & au Confeil pour en obtenir une
décifion qu'ils eftiment abfolument néceffaire.

Nous avons fupplié V. A. R. de vouloir nous prefcrire fes ordres & nous
marquer la route que nous devions tenir,
ou de propofer cette queftion directement au Confeil, ou de la difcuter auparavant avec MM. les Commiffaires :
Elle a pris le dernier parti ; j'eus l'honneur de lui en rendre compte hier matin
en leur préfence, & l'affaire s'eft trouvée
partagée. V. A. R. d'un côté, fuivie de
quatre d'entre nous, pour décider fuivant les vœux du Confeil de Finances ;
cinq de Meffieurs les Commiffaires ont
été d'un avis différent ; je vais mainte-

nant rendre compte au Confeil des raifons, des objections & des réponfes qui
ont été alleguées de part & d'autre fur
cette queftion que je crois devoir répe-
ter, fçavoir fi on fera une loi pour l'a-
venir à l'effet de fixer au denier vingt-
cinq les Contrats de conftitutions qui
feront faits entre particuliers.

Raifons pour la réduction du taux de l'Ordonnance au denier vingt-cinq.

On doit obferver d'abord qu'avant
le regne du Roi Henri IV. le taux des
conftitutions étoit au denier douze.

Qu'en 1601 ce Prince les réduifit au
denier feize.

En 1634 le Roi Louis XIII. les mit
au denier dix-huit.

Et en 1665 le feu Roi fixa le taux
des rentes au denier vingt.

Il fe préfente trois réflexions fur ces
trois différentes réductions du taux.

La premiere, qu'elles ont été faites
dans des tems où l'on travailloit à rétablir les Finances & à ranimer la circulation : ces faits ne font ignorés de perfonne.

La deuxieme réflexion, ces réductions ont été faites à trente ou trente-
cinq ans les unes des autres.

La troisieme, c'est qu'il y a plus de cinquante ans que la derniere fixation a été faite ; qu'il est venu proportionnément plus d'argent des Indes depuis 1665 qu'il n'en étoit entré dans les intervalles précédens ; & enfin que nous n'avons pas moins d'intérêt & de besoin de ranimer la circulation qu'on pouvoit en avoir dans ce tems-là.

Ces exemples paroissent former autant de préjugés pour la question dont il s'agit ; & puisque M. le Duc de Sully, M. le Cardinal de Richelieu & M. Colbert, s'en sont si bien trouvés, il n'y a pas d'apparence qu'étant dans les mêmes circonstances on puisse manquer en les imitant.

J'ajouterai que les précédentes réductions avoient même été faites tout d'un coup & sans aucune préparation, au lieu que celle qui vous est demandée par le Conseil des Finances, se trouve amenée & avancée au point qu'il ne s'agit plus que de la consommer.

En effet le feu Roi par son Edit du mois de Décembre 1713 a réduit les rentes de la Ville au denier vingt-cinq ; & depuis la Régence, non-seulement toutes les autres especes de rentes dûes par l'Etat ont été réduites de la même maniere par différens Edits ; mais on a de plus fixé tous les intérêts que le Roi paye à quatre pour cent, ce qui est la même chose que le denier vingt-cinq.

Sur quoi V. A. R. & le Conseil sont suppliés de faire deux observations, l'une que ce qui a été fait par rapport aux rentes de l'Etat a eu un effet rétroactif, en ce qu'on a diminué le taux des rentes qui subsistoient, au lieu qu'il n'est question ici que de faire une loi pour l'avenir entre les particuliers sans faire tort ni préjudice à personne.

L'autre observation, c'est que dans le tems de la derniere diminution des especes, il y a eu les trois quarts des contrats entre particuliers, qui ont été réduits volontairement aux deniers vingt-deux, vingt-quatre, & même au denier vingt-cinq; en sorte qu'il ne s'agit que d'achever ce que la plûpart des particuliers ont commencé, afin que la loi devienne égale pour tous, & qu'à l'avenir il n'y ait plus sur cela de diversité.

Ces faits & ces exemples présupposés, voici les raisons particulieres qui ont déterminé le Conseil de Finances & qui ont touché V. A. R.

1°. Il est contre le crédit du Gouvernement de laisser le taux entre les particuliers sur un pied plus fort que ce qui se paye par l'Etat.

Le Roi doit environ dix-huit cent millions de capitaux de rentes, de gages, d'augmentations de gages, de finance d'Offices supprimés, de billets de l'Etat ou de billets de Receveurs généraux.

Il ne paye les arrérages & les intérêts de tous ces capitaux qu'au denier vingt-cinq, pendant que les particuliers constituent entre eux au denier vingt, quoique l'expérience de tous les tems nous apprenne que le Roi paye communément un intérêt plus fort que celui des particuliers ; ainsi le système se trouve dérangé dans un point capital de l'administration des Finances, & il n'est pas possible que le Gouvernement puisse reprendre son crédit tant que les choses demeureront sur ce pied-là.

En second lieu cela est injuste & contre le bien public, en ce que le Roi étant le principal & le plus grand débiteur de son Royaume, le taux qu'il paye doit faire la loi du taux entre les particuliers ; tous les créanciers de l'Etat, c'est-à-dire presque tous les Sujets de Sa Majefté fouffrent actuellement une perte confidérable dans la plus grande partie de leur bien par la différence qui fe trouve dans le taux.

Cette différence du denier vingt au denier vingt-cinq eft d'un cinquieme effectif; en forte que fi les rentes de la ville perdent aujourd'hui cinquante pour cent, la défiance produit la perte de trente, & la différence du taux la perte de vingt pour cent, & que fi l'on avoit une confiance entiere pour ce qui eft dû par l'Etat, cette différence produiroit toujours un cinquieme de perte.

Eft-il jufte de caufer un tel préjudice à un fi grand nombre de perfonnes de toutes conditions ?

Si de ces raifons générales on defcend aux confidérations particulieres, on fera perfuadé de plus en plus du tort qu'on fait à une infinité de perfonnes favorables.

Les Cours fupérieures & toutes les Jurifdictions du Royaume ont emprunté des fommes confidérables pour payer les fupplémens de finances, les augmentations de gages, & tous les droits qu'elles ont été forcées d'acquérir.

Elles payent le denier vingt de ces emprunts, & le Roi ne leur paye que

le

le denier vingt-cinq; c'est une injustice d'autant plus grande que cela les ruine insensiblement , & qu'ils sont obligés de prendre tous les ans sur leur capital pour payer cet excedent des arrérages ; au lieu que si le taux étoit réduit , ils trouveroient de l'argent au denier 25 pour s'acquitter , ou leurs créanciers en feroient d'eux-mêmes la conversion , par conséquent on les mettroit en état de recevoir d'une main pour payer de l'autre , sans qu'il leur en coûtât rien du leur.

Tous les Officiers qui doivent la finance de leurs Charges, & dont les gages ont été réduits, se trouvent dans le même cas. Les Officiers supprimés sont dans une situation encore plus fâcheuse, puisqu'outre cette différence d'un cinquieme ils sont encore privés du titre de leurs Charges. Enfin tous ceux qui doivent & à qui il est dû par le Roi souffrent nécessairement une perte réelle de la différence du taux.

J'ajoûterai que la plûpart des Seigneurs & presque tous les Gentilshommes du Royaume qui se sont endettés pour servir à l'armée pendant les deux dernieres guerres, souffrent considérablement; au lieu que s'ils trouvoient en affectant leurs terres à emprunter de quoi s'acquitter avec un avantage d'un cinquieme sur les arrérages, on les mettroit en état de pouvoir se soutenir.

Telles sont les injustices qu'on laisse subsister à l'égard des personnes. Si suivant les principes le débiteur est plus favorable que le créancier, cette faveur devient d'un bien plus grand poids, lorsqu'il y en a vingt qui souffrent contre un qui gagne ; car il est certain qu'en mettant d'un côté tous les créanciers de l'Etat & tous les débiteurs, & d'un autre côté les créanciers particuliers, il s'en trouvera réellement vingt qui souffrent ou par la diminution de leur bien, ou par la différence de ce qu'ils reçoivent à ce qu'ils sont obligés de payer, contre un qui profite de leur malheur.

Il y a plus. Ce petit nombre de particuliers qui sont créanciers des autres, on ne leur fait aucun tort, puisqu'il ne s'agit point de réduire leurs contrats ni de donner un effet rétroactif à la loi qu'on propose, mais qu'on veut simplement procurer à leurs débiteurs la facilité de les rembourser ; & je supplie le Conseil de faire attention à cette circonstance, parce que cette raison qui regarde les créanciers est la principale de celles qu'on allegue pour empêcher la promulgation d'une loi si nécessaire au bien de l'Etat, si juste & si intéressante pour tout ce qu'il y a de plus privilégié dans le Royaume.

Il est d'ailleurs de la justice d'aider les débiteurs qui sont toujours en droit de s'acquitter. Il ne s'agit point ici des rentes foncieres ni seigneuriales ; il ne s'agit que des rentes constituées, qui n'ont aucune faveur par elles-mêmes, qu'on a regardé pendant un très-long-tems comme n'étant pas permises, & dont l'usage devenu trop fréquent a causé & cause encore un préjudice infini au Commerce, & à tous les biens-fonds du Royaume.

Non-seulement en laissant les choses sur le pied où elles sont on laisse subsister une injustice évidente à l'égard des personnes du Royaume les plus privilégiées, mais la résolution que le Conseil a prise de remettre le dixieme causeroit un nouveau préjudice à ces mêmes personnes & à une grande quantité d'autres.

Ces Officiers des Cours & des Jurisdictions particulieres, ces Officiers supprimés & tous les créanciers de l'Etat de tant d'especes différentes, qu'on a

ci-devant déchargés du dixieme en même tems que leurs créances ont été réduites au denier vingt-cinq, avoient
du moins la confolation de retenir à
leurs créanciers le dixieme des rentes
qu'ils leur payent. Il ne leur fera plus
permis de faire cette retenue ; ce n'eft
pas un bien qu'on leur fait en fuppri-
mant cette impofition générale, c'eft
un bénéfice qu'on leur ôte ; on aggrave
leur mal, & leur condition devient encore plus fâcheufe ; ainfi on va recevoir
de tous les côtés des plaintes & des remontrances qui paroîtront bien fon-
dées ; ils en ont déja fait dans le tems
des réductions qu'ils ont fouffertes fur
leurs augmentations de gages.

On peut dire à-peu-près la même
chofe des Pays d'Etats ; perfonne n'i-
gnore qu'ils font confidérablement endettés ; & il va arriver par la remife
du dixieme, qu'ils feront obligés d'impofer par excédent fur les Peuples de
ces Provinces la fomme à quoi monte la
retenue qu'ils faifoient du dixieme ; enforte que non-feulement un grand nombre de perfonnes privilégiés, mais les
Peuples mêmes de plufieurs Provinces,
font intéreffés à obtenir ce que le Confeil de Finances demande pour eux.

Le Clergé n'y eſt pas moins intéreſ-
ſé, puiſqu'ayant fait des emprunts pour
racheter le dixieme, il en faiſoit la retenue à ſes créanciers, leſquels lui ont
même prêté ſur le fondement de cette
retenue ; enſorte que le Clergé ſera
privé de ce ſoulagement, & que contre toutes les regles de la juſtice on donneroit au créancier un avantage ſur lequel il n'a point compté en prêtant ſes
deniers, au préjudice du débiteur qu'on
accable, au lieu de le favoriſer.

Ainſi par rapport aux perſonnes, c'eſt
un mal qui ſubſiſte, & un nouveau mal
qu'on leur cauſera, ſi l'on ne fait pas
la réduction du taux.

Je pourrois de même faire le détail
des préjudices que les conſtitutions ſur
le pied où elles ſont aujourd'hui cauſent aux biens-fonds & au Commerce ;
mais je crois qu'il eſt plus à propos de
rapporter les avantages qu'on retirera
de la réduction du taux, d'autant plus
qu'en les expliquant il ſera aiſé d'en
faire la comparaiſon.

Les fonds, qu'on doit regarder comme le véritable bien du Royaume, &
comme la ſource & le principe de toutes
les denrées & marchandiſes, ont malheureuſement ſuivi le ſort des rentes ;

enforte que les rentes étant au denier vingt , les fonds fe vendent fur le même pied ; d'où il s'enfuit que fi on réduifoit au denier 25 le taux des conftitutions , on verroit bien-tôt les biens-fonds hauffer de valeur & fe vendre dans la même proportion.

Ainfi par cette opération , le Seigneur , le Gentilhomme , le propriétaire accablé de dettes , qui ne peut vendre que quatre-vingt mille livres fa terre qui lui produit quatre mille livres de rente au denier vingt , la vendroit cent mille livres fur le pied du denier vingt-cinq, parce que ce feroit fon taux naturel & fa véritable eftimation.

Cet avantage eft grand pour l'avantage général du Royaume , & pour tous les particuliers : plus on y réfléchit, & plus on eft convaincu.

On augmente par ce moyen le bien le plus privilégié , celui qui eft le plus utile au Royaume, fur lequel portent toutes les charges de l'Etat.

Et l'on diminue au contraire la faveur exorbitante des rentes conftituées qui n'ont jamais contribué pour rien aux dépenfes de la guerre , dans lefquelles on ne peut trouver aucune reffource pour le bien de l'Etat , qui ne

sont propres qu'à entretenir les sujets
du Roi dans la mollesse & l'oisiveté,
qui sont abandonner la culture de la
terre & toutes les professions utiles,
qui donnent occasion au Marchand de
quitter son Commerce avec quatre-
vingt mille liv. qu'il a gagnées, parce
qu'elles produisent quatre mille livres
de rentes qui lui suffisent pour vivre
sans inquiétude en se retirant ; au lieu
que s'il ne trouvoit point cet apât,
ou si les constitutions étoient au denier
vingt-cinq, il voudroit gagner cent
mille livres pour se faire les mêmes
quatre mille liv. de rente, & qu'en continuant son Commerce il y éleveroit sa
famille.

Ce que je dis touchant l'augmentation des biens-fonds, s'applique aux
maisons & aux Charges dont on a tiré
plusieurs secours dans les besoins les
plus pressans, qui composent aujour-
d'hui une grande partie de la fortune
des familles, & dont le prix est entierement tombé ; au lieu qu'on les verra
reprendre leur juste valeur à mesure
qu'on mettra de la proportion dans les
produits.

Mais l'avantage qu'on doit espérer
par la *circulation* que produira cette ré-

duction du taux, n'eſt pas moins important.

Tout languit, on ne voit ni ventes ni achats ; cependant on ne peut douter qu'il n'y ait beaucoup d'argent, puiſqu'on a réformé depuis dix-huit mois dans les Monnoies environ quatre cent millions d'eſpeces.

De plus, il n'y a pas un Notaire à Paris (je m'en ſuis informé à pluſieurs) qui ne diſe qu'il a de l'argent à placer & qu'il ne manque que des emplois.

Il eſt par conſéquent prudent & néceſſaire de faire naître des occaſions d'emplois pour faire remuer & circuler l'argent.

C'eſt ce qu'on doit ſe promettre de la réduction du taux pour l'avenir.

En effet, pourquoi ne diſpoſe-t on point aujourd'hui ? C'eſt d'un côté que le Roi n'emprunte plus, ne fait plus d'affaires extraordinaires, ni de créations de Charges ; tous ces expédiens qui minoient l'Etat, & qui donnoient occaſion aux particuliers de placer ou de faire valoir leur argent.

D'un autre côté, ceux qui doivent & qui n'ont pas moyen de s'acquitter ne gagneroient rien à changer de créancier, tant que le taux ſubſiſtera tel qu'il eſt.　　　　　　Au

'Au lieu que fi on le fixe au denier vingt-cinq, ils iront chez les Notaires, ou les Notaires les iront chercher pour leur offrir de l'argent à l'effet de rembourfer leurs créanciers , ou d'être fubrogés dans les mêmes priviléges,

Celui qui attend dans l'efpérance de conftituer au denier vingt , fe déterminera à fuivre le taux de l'Ordonnance, il prêtera fes deniers , le débiteur profitera d'un cinquieme fur les arrérages en rembourfant fon premier créancier. Ce créancier rembourfé s'acquittera de même , s'il doit ; & s'il ne doit rien , il cherchera à placer fon argent ou par une nouvelle conftitution , ou dans l'acquifition d'une terre ou d'une maifon , dans lefquelles il fera des améliorations qui procureront du travail aux ouvriers.

Le nombre des acheteurs produira une nouvelle augmentation aux prix des terres , qui plus elles coûteront , mieux elles feront cultivées pour en retirer un revenu proportionné. On verra de tous les côtés l'argent en mouvement , pour s'acquitter , acheter ou réparer les fonds ; & ce mouvement n'eft autre chofe que la circulation après laquelle tout le monde foupire , & qui eſt ſi eſſentielle pour l'intérêt de l'Etat.

Le Clergé, les Pays d'Etats, les Corps de Communautés des Villes du Royaume qui ſont toutes obérées, parce que l'on s'empara dans la derniere guerre de la plus grande partie de leurs deniers patrimoniaux; en un mot, tous ceux que l'Etat doit maintenir & ſoulager par préférence, trouveront par le moyen de la fixation au denier vingt-cinq dequoi épargner un cinquieme ſur les arrérages qu'ils payent.

Le Clergé avec un million qu'il offrira fera pour vingt millions de rembourſemens, parce que la plupart de ſes créanciers ne trouvant rien de plus ſûr, aimeront mieux renouveller au taux de l'Ordonnance que de recevoir leur rembourſement.

Les Pays d'Etats de la même maniere; ſi la Bourgogne doit un million de rentes, ce ſont deux cent mille livres à impoſer de moins ſur les Peuples; ſi la Bretagne en doit quinze cent mille, les habitans de cette Province ſeront ſoulagés de trois cent mille livres par an, & ainſi des autres: ces Provinces ſe rétabliront auſſi-bien que les Communautés de toutes les Villes du Royaume; & les rétablir, c'eſt préparer à l'Etat de reſſources pour des tems que l'on doit toujours prévoir, quelqu'éloignés qu'ils paroiſſent.

Enfin on diminuera vraiſemblable-ment la perte qu'on ſouffre aujourd'hui ſur les rentes de la Ville & ſur tous les effets royaux, parce qu'il n'y aura plus une différence de vingt pour cent ſur le produit de cette eſpece de bien avec les rentes conſtituées.

Ainſi tous les différens intérêts ſem-blent ſe concilier & ſe réunir pour faire ordonner cette réduction, qui, encore une fois, ne fait injuſtice ni préjudice à perſonne.

Permettez-moi préſentement de rap-porter les objections qui ſe trouvent ré-pandues dans un Mémoire d'un grand Magiſtrat, & d'y faire des réponſes con-ciſes, parce qu'on eſt plus en état de décider lorſqu'on entend en même tems les raiſons pour & contre.

PREMIERE OBJECTION
Contre la réduction du Taux

On dit premierement que la réduc-tion des rentes n'eſt point capable d'aug-menter les biens-fonds, parce que la diminution au denier vingt de l'année 1665 a été l'époque de la diminution de

la valeur des biens-fonds qui ont toujours diminué depuis , & que Dumoulin nous apprend qu'en 1541 les biens-
fonds valoient le denier trente , & les
maisons encore plus , pendant que le
taux des rentes étoit au denier dix.

La premiere réponse à cette objection , c'est qu'on se méprend évidemment sur la cause de la diminution des
fonds. On l'attribue à la réduction du
taux des rentes , au lieu qu'il faut l'attribuer à la multitude des rentes qui ont
été constituées depuis 1541 , & encore
plus depuis 1665 , parce que tous ceux
qui ont eu de l'argent ont mieux aimé
le placer dans ces sortes d'effets qui
produisent un revenu égal , sans travail & sans peine , & sans être exposé
aux charges de l'Etat ni aux contribu-
tions publiques , que de l'employer en
acquisitions de terre.

C'est l'usage des contrars de constitution , devenu trop commun & qu'on
ignoroit presque en 1541, qui a fait de-
serter les terres & peupler les Villes au
grand préjudice du Royaume. A mesure que les besoins de l'Etat ont augmenté , & que les biens-fonds ont été chargés d'impôts , ils ont diminué de valeur,
& on a évité de les acheter. Le repos

& la douceur que l'on a trouvée dans la jouiſſance des rentes les a fait préférer ; & cette préférence a cauſé la principale diminution des biens-fonds.

Dumoulin pouvoit raiſonner juſte par rapport à ſon tems, où l'on ne connoiſſoit preſque que le bien réel, où chacun vivoit dans ſa terre, & auquel il n'y avoit que très-peu d'occaſions de faire des contrats de conſtitution ; ſoit parce que le nombre des Offices & des Charges vénales n'étoit pas ſi multiplié, ſoit qu'il n'y eût que des gens peu ſûrs qui empruntaſſent à un ſi gros intérêt.

Et cette objection a ſi peu de fondement, que ſi elle étoit ſolide, il s'enſuivroit néceſſairement que M. de Sully, M. le Cardinal de Richelieu & M. Colbert, auroient travaillé ſucceſſivement contre leur intention à détruire la valeur des biens-fonds dans le tems qu'ils mettoient tout en uſage pour les faire valoir, & que pour les mieux rétablir ils déprimoient les rentes, & en réduiſoient le taux.

On doit donc dire que, puiſque c'eſt la multiplicité des rentes qui produit le mal, il faut en ſuivant l'exemple de ces hommes d'Etat, tâcher de faire employer en terres le plus qu'il ſera poſſible de l'argent conftitué, lequel après avoir fervi à faire toutes les acquifitions qui peuvent fe préfenter pour l'avantage des propriétaires, fera enfuite employé dans le Commerce pour procurer un nouveau bien au Royaume.

SECONDE OBJECTION.

Il faut fonger à augmenter la valeur des fonds par la culture, en diminuant les impofitions, & non en diminuant la valeur des autres biens par une diminution forcée.

Cette maxime eft fort bonne ; rien n'eft mieux que d'augmenter la culture en diminuant les impofitions. De-là il réfulte que j'ai eu raifon de dire que ce font les impofitions auffi-bien que la multiplicité des rentes qui ont caufé la diminution des fonds, & non pas la réduction du taux.

Mais en fecond lieu, fi l'on eft hors d'état de diminuer davantage les impofitions, ne doit-on chercher aucun autre moyen pour augmenter la culture ?

Peut-on efpérer que cette augmentation vienne d'elle-même ; que ce Gentilhomme ou ce propriétaire mal à leur aife puiffent améliorer leurs terres, ou y employer un plus grand nombre de la-

boureurs, tant que leur état ne deviendra pas meilleur ?

Il faut donc pour parvenir à l'objet
qu'on se propose, de deux choses l'u-
ne ; ou augmenter le bien de ce propriétaire, en lui faisant valoir soixante-
quinze mille livres une terre qui n'est
que sur le pied de soixante mille, par
rapport au taux & au produit ; ou en
le mettant en état de la vendre à un
autre, qui ne l'acheteroit pas s'il n'a-
voit ce moyen de la cultiver & de la
faire bien valoir.

TROISIEME OBJECTION.

*On dit qu'à la vérité la plus grande abon-
dance d'argent est une raison pour faire
baisser le taux ; mais que le Royaume
n'est pas dans le cas de cette grande
abondance ; que d'ailleurs la réduction
tomberoit sur ceux qui n'abondent pas
en argent, & qui en sentiroient la perte
sans en avoir le profit.*

Il n'est pas question du plus ou du
moins d'especes; & s'il n'y en a pas en
grande abondance, il est d'autant plus
nécessaire de les faire circuler, pour
qu'il en entre tous les ans au moins
cent cinquante millions dans les coffres
du Roi.

Voilà le grand intérêt de l'Etat, fans quoi il ne pourroit acquitter les charges & les dépenſes, & pour cela il eſt néceſſaire d'animer la circulation. Or il n'y a point d'autre moyen pour l'animer, quant à préſent, que celui qu'on propoſe : on vient d'en expliquer les raiſons, il eſt inutile de les répéter.

Et ſi on ne prend pas ce parti, on ſentira bien-tôt les inconvéniens qu'on a repréſentés touchant la diminution des effets royaux qui vont diminuer de plus en plus, & touchant la ſituation de ceux à qui on ôte la reſſource du dixieme qu'ils retenoient à leurs créanciers.

QUATRIEME OBJECTION.

Il faut toujours obſerver une proportion exacte entre les rentes conſtituées, & les deux autres manieres d'employer ſon argent, qui ſont l'acquiſition des fonds & le Commerce.

De-là on prétend que cette proportion ne ſeroit plus gardée ſi on diminuoit le taux des rentes ; & c'eſt préciſément le contraire, puiſqu'on veut en diminuant les rentes augmenter les terres, & leur donner tout au moins la même valeur, quoiqu'elles duſſent en avoir une plus conſidérable.

A l'égard du Commerce il conserve-
ra toujours son avantage, suivant qu'il
sera plus vif & plus animé ; on travail-
le autant qu'il est possible à le faire renaître, & le moyen qu'on propose ne
sera pas inutile , puisqu'en baissant le
taux on trouvera plus d'avantage à
placer ses fonds dans le Commerce.

CINQUIEME OBJECTION.

Quand l'avantage sera moindre dans le
Contrat de constitution , l'usure en sera
plus commune , parce que le Particulier
préférera de prêter son argent à gros in-
térêt.

Le Mémoire qui contient ces objections fut fait il y a environ quatre ans,
tems auquel le Roi empruntoit sur un
pied très-onéreux. Aujourd'hui on
n'emprunte point, & par conséquent
l'objection n'a pas d'application , puisqu'il n'y a plus la même matiere à l'usure ; & il est tellement vrai que ce ne
sont que les emplois qui manquent ,
qu'à Paris & dans toutes les Villes de
Commerce du Royaume, l'argent n'est
qu'à six pour cent entre Marchands ;
au lieu que communément l'intérêt de
l'argent sur la place va au double des
rentes constituées : ainsi on n'a rien à

craindre de ce côté-là, au contraire,
c'est un moyen de diminuer l'usure,
que de diminuer le taux des constitutions ; & on peut esperer que l'intérêt
de l'argent non aliéné n'étant que d'un
pour cent au-delà du denier vingt, il
diminuera encore à proportion du taux,
au moyen de quoi il sera moins rare
& circulera davantage.

SIXIEME OBJECTION.

*La réduction du taux des rentes fera ren-
chérir le prix des Charges, des loyers
de maisons, & de toutes les marchandises nécessaires à la vie ; ce qui seroit
fâcheux pour les Particuliers dans un
tems où les revenus diminuent.*

Ce qu'on objecte comme un mal ;
c'est précisément le bien que nous cher-
chons, l'augmentation de la valeur des
biens réels ; rien n'est plus à desirer.
Si une Charge de Conseiller se vend
cent mille livres au lieu de soixante
mille, si les loyers renchérissent, si les
denrées se débitent bien ; le bon tems
sera revenu : le Roi sera bien payé ; les
propriétaires se trouveront à leur aise ;
ils feront travailler les ouvriers ; le
Commerce sera rétabli. Mais bien loin
que cela fasse diminuer les revenus,

ils augmenteront au contraire , j'entens les revenus des biens - fonds qui font préférables à tous.

SEPTIEME OBJECTION.

Cette réduction doit venir naturellement &
s'établir d'elle-même par l'abondance ,
& ne point partir de la volonté du
Prince.

C'eft le Prince qui doit juger de ce qui convient le mieux à fon Etat , & de ce qui eft le plus utile au plus grand nombre de fes Sujets : d'ailleurs on eft précifément dans le tems de faire la réduction naturellement & prefque fans qu'on s'en apperçoive , puifque ce que le Roi paye eft au denier vingt-cinq , que la plûpart des particuliers ont réduit leurs contrats dans le tems des dernieres diminutions d'efpeces , & qu'il ne s'agit que d'en faire une loi générale pour faciliter la circulation. Au lieu que plus on attendra , ceux qui pour difpofer de leur argent veulent fe regler fur le taux de l'Ordonnance, ne trouveront aucun emploi.

HUITIEME OBJECTION.

L'avantage qu'en retireront les Seigneurs ;
 Officiers & autres perfonnes endettées ,
 ne doit pas être comparé avec la perte
 qu'en fouffrira le refte de l'Etat ; & ils
 en fouffriront tous les premiers par la
 difficulté des emprunts , qui les obli-
 gera à avoir recours aux Ufuriers.

L'avantage des débiteurs eft au contraire ici infiniment préférable à celui des créanciers, foit par leur nombre, foit par leur qualité. On l'a dit & on le répéte, il y en a vingt contre un qui font intéreffés à voir la réduction du taux ; & dans ces vingt on trouve tout ce qu'il y a de plus favorable dans le Royaume.

C'eft par conféquent une erreur de fait de fuppofer que le gros de l'Etat y perdroit ; d'où il réfulte de toutes les objections qu'on vient de rapporter, que celui qui les forme connoiffant que l'Etat & la plus faine partie de ceux qui le compofent y gagneront, changera fans doute de fentiment, d'autant plus que les propriétaires des rentes conftituées ne fouffriront réellement aucun mal, puifqu'ils auront la faculté de renouveller leurs contrats, ou de recevoir leurs remboursemens en entier.

Quant aux débiteurs, ils n'auront plus besoin d'avoir recours aux Usuriers ; leur plus mauvais état est celui où ils sont ; on ne les force point de rembourser ; mais s'ils empruntent pour faire des remboursemens, ils gagneront un cinquieme sur les arrérages.

MEMOIRE DE M. LAW,

Ci-devant Contrôleur Général des Finances, & par lui présenté, avant son avenement au Ministere, à S. A. R. M. le Duc d'Orléans Régent du Royaume ;

Sur l'usage des Monnoies, & sur le profit ou la perte qu'il peut y avoir pour un Prince & pour un Etat, dans l'altération du titre de ses Monnoies, & dans l'augmentation ou la diminution de leur prix, par rapport aux Etats voisins.

QUoique la monnoie soit une affaire très-importante, pourtant elle est peu étendue ; ceux qui ont écrit sur ce sujet, au lieu de l'éclaircir, l'ont rendu plus obscur. Les principes qu'ils établissent, & sur lesquels les Etats les plus considérables de l'Europe se gouvernent, sont faux ; c'est ce que je me propose de prouver.

Je divise ce Mémoire en quatre parties.

La premiere prouve que l'empreinte ne donne pas la valeur à la monnoie.

La seconde, que la défense de transporter les especes ou matieres est cause qu'une plus grande quantité est transportée.

La troisieme, que tout affoiblissement de monnoie est injuste, & porte préjudice à l'Etat.

Et la quatrieme, que le prix des especes de différentes matieres ne doit pas être réglé par le Prince.

Il paroîtra extraordinaire que je prétende condamner les principes par lesquels les Etats les mieux policés de l'Europe sont gouvernés, & que je trouve à redire à la conduite des Ministres sur une matiere si délicate.

Une personne qui donne toute son application à un même sujet, y peut faire un plus grand progrès qu'une autre d'un esprit supérieur, qui est obligée par de grands emplois à partager son tems entre plusieurs affaires différentes.

M. Boiſſard, Auteur François, a dé-
fini la monnoie une portion de matiere
à laquelle l'autorité publique a donné
un poids & une valeur certaine, pour
ſervir de prix à toutes choſes dans le
Commerce.

La monnoie ne reçoit point ſa valeur
de l'autorité publique, comme M. Boiſſard prétend: l'empreinte marque ſon
poids & ſon titre; elle fait connoître
que la piece eſt compoſée de telle quantité de matiere, de telle fineſſe, mais ne
donne pas la valeur: c'eſt la matiere qui
en fait la valeur. *

Le Prince peut appeller une piece de
vingt ſols un écu, & la faire recevoir
pour quatre livres. C'eſt une maniere
de taxer ſes Sujets, qui ſont obligés à la
recevoir ſur ce pied; pourtant il n'aug-

* Pour bien entendre tout ceci, il faut diſtinguer
très-nettement la dénomination ou valeur numéraire
de la monnoie, qui eſt arbitraire; ſa valeur intrin-
ſeque qui dépend du poids & du degré de fineſſe; ſa
valeur accidentelle qui dépend des circonſtances du
Commerce dans l'échange que l'on fait des denrées
avec la monnoie. Ainſi la monnoie peut être définie
une portion de métal, à laquelle le Prince donne
une forme, un nom & une empreinte pour certifier
du poids & du titre dans l'échange qui s'en peut
faire avec toutes les choſes que les hommes veulent
mettre dans le Commerce.

mente pas la valeur de la piece de vingt
sols, elle passe pour quatre livres : mais
une livre alors ne vaudroit que ce que
cinq sols valoient avant ce surhaussement.

Si le Prince donnoit la valeur à la
monnoie, il pourroit donner à l'étain,
au plomb, ou aux autres métaux fabriqués en pieces d'une once, la valeur d'un
écu, & les faire servir dans le Commerce, comme la monnoie d'argent sert
présentement. Mais quand le Prince auroit donné la fabrique & le nom d'écu
à une once d'étain, le sujet ne donneroit pas des marchandises de la valeur
d'un écu pour l'écu d'étain, parce que
la matiere de quoi il seroit fait ne le vaut
pas.

La monnoie n'est pas une valeur certaine, comme M. Boissard la définit ; car
quoique le Prince n'y fasse aucun changement, que les especes soient continuées du même poids & titre, & exposées au même prix, pourtant la Monnoie est incertaine en valeur.

Pour prouver cela je ferai voir d'où
les effets reçoivent leur valeur, de quelle maniere cette valeur est appréciée,
& comment elle change.

Les effets reçoivent leur valeur des
 usages

usages auxquels ils sont employés. S'ils étoient incapables d'aucun usage, ils ne seroient d'aucune valeur.

La valeur des effets est plus ou moins haute, selon que leur quantité est proportionnée à la demande.

L'eau n'est pas vendue, on la donne, parce que la quantité est bien plus grande que la demande. Les vins sont vendus, par ce que la demande pour les vins est plus grande que la quantité.

La valeur des effets change quand la quantité ou la demande changent. Si les vins sont en grande quantité, ou que la demande pour les vins diminue, le prix baisse. Si les vins sont rares ou que la demande augmente, le prix hausse.

La bonne ou mauvaise qualité des effets & la plus grande ou la moindre quantité des usages auxquels ils sont employés sont comprises, quand je dis que leur valeur est plus ou moins haute selon que la quantité est proportionnée à la demande. La meilleure ou plus mauvaise qualité n'augmente ni ne diminue le prix qu'à mesure que la différence dans la qualité augmente ou diminue la demande.

Exemple. Les vins ne sont pas de la bonté qu'ils étoient l'année passée; la demande pour les vins ne fera pas fi grande, & le prix diminuera ; mais fi les vins font moins abondans & que la diminution de la quantité réponde à la diminution de la demande, ils continue-ront d'être vendus au même prix, quoi-qu'ils ne foient pas de la même bonté. La diminution de la quantité augmentera le prix, autant que la différence dans la qualité l'auroit baiffé, & la quantité eft fuppofée alors dans la même propor-tion qu'elle étoit l'année paffée avec la demande.

L'eau eft plus utile & néceffaire que le vin, pourtant on donne l'eau & on vend le vin : donc les qualités des effets ni les ufages auxquels ils font employés, ne changent leur prix qu'à mefure que la proportion entre la quantité & la de-mande eft changée par-la.

L'or & l'argent, comme les autres effets reçoivent leur valeur des ufages auxquels ils font employés.

Leur valeur eft plus ou moins haute felon que la quantité eft proportionnée à la demande.

Leur valeur change quand la quanti-té ou la demande changent.

Comme la monnoie reçoit la valeur des matieres defquelles elle eft faite, &

que la valeur de ces matieres est incertaine, la monnoie est incertaine en valeur, quoique continuée du même poids & titre & exposée au même prix. Si la quantité des matieres souffre quelque changement de valeur, l'écu sera du même poids & titre, & aura cours pour le même nombre de livres ou sols; mais la quantité de la matiere d'argent étant augmentée, ou la demande étant diminuée, l'écu ne sera pas de la même valeur.

Si la mesure du bled est vendue le double de la quantité de monnoie qu'elle étoit vendue il y a cinquante années, on conclud que le bled est plus cher. La différence du prix peut être causée par des changemens arrivés dans la quantité ou dans la demande du bled; alors le bled est plus cher. Cette différence peut être causée par des changemens arrivés dans la quantité ou dans la demande pour la monnoie; alors c'est la monnoie qui est à meilleur marché.

Les especes étant continuées du même poids & titre & exposées au même prix, nous appercevons peu les changemens dans la valeur de la monnoie & des matieres d'or & d'argent; mais

cela n'empêche pas que leur valeur
ne change. Un écu ou une once d'argent, ne vaut pas tant qu'il y a un fie-
cle. La valeur de toutes chofes change,
& l'argent a plus changé que les autres
effets : l'augmentation de fa quantité
depuis la découverte des Indes a tellement diminué fa valeur, que dix onces
en matieres ou en efpeces ne valent pas
tant qu'une once valoit.

Pour être fatisfait de ce que j'avance,
on peut s'informer du prix des terres,
maifons, bleds, vins & autres effets
avant la découverte des Indes : alors
mille onces d'argent ou en matieres ou
en efpeces achetoient plus de ces effets
que dix mille n'acheteroient préfenté-
ment. Les effets ne font pas plus chers
ou different peu, leur quantité étant à
peu près dans la même proportion qu'-
elle étoit alors avec la demande, c'eft
l'argent qui eft à meilleur marché.

Ceux qui fe fervent de la vaiffelle
d'argent croyent ne perdre que l'intérêt
de la fomme employée, le contrôle &
la façon ; mais ils perdent encore ce que
la matiere diminue en valeur ; & la valeur diminuera, tant que la quantité
augmentera, & que la demande n'augmentera pas à proportion. Une famille

qui s'est servie de dix mille onces de vaisselle depuis deux cent ans, a perdu la valeur de plus de neuf mille onces, outre la façon, le contrôle & l'intérêt; car les dix mille onces ne valent pas ce que mille onces valoient alors.

Les Compagnies des Indes d'Angleterre & de Hollande ont porté une quantité considérable d'especes & de matieres d'argent aux Indes orientales, ou en portent au Levant; & il s'en consomme dans l'Europe; ce qui a un peu soûtenu sa valeur; mais nonobstant le transport & consommation, la grosse quantité qui a été apportée, a diminué sa valeur de quatre-vingt-dix pour cent, comme je l'ai remarqué.

La quantité d'or a augmenté plus que la demande; & l'or a diminué en valeur: mais comme sa quantité n'a pas augmenté dans la même proportion que l'argent, sa valeur n'a pas tant diminué. Il y a deux cent ans l'once d'or valoit en France seize livres cinq sols quatre deniers, & l'once d'argent une livre douze sols.

L'once d'or en matiere ou en espece valoit alors dix onces d'argent; à présent elle en vaut plus de quinze.

Donc ces métaux ne sont pas de la

valeur qu'ils étoient à l'égard des autres effets, ni à l'égard l'un de l'autre. L'or, quoique diminué en valeur, vaut la moitié plus d'argent qu'il n'a valu.

Par ce que je viens de dire il est évident que le Prince ne donne pas la valeur à la monnoie, comme M. Boissard prétend : car sa valeur consiste dans la matiere de quoi elle est composée : aussi il est évident que sa valeur n'est pas certaine, puisque l'expérience a fait voir qu'elle à diminué depuis la découverte des Indes de plus de quatre-vingt dix pour cent.

Par ces diminutions arrivées à la valeur de la monnoie, je n'entens pas parler des affoiblissemens que les Princes ont faits dans les especes. J'ai parlé seulement de la diminution de la valeur des matieres, causée par l'augmentation de leur quantité.

Quand on examine les affoiblissemens, on trouvera que de cinquante parties il n'en reste qu'une ; je veux dire qu'il y avoit autant d'argent en vingt sols qu'il y en a présentement en cinquante livres.

Ce qui est prouvé par les Ordonnances touchant la fabrique des sous en France. L'année 755 il y avoit alors la meme quantité d'argent fin dans un fou qu'il y a préfentement dans le demi-écu qui vaut cinquante fols.

Mais pour ne pas remonter fi loin, les efpeces d'argent ont été affoiblies en France depuis deux cent ans d'environ les deux tiers de leur valeur.

Ceux qui ont eu leur bien payable en monnoie ont fouffert encore par les diminutions des rentes. Avant la découverte des Indes, les rentes étoient conftituées au denier dix ; préfentement au denier vingt. Une donation faite il y a deux cent ans deftinée pour l'entretien de cinquante perfonnes peut à peine en entretenir une. Je fuppoferai cette donation hypothéquée pour la fomme de dix mille livres; la monnoie étant alors rare, les rentes étoient conftituées au denier dix ; mille livres d'intérêts pouvoient alors entretenir cinquante perfonnes, la monnoie à caufe de fa rareté étant d'une grande valeur ; devenue plus abondante par la quantité des matieres apportées en Europe, l'intérêt eft baiffé à cinq pour cent ; l'intérêt de l'hypotheque eft réduit par-là de mille à cinq cent livres. Il n'y a que le tiers d'argent dans la monnoie par les affoibliffemens que les Princes ont faits ; ce qui réduit la valeur de ces cinq cent livres à cent foixante-fix livres treize fols quatre deniers ; & les matieres ayant diminué en valeur de quatre-vingt dix pour cent , les cinq cent livres monnoie foible ne valent pas davantage que feize livres valoient il y a deux cent ans, & n'acheteroient pas plus de denrées que feize livres en auroient acheté.

Par cette fuppofition , une fomme deftinée pour l'entretien de cinquante perfonnes, & qui fuffifoit , ne peut pas en entretenir une préfentement.

La quantité des matieres apportées en Europe depuis la découverte des Indes, a non-feulement dérangé les biens & revenus des particuliers ; elle a dérangé même les Puiffances qui ne font plus dans la même proportion de force. Celles qui ont profité le plus par le Commerce d'Efpagne abondent en efpeces , pendant que les autres peuvent à peine fe foutenir dans l'état où elles étoient.

Il n'eft pas extraordinaire que M. Boiffard fe foit abufé dans la définition de la monnoie ; mais M. Locke Anglois, homme profond, qui raifonnoit bien, & qui s'eft rendu fameux par fes

beaux

beaux ouvrages , est tombé dans une pareille méprise.

Il est d'opinion que les hommes par un consentement général ont donné une valeur imaginaire à la monnoie.

Je ne sçaurois concevoir comment les hommes de différentes nations, ou ceux d'une même Province auroient pû consentir à donner une valeur imaginaire à aucun effet, encore moins à la monnoie par laquelle la valeur des autres effets est mesurée, & qui est donnée comme le prix de toute chose ; ou qu'aucune Nation ait voulu recevoir une matiere en échange ou en payement pour plus qu'elle ne valoit , & comment cette valeur imaginaire a pû se soutenir.

Supposons qu'en Angleterre la monnoie eût été reçue à une valeur imaginaire , & que les autres Nations eussent consenti à la recevoir à cette valeur ; alors l'écu ayant cours en Angleterre pour soixante pennis , devoit valoir soixante stuyvers en Hollande , le penni & le stuyver n'étant que des numeros par lesquels on compte ; mais on voit le contraire , la monnoie est estimée & reçue selon la quantité & qualité des matieres dont elle est composée ;

Avant que l'argent fût employé aux usages de la monnoie, il avoit une valeur dépendante des usages auxquels il étoit alors employé ; il étoit reçu comme monnoie, sur le pied qu'il étoit alors en matiere. Si l'argent n'avoit eu aucune valeur avant d'être employé aux usages de la monnoie, il n'y auroit jamais été employé. Qui auroit voulu recevoir une matiere qui n'avoit aucune valeur comme le prix de ses biens ? Une livre de plomb en monnoie vaudroit quelque chose, le plomb étant capable de divers usages lorsqu'il est réduit en matiere ; mais une livre d'argent fabriqué ne vaudroit rien, si réduit en matiere il étoit incapable d'aucun usage, comme métal.

Donc l'argent avant d'être employé à faire la monnoie avoit une valeur dépendante des usages auxquels il étoit alors employé, & étoit reçu comme monnoie sur le pied qu'il valoit en matiere.

Etant employé à faire la monnoie il augmente sa valeur ; mais cette augmentation de valeur ne vient pas de la fabrique ou monnoyage ; car l'argent en matiere vaut autant que celui qui est fabriqué ; & cette valeur n'est pas imaginaire , non plus que la valeur qu'il avoit avant d'être employé à faire la monnoie.

Sa premiere valeur comme métal venoit de ce que l'argent avoit des qualités qui le rendoient propre à plusieurs usages auxquels il étoit employé : l'augmentation de sa valeur venoit de ce que ce métal avoit des qualités qui le rendoient propre à faire la monnoie. Ces valeurs sont plus ou moins grandes selon que la demande de l'argent pour ces usages est plus ou moins grande , & selon que cette demande est proportionnée à la quantité de ce métal.

Si l'une ou l'autre de ces valeurs est imaginaire , toute valeur est imaginaire ; car les effets n'ont aucune valeur que les usages auxquels ils sont employés , & selon que leur quantité est proportionnée à la demande.

Je ferai voir comment & par quelles raisons l'argent a été employé à faire de la monnoie.

Avant que l'usage de la monnoie fût connu, les effets étoient échangés par trocs.

Cette maniere d'échange étoit très-embarrassante. Il n'y avoit pas alors de mesure pour connoître la proportion de valeur que les effets avoient les uns aux autres. Exemple. *A* demandoit à troquer cinquante mines de bled contre du vin ; on ne pouvoit pas bien déterminer la quantité des vins qu'*A* devoit recevoir pour ses cinquante mines de bled : car quoique la proportion entre les vins & les bleds l'année précédente fût connue , si les vins ou le bled n'étoient pas de la même bonté , si par la bonne ou mauvaise récolte ils étoient plus ou moins abondans , alors la quantité du bled & des vins n'étant plus dans la même proportion avec la demande , la proportion de valeur étoit changée , & les cinquante mines de bled pouvoient valoir deux fois la quantité des vins qu'ils valoient l'année précédente.

L'argent étant capable d'un titre ; c'est-à-dire réduit à un certain degré de finesse , étant alors peu sujet au changement dans la quantité ou la demande , & par-là moins incertain en valeur , étoit employé à servir de moyen terme pour connoître la proportion de valeur des effets.

Si les cinquante mines de bled valoient deux cent onces d'argent de tel titre , & que deux cent onces d'argent de cet te fineffe valuffent trente muids de vin de la qualité que *A* demandoit en échange ; alors trente muids de ce vin étoient l'équivalent de ces 50 mines de bled.

La proportion de valeur des effets livrés en différens endroits étoit encore plus difficile à connoître. Exemple :

Cent pieces de toile d'Hollande étoient livrées à Amfterdam à l'ordre d'un Marchand de Londres , & le Marchand d'Amfterdam écrivoit qu'on livrât à Londres à fon ordre la valeur de ces toiles en draps d'Angleterre ; la valeur de ces cent pieces de toiles ne pouvoit pas être réglée fur la quantité des draps d'Angleterre ni fur ce qu'elles valoient à Amfterdam , parce que ces draps étoient d'une plus grande valeur à Amfterdam qu'à Londres où ils devoient être livrés ; réciproquement la valeur des draps d'Angleterre ne pouvoit pas être réglée fur la quantité des toiles d'Hollande ni fur ce que ces draps valoient à Londres , parce que les toiles étoient d'une plus grande valeur à Londres qu'à Amfterdam où elles avoient été livrées.

L'argent étant très-portatif , & par cette qualité à-peu-près de la même valeur en différens endroits , étoit employé à fervir de mefure pour connoître la proportion de valeur des effets livrés en différens endroits : fi les cent pieces de toile valoient à Amfterdam mille onces d'argent fin, & que mille onces d'argent fin valuffent à Londres vingt pieces de drap de la qualité que le Marchand Hollandois demandoit en échange ; alors vingt pieces de ce drap livrées à Londres étoient l'équivalent de ces cent pieces de toiles livrées à Amfterdam.

Les contrats, promeffes, &c. étant payables en effets étoient fujets aux difputes, les effets de même efpece différant beaucoup en valeur. Exemple : *A* prêtoit cinquante mines de bled à *B* ; & *B* contractoit à les rendre dans une année. *A* prétendoit que le bled que *B* lui rendoit n'étoit pas de la bonté de celui qu'il avoit prêté ; & comme le bled n'étoit pas fufceptible d'un titre, on ne pouvoit pas juger du préjudice que *A* recevoit en prenant fon payement en bled d'une qualité inférieure.

L'argent étant capable d'un titre, étoit employé à fervir de valeur dans laquelle on contractoit ; alors celui qui prêtoit prenoit le contrat payable en tant d'onces d'argent de tel titre, & par-là évitoit toute difpute.

On avoit de la peine à trouver les effets qu'on demandoit en échange. Exemple : *A* avoit du bled plus qu'il n'en avoit befoin , & cherchoit à troquer contre du vin ; mais comme le pays n'en produifoit point , il étoit obligé de tranfporter fon bled pour le troquer fur les lieux où il y avoit du vin.

L'argent étant plus portatif étoit employé à fervir de moyen terme par lequel les effets pouvoient être plus commodément échangés ; alors *A* troquoit fon bled contre de l'argent fur les lieux pour acheter les vins dont il avoit befoin.

L'argent avec fes autres qualités étant divifible fans diminuer de fa valeur , étant durable & portatif, étoit d'autant plus propre à fervir à ces ufages ; & ceux qui avoient des effets dont ils n'avoient pas immédiatement befoin, les convertiffoient en argent. Il étoit moins embarraffant à garder que les autres effets ; fa valeur étoit alors moins fujette au changement ; il étoit plus durable , & étant divifible fans perdre de fa valeur , on pouvoit s'en fervir en tout ou en partie comme on avoit befoin.

Donc l'argent en matiere ayant les qualités néceffaires étoit employé à ferpir aux ufages auxquel la monnoie fert présentement. Etant capable de recevoir une empreinte, les Princes établirent des bureaux pour le porter à un titre & le fabriquer. Par·là le titre & le poids étoient connus, & l'embarras de le pefer & raffiner épargné.

Mais la fabrique ne donne pas la valeur à la monnoie, & fa valeur n'eſt pas imaginaire comme MM. Locke & Boiſſard prétendent. La monnoie reçoit fa valeur des matieres de quoi elle eſt compoſée; & fa valeur eſt plus ou moins forte felon que la quantité eſt proportionnée à la demande. Auſſi fa valeur eſt réelle, comme la valeur des bleds, vins & autres effets. Il eſt vrai que fi les hommes trouvoient quelqu'autre métal plus propre que l'argent à faire la monnoie & à fervir aux autres ufages auxquels l'argent en matiere eſt employé, comme de faire la vaiſſelle; & que ce métal fût à bon marché, l'argent baiſſeroit confidérablement de fa valeur, & ne vaudroit pas la dépenfe de le tirer des mines; auſſi fi les hommes trouvoient quelque boiſſon plus agréable, plus faine & à meilleur marché que les vins, les vignes ne feroient plus eſtimées & ne vaudroient pas la

dépenſe de les cultiver; on employe-
roit les terres à produire, ce qui ſup-
pléeroit alors à l'uſage des vins.

Seconde Partie.

La défenſe de tranſporter les eſpeces
ou matieres ne les empêche pas d'être
tranſportées.

Les Eſpagnols ont fait des loix très-
rigoureuſes contre le tranſport des eſpeces & matieres; mais comme les denrées & manufactures étrangeres conſommées en Eſpagne montoient à une
plus grande ſomme que les denrées &
Manufactures d'Eſpagne conſommées
en pays étranger , & qu'une grande
partie des effets envoyés en Amérique
appartenoit aux Etrangers , la valeur
de ces effets & la balance dûe par l'Eſpagne ont été tranſportées en eſpeces
ou matieres ; & de tout ce qui a été apporté des Indes très-peu a reſté aux Eſpagnols , malgré les défenſes qu'on a
pû faire.

Il eſt inutile de défendre le tranſport
des eſpeces ou matieres , quand il n'y
a point de balance dûe; alors ce tranſport ceſſe ; quand une balance eſt dûe,
cette défenſe n'eſt pas le remede propre à ce mal.

Pour empêcher ce transport on peut défendre l'entrée des marchandifes defquelles on a moins befoin, ou charger leur entrée de droits pour en diminuer laconfommation; mais comme les autres Etats peuvent avec raifon fe plaindre de ces défenfes ou impôts, & faire de même à l'égard des marchandifes de ce pays; le meilleur moyen eft d'être plus induftrieux ou plus ménager, de faire travailler davantage le Peuple ou l'empêcher de tant dépenfer.

Un homme qui dépenfe plus que fon revenu deviendra pauvre; de même un Etat qui confume plus que la valeur de fon produit & du travail du Peuple. La confommation des denrées & Manufactures du pays doit être réglée comme celle des effets étrangers : * car fi on confume trop, il n'y aura pas affez à tranfporter pour balancer les effets

* Cette maxime eft pernicieufe & fort extraordinaire dans la bouche de M. Law. Il eft évident que plus la confommation intérieure & généralement proportionnelle fera grande, plus il y aura de travail affuré pour le Peuple, mieux les richeffes feront réparties. Si une Nation confomme tous fes ouvrages, c'eft qu'elle ne trouve aucun avantage à travailler pour l'étranger, & que l'étranger n'en trouve aucun à la faire travailler. Ce ne fera point à la confommation intérieure qu'il faudra s'en prendre, mais à des vices intérieurs, comme trop haut intérêt de l'argent, gênes dans le travail, douanes intérieures, &c.

étrangers dont on a abſolument beſoin.

Prétendre empêcher le tranſport des eſpeces & matieres tant qu'une balance eſt dûe, c'eſt vouloir faire ceſſer l'effet, quoique la cauſe dure. Rendre le Peuple plus induſtrieux, diminuer la conſommation, &c. fait ceſſer l'effet en levant la cauſe. Par ce moyen le Commerce étranger peut être rendu avantageux, & les eſpeces ou matieres des Etrangers ſeront apportées dans le pays ; mais tant qu'une balance eſt dûe aux Etrangers, il n'eſt gueres praticable ni juſte d'empêcher le tranſport des eſpeces. Les défenſes étant rigoureuſement exécutées rendront ce tranſport plus dangereux ; alors le change ſera plus haut, & les billonneurs gagnent plus à meſure qu'ils courent plus de riſques ; ce qui les engagera à continuer le Commerce malgré les défenſes.

Objection. On dira que la défenſe de tranſporter les eſpeces oblige les Marchands étrangers à qui la balance eſt dûe de prendre la valeur en marchandiſes, ou les Marchands du pays qui doivent, d'en tranſporter une plus grande quantité que d'ordinaire pour s'acquitter.

Réponſe. Je ſuppoſerai que la valeur

de la balance dûe est transportée en
marchandises ; donc ce transport est
plus grand que d'ordinaire, & plus que
le besoin des Etrangers : Car quoiqu'un
Etat fasse une consommation extraordinaire des marchandises étrangeres,
les Etrangers ne feront pas de même à
l'égard des marchandises de ce pays ;
& comme alors la quantité transportée
sera plus grande que d'ordinaire sans
que la demande ait augmenté, le prix
baissera ; les années suivantes il en sortira moins, à proportion des magasins
que les Etrangers auront faits ; ensorte
que ce Commerce forcé fera plus de
mal à l'Etat que si on avoit laissé transporter la balance en especes, & qu'on
eût gardé ces marchandises jusqu'à ce
que la demande étrangere eût engagé
les marchands du pays ou les Etrangers à les sortir.

Mais la défense de transporter les
especes n'oblige pas les Marchands à
faire sortir la valeur de la balance dûe
en marchandise. Les especes sont transportées sur le risque de ceux qui doivent ou qui ont besoin des especes
dans les pays étrangers, sur le risque
des Etrangers à qui la balance est dûe,
ou sur celui des billonneurs qui gagnent

le *præmium* qu'on donne fur le change.
Et ce Commerce eft fi profitable qu'il
fe trouve des perfonnes affez entrepre-
nantes pour le faire , quoique les peines foient très-feveres.

Je fuppofe que les billonneurs gagnent cinq pour cent , ils ont plus de
profit que dans d'autres affaires où on
gagne vingt ; car ils font valoir leur
capital plus fouvent.

Si les défenfes font exécutées avec
rigueur , ils fe font payer davantage ;
& le change monte à dix & douze pour
cent plus haut que le prix. Mais le danger n'empêche pas le tranfport des efpeces , & ceux à qui la balance eft
dûe ne perdent pas fur le change ; ils
vendent leurs marchandifes d'autant
plus cher , que le change eft plus haut
que le pair , comme je ferai voir dans
la fuite de ce Mémoire.

La défenfe de tranfporter les efpeces
ou matieres eft préjudiciable à l'Etat ;
elle fait monter le change ; le change
affecte le Commerce étranger & augmente la balance , qui eft caufe que
les efpeces font tranfportées ; ainfi en
augmentant la caufe elle augmente le
tranfport.

Je ferai voir de quelle maniere cette

défenfe fait monter le change, & comment elle affecte le commerce étranger.

A, Marchand de Paris, envoye des marchandifes en Hollande & à crédit chez fes correfpondans pour la valeur ; *B*, Marchand de Paris donne commiffion pour lui envoyer des marchandifes d'Hollande, & doit faire tenir la valeur à fes Correfpondans ; *B* négocie avec *A*, lui donne des efpeces à Paris de la même valeur que celles de Hollande, c'eft-à-dire du même poids & titre, ou plus en quantité à proportion que les efpeces qu'il donne font d'un titre plus bas, ou qu'elles pefent moins, & prend fes lettres fur la Hollande. Par-là il épargne à lui-même l'embarras, le rifque & la dépenfe de tranfporter les efpeces ou matieres du pays, & à l'autre de faire entrer les efpeces ou matieres étrangeres ; c'eft ce qu'on appelle le change.

Tant que le Commerce & la dépenfe que les États font les uns chez les autres font égaux, le change eft au pair ; mais quand un Etat fait entrer des marchandifes ou dépenfe en pays étranger pour plus grande fomme que le tranfport des marchandifes & la dépenfe des Etrangers dans cet Etat ne monte, le surplus est envoyé en especes ou matieres. Et le Marchand qui doit ou qui a besoin des especes en pays étranger, pour éviter l'embarras, le risque & la dépense de les transporter, donne tant pour cent outre le pair, comme le risque, &c. sont estimés; & à cette condition on lui fournit des sommes dans les endroits où il en a besoin : ainsi le change monte plus haut que le pair.

Quand une balance est dûe, tous les changes sont affectés. Exemple. Dix millions sont dûs de balance par la France à la Hollande ; les sommes échangées par les Négocians entre la France & la Hollande montent outre ces dix millions à cent millions ; les lettres pour les cent millions seront vendues aussi cher que les dix dûs de balance.

Cette balance affecte le change avec les pays à qui rien n'est dû. Exemple. Le change entre la France & la Hollande est cinq pour cent plus haut que le pair contre la France. Quoique le Commerce entre la France & l'Angleterre soit égal, le change avec l'Angleterre montera. *A*, Marchand à Paris doit payer dix mille écus à Londres, & demande une lettre pour cette somme. *B*, Marchand à Paris doit recevoir des fommes à Londres qu'il veut retirer en France; mais il ne veut pas les donner au pair, parce que les failant remettre par voie d'Hollande, il a cinq pour cent plus que le pair; de forte qu'une balance dûe fait monter le change avec les pays à qui rien n'eft dû.

Le change affecte le Commerce étranger, les marchandifes font vendues plus ou moins felon qu'elles coutent. Exemple. Le tonneau de vin étoit vendu l'année paffée en Hollande pour cent écus; cette année il eft vendu à Bordeaux vingt pour cent meilleur marché: donc le prix ne continuera pas en Hollande à cent écus: il baiffera à proportion qu'il a baiffé en France; de même fi les marchandifes d'Hollande deviennent plus cheres dans le pays, elles feront vendues plus cher en France, à moins que les François ne les puiffent avoir d'ailleurs à plus bas prix, ou qu'ils ne puiffent fuppléer aux ufages auxquels elles font employées par d'autres qui coutent moins. Cela étant, il s'enfuit que d'autant que le change eft plus haut que le pair, d'autant les marchandifes étrangeres font vendues plus cher, & celles du pays font vendues à

meilleur

meilleur marché en pays étranger. Exemple. Une balance eſt dûe par la France à la Hollande, & le change eſt cinq pour cent plus haut que le pair. *A*, Marchand d'Amſterdam, envoye pour cent mille écus de marchandiſes en France, cent cinq mille écus ſeront payés en France pour ces marchandiſes ; cette ſomme étant égale par le change avec cent mille écus en Hollande. *B*, Marchand de Paris, envoye des marchandiſes en Hollande, montant à cent mille écus ; quatre-vingt-quinze mille deux cent trente-huit écus en Hollande payeront ces marchandiſes, cette ſomme étant égale par le change avec cent mille écus en France.

Cette balance dûe à la Hollande faiſant monter le change entre la France & l'Angleterre, cauſera une perte à la France ſur toutes les marchandiſes tranſportées d'Angleterre en France, quoiqu'il n'y ait point de balance dûe par la France à l'Angleterre.

Ceux qui apportent les marchandiſes étrangeres en France ne gagnent pas davantage, que quand le change étoit au pair, quoiqu'ils vendent plus cher ; & ceux qui tranſportent les marchandiſes de France en pays étranger ne gagnent pas moins, quoiqu'ils vendent à meilleur marché, ils ont le même profit que quand le change étoit au pair. Ceux en France qui se servent de marchandises étrangeres les payent plus cher ; & ceux en pays étranger qui se servent des marchandises de France les payent moins.

Si le transport des especes étoit permis, le change seroit au pair ou monteroit peu, quoique la balance dûe. fût grande ; mais la défense rendant ce transport dangereux, fait monter le change à dix & douze pour cent plus haut que le pair, selon qu'elle est rigoureusement exécutée ; & le change affectant le Commerce étranger, cette défense au lieu d'apporter du remede, augmente la balance & cause un plus grand transport des especes.

Pour montrer combien cette perte est grande, je supposerai les especes d'Angleterre, d'Hollande & des autres Etats avec lesquels la France a commercé, du même poids & titre qu'en France, & exposées au même prix.

Je supposerai qu'en l'année 1702 les marchandises de France transportées par des François ou pour leur compte, étoient vendues aux Etrangers cent cinquante millions.

Que les marchandises apportées en France par des François ou pour leur compte coutoient cent millions; reste dû aux François en pays étranger cinquante millions.

Je supposerai que les marchandises apportées en France par les Etrangers étoient vendues cent cinquante millions.

Que les marchandises de France transportées par les Etrangers coutoient cent millions; reste dû aux Etrangers cinquante millions, qui balançoient les cinquante millions dûs par les pays étrangers à la France; & le Commerce étant égal, le change étoit au pair.

Je supposerai qu'en l'année 1703 le Commerce continuoit de même, c'est-à-dire, que la même valeur en marchandises de France étoit transportée en pays étrangers, & que la même valeur en marchandises étrangeres étoit apportée en France.

Je supposerai que le Roi avoit besoin de vingt millions en Italie; que le Ministre ne faisoit pas transporter ces vingt millions en especes, & que ce transport étoit défendu; la demande pour des lettres sur les pays étrangers devoit nécessairement augmenter, &

le change devoit hauffer, fuppofons de dix pour cent plus que le pair. Le change affecte le Commerce étranger, & fait monter la balance & tranfport des efpeces à plus de quarante millions, qui ne feroient montés qu'à vingt fi le Miniftre les avoit fait voiturer en efpeces.

Les marchandifes fuppofées apportées en France par les Marchands étrangers, étoient vendues l'année 1702 à cent cinquante millions, qui faifoient alors cent cinquante millions en pays étranger ; mais le change étant monté à dix pour cent contre la France, la même quantité de marchandifes & de même qualité feront vendues l'année 1703 dix pour cent plus cher, ou cent foixante-cinq millions, cette fomme en France ne valant par le change que cent cinquante millions en pays étranger. De ces cent foixante-cinq millions il faut rabattre cent millions pour les marchandifes tranfportées par les Etrangers ; refte dû foixante-cinq millions.

J'ai fuppofé que les marchandifes de France tranfportées l'année 1702 par les François étoient vendues cent cinquante millions, qui valoient alors cent cinquante millions en France ;

mais le change étant monté à dix pour cent, la même quantité de marchandifes feroit vendue l'année 1703 dix pour cent meilleur marché, ou cent trente-cinq millions fept cent quatorze mille deux cent quatre-vingt-fix livres, cette fomme en pays étranger valant par le Change cent cinquante millions en France.

De ces cent trente-cinq millions fept cent quatorze mille deux cent quatre-vingt-fix livres, il faut rabattre cent millions pour les marchandifes achetées par les François en pays étranger & vingt millions fournis au Roi; refte dû quinze millions fept cent quatorze mille deux cent quatre-vingt-fix livres, qui valent en France par le change dix-fept millions deux cent quatre-vingt-cinq mille fept cent quatorze livres; cette fomme rabattue de foixante-cinq millions dûs par les François, il refte dû quarante-fept millions fept cent quatorze mille deux cent quatre-vingt-fix livres.

Suppofant que le Commerce de France avec les pays étrangers monte à trois cent millions par année, les vingt millions dont le Roi eft fuppofé avoir befoin en Italie n'étant pas tranfportés par le Ministre, & le transport des especes étant défendu, le change montant à dix pour cent contre la France fera monter la balance à soixante-treize millions trois cent dix-huit mille cinq cent soixante-onze livres, qui n'auroit été que de vingt millions si le Ministre avoit fait voiturer les especes.

Entre les Négocians même il s'en trouve plusieurs qui n'entendent pas le Commerce; ceux-là ne comprendront peut-être pas que le change étant contre la France, fait hausser les marchandises étrangeres en France & baisser les marchandises de France en pays étranger. Je tâcherai de les satisfaire.

Le Marchand qui apporte les marchandises d'Hollande en France en regle le prix selon le change entre les deux États; le surhaussement des especes ou l'affoiblissement de la monnoie de France fait monter le change & par conséquent fait hausser le prix des marchandises étrangeres.

La pistole est haussée de douze à quinze livres; mais cette pistole n'achetera pas plus de toile d'Hollande que quand elle étoit à douze livres, parce qu'il faut donner la même quantité de ces pistoles pour une lettre de mille florins fur la Hollande, qu'on en donnoit quand elles étoient à douze livres. Donc on payeroit cinq livres l'aune pour la même toile qu'on achetoit avant le hauffement à quatre livres.

De même une balance dûe par la France, & le tranfport des efpeces défendu, faifant monter le change feront hauffer le prix des marchandifes étrangeres.

A vendoit à Paris telle quantité de toile d'Hollande l'année paffée pour cent piftoles en effet ; mais il ne peut pas donner la même quantité de cette toile cette année au même prix ; alors le change étoit au pair, & cent piftoles achetoient une lettre de neuf cent florins de banque ou de cent piftoles fur la Hollande.

Le change ayant monté, il faut donner cent dix piftoles à Paris pour une lettre de cent piftoles fur la Hollande ; & ceux qui achetent les marchandifes étrangeres payent le profit des billonneurs, de même que le premier prix, les droits du Prince, & le profit du Marchand.

Le drap d'Angleterre a été vendu en

France quinze livres l'aune ; il a monté
à vingt & vingt-deux livres ; cette différence du prix ne vient pas de ce que
le Marchand gagne plus, elle est causée
par le surhaussement des especes qui
affoiblissent les livres, par une balance
dûe & par la défense de transporter les
especes qui font monter le change.

De la même maniere le prix des marchandises de France vendues en pays
étranger est affecté par le change. Telle
quantité d'étoffes de Lyon étoit vendue l'année passée en Hollande pour
cent pistoles, le change étant alors au
pair. Le change monte de dix pour cent
contre la France, l'étoffe continue au
même prix à Lyon, & sera vendue dix
pour cent meilleur marché en Hollande, parce que cent pistoles en Hollande
achetent une lettre de cent dix sur la
France.

L'Angleterre, quoique plus éclairée
que la France sur le fait de la monnoie,
est mal conseillée au sujet du transport
des especes au coin du pays; L'Angleterre défend ce transport, & son Commerce souffre par-là ; car depuis cette
guerre le change a continué considérablement à son desavantage; mais com-

me

me la France a plus souffert, je la cite pour faire voir combien cette défense est pernicieuse à un Etat.

Troisieme Partie.

Dans l'affaire de la monnoie, les Ministres ont travaillé à deux fins ; l'une d'en empêcher le transport, l'autre d'en augmenter la quantité. J'ai fait voir que les moyens dont on s'est servi pour empêcher ce transport n'ont pas eu l'effet proposé : à présent j'examinerai les moyens dont on s'est servi pour en augmenter la quantité.

On a surhaussé les especes étrangeres, croyant par-là engager les Etrangers à apporter les especes dans le pays ; on a surhaussé les especes du pays, & on a mis plus d'alloi, croyant que la même quantité étant surhaussée ou affoiblie dans le titre, faisoit le même effet, comme si la quantité avoit été augmentée.

M. Boissard donne pour raison de l'affoiblissement de la monnoie, *p. 23, ligne 11*, que les Royaumes voisins ayant affoibli le titre de leur monnoie, si les autres ne faisoient pas de même, attireroient à eux toute la monnoie qui se trouveroit plus forte que celle qu'ils fabriquoient ; & *page* 61, *ligne* 1, que les droits que les Princes prennent sur la monnoie & les frais de la fabrique, qu'il appelle droit de Seigneuriage & de brassage, empêchent que les especes d'or ou d'argent fabriquées en un Royaume ne soient transportées dans un autre.

Je prouverai que tout affoiblissement de monnoie, au lieu d'attirer les especes & matieres étrangeres, fera transporter les especes du pays, quoique foibles, & les matieres en pays étranger.

Sous le nom d'affoiblissement, j'entens les frais de la fabrique, les droits que les Princes prennent sur la monnoie, les surhaussemens des especes & la diminution de leur poids ou titre.

En France, les droits de Seigneuriage & brassage sont pris sur la monnoie.

Je suppose que ces droits montent à trois pour cent de la valeur ; celui qui porte des matieres à l'Hôtel de la Monnoie pesant cent onces, & du même titre avec les especes, reçoit quatre-vingt-dix-sept onces fabriquées.

En Angleterre, je suppose que le Prince ne prend pas le droit de Seigneuriage, & que la monnoie est fabriquée aux dépens de l'Etat : donc ceux en France qui ont des matieres, les transportant en Angleterre & remettant la valeur par lettres de change, épargnent les trois pour cent.

Le change étranger est réglé sur la qualité & quantité de métal dont les monnoies font faites. Des efpeces en France pefant cent onces valent par l'échange en Angleterre cent onces en efpeces du même titre ou plus en poids, à proportion que les efpeces d'Angleterre font d'un titre inférieur ; alors le change est au pair.

Une balance dûe fera monter le change contre le Pays qui la doit ; mais je fuppofe qu'il n'y est point dû de balance, & que le change est au pair.

Les François qui tranfportent des matieres en Angleterre, & remettent la valeur en France par lettres de change, ont trois pour cent plus qu'en portant les matieres à l'Hôtel de la Monnoie de France ; parce que la France prend les droits de Seigneuriage & braffage, & que l'Angleterre ne prend point de droits fur la monnoie ; la Fabrique est défrayée par l'Etat.

Quand le Prince réforme les efpeces, & qu'il prend un droit fur la réforme,

les efpeces font tranfportées. Exemple.
La piftole de France eft à douze livres :
le Roi ordonne qu'on apporte les efpeces à la Monnoie pour être réformées ;
la Monnoie reçoit les piftoles à treize
livres, & les rend réformées à quatorze ; c'eft-à-dire, que quatorze piftoles vieilles donnent treize piftoles réformées.

Par cette reforme, le particulier reçoit plus de livres qu'il n'en a porté à
la Monnoie ; mais il perd un quator-
zieme de fon or, que le Prince gagne,
& que le particulier auroit épargné s'il
avoit tranfporté les vieilles efpeces en
Angleterre & remis la valeur par lettres de change. Le change fuppofé au
pair, il auroit reçu autant de piftoles
réformées à quatorze livres qu'il auroit
tranfporté de vieilles efpeces.

Quoique le Prince ne profite pas par
l'affoibliffement de la monnoie, que le
profit foit donné à ceux qui portent la
monnoie forte ou les matieres pour être
fabriquées en monnoie foible, & que
la fabrique foit défrayée par l'Etat ;
pourtant cet affoibliffement n'attirera
pas les efpeces étrangeres, comme M.
Boiffard prétend, mais fera tranfporter les efpeces d'un Pays, quoique foi-

bles, & les matieres en Pays étranger.

Je fuppofe que les efpeces d'Angleterre, de France & d'Hollande font du
même poids & titre ; que l'écu en efpece vaut foixante fols, les autres efpeces à proportion ; que le commerce
entre ces Etats foit egal, je veux dire
qu'il n'y ait point de balance dûe.

Je fuppofe que les Anglois affoiblif-
fent le titre de leur monnoie de vingt-
cinq pour cent, ou qu'ils hauffent les
efpeces de vingt-cinq pour cent, ce qui
revient à la même chofe; que pour engager les étrangers d'apporter leurs efpeces & matieres en Angleterre, ils
donnent tout le profit de l'affoibliffement à ceux qui apportent la monnoie
forte ou les matieres pour être réformées, & que la fabrique ou réforme
foit défrayée par l'Etat : ces avantages
prétendus n'engageront pas les François ou Hollandois à tranfporter leurs
efpeces ou matieres en Angleterre.

On n'envoie pas les efpeces ou matieres en Pays étranger, à moins d'y
trouver du profit. D'envoyer alors huit
mille écus monnoie de France en Angleterre, on auroit à la Monnoie d'Angleterre dix mille écus monnoie foible.
De rapporter ces dix mille écus en

France, on ne gagneroit pas, parce qu'il n'y a que la même valeur dans ces dix mille écus qu'en huit mille monnoie de France. De remettre ces dix mille écus en France par lettre de change, on n'aura que huit mille écus monnoie de France, parce que le change eſt réglé ſur la quantité & qualité de matieres dont la monnoie eſt faite ; & le Commerce étant égal, le change ſeroit au pair. Donc il n'y auroit pas de profit à tranſporter les eſpeces ou matieres de France en Angleterre pour rapporter la valeur en eſpeces ou en lettres de change.

Objection. On dira peut-être que les François gagneront s'ils employent les ſommes tranſportées en marchandiſes d'Angleterre.

Réponſe. Si en Angleterre le prix des marchandiſes augmente à proportion que la monnoie eſt affoiblie, les François & Hollandois n'envoyeront pas leurs eſpeces ou matieres en Angleterre plus qu'avant l'affoibliſſement, n'y trouvant pas plus de profit. Si le prix des marchandiſes n'augmente pas, cent écus de France ou d'Hollande envoyés en Angleterre & réformés en monnoie foible acheteront la même quantité des

marchandifes que cent vingt-cinq écus
de France ou d'Hollande avoient acheté
avant l'établiffement : mais nonobftant
cet avantage, les François & Hollandois n'enverront pas leurs efpeces &
matieres en Angleterre : car quoique
la monnoie d'Angleterre donne cent
vingt-cinq écus monnoie foible pour
cent écus monnoie de France ou d'Hollande, elle ne donne que la véritable
valeur ; & on auroit autant en achetant
des lettres fur Londres, fans fe donner
la peine de tranfporter les efpeces ; cent
écus alors payés à Paris ou à Amfterdam valant par le change cent vingt-
cinq écus à Londres.

Il eft vrai que les François & Hollandois acheteront les marchandifes d'Angleterre vingt-cinq pour cent meilleur
marché qu'avant l'affoibliffement ; mais
l'Angleterre ne s'enrichira pas par ce
Commerce ; au contraire autant que
les étrangers achetent à meilleur marché, autant l'Angleterre perd : & les
efpeces, quoique foibles, & les matieres feront tranfportées.

Pour prouver cela, je fuppoferai que
les marchandifes achetées en Angleterre par les François & Hollandois
montoient annuellement à cinquante

millions de livres, les François & Hollandois acheteront la même quantité de marchandises pour quarante millions monnoie forte envoyés en especes ou remis par lettres de change.

Je suppose que les marchandises achetées en France & en Hollande par les Anglois montoient annuellement avant l'affoiblissement à cinquante millions; comme ces marchandises coûteront cinquante millions monnoie forte, il faut que les Anglois ne prennent que quarante millions de ces marchandises, ou qu'ils envoyent dix millions en especes ou matieres pour payer la balance qui sera dûe à la France & la Hollande.

On dira que le bas prix des marchandises d'Angleterre engageroit les François & Hollandois d'en acheter une plus grande quantité.

Supposé qu'ils achetent le double de la quantité ordinaire, l'Angleterre recevroit quatre-vingt millions pour des marchandises qui avant l'affoiblissement valoient cent millions; cinquante millions balancent les cinquante millions de marchandises achetées annuellement par les Anglois en France & en Hollande: donc l'Angleterre a donné des marchandises qui valoient cinquante mil-

lions avant l'affoiblissement pour trente. Les années suivantes, les François
& Hollandois acheteront moins des
marchandises d'Angleterre : n'étant pas
supposé d'en avoir consommé plus que
d'ordinaire, ils en auront fait des magasins, & autant qu'ils épargnent par
l'affoiblissement de la monnoie d'Angleterre, autant l'Angleterre perd.

Mais cette supposition est ce qui n'arrête pas; car quoiqu'il pût arriver que
l'Angleterre fourniroit en une année la
quantité des marchandises qu'elle a coutume de vendre aux étrangers en deux,
comme ces marchandises deviendroient
rares en Angleterre, & la demande plus
grande que d'ordinaire, & que ces marchandises deviendroient plus abondantes en pays étranger, le prix hausseroit
en Angleterre & baisseroit chez les
étrangers, & la demande cesseroit avec
le bon marché : car c'est le bon marché
& non pas le besoin qui est supposé engager les étrangers à prendre une plus
grande quantité de ces marchandises
qu'avant l'affoiblissement.

Quand le bon marché engageroit les
François & les Hollandois à faire une
consommation plus grande des marchandises d'Angleterre, ce moyen dont

l'Angleterre se seroit servie ressemble-
roit à l'industrie d'un Marchand, qui
ayant sa boutique remplie de toutes
sortes d'étoffes, proposeroit de les vendre au prix ordinaire & de les mesu-
rer avec une aune plus longue d'un quart
que celle des autres Marchands.

Je conviens qu'il est quelquefois de
l'intérêt d'un Etat de diminuer les droits
sur la sortie de certaines manufactures,
même de donner un *præmium* à ceux
qui les transportent, pour les mettre
en état de vendre à meilleur marché
aux étrangers, & par-là en augmenter le débit : mais il ne se trouve jamais un cas qu'il soit de l'intérêt d'un
Etat de baisser le prix de toutes les
marchandises également ; car il s'en
trouve de plusieurs sortes desquelles les
étrangers ne peuvent pas se passer,
dont on peut hausser le prix : & parmi
celles dont on peut baisser le prix, les
unes devroient être baissées plus, les
autres moins ; selon le besoin & la demande des étrangers, & la quantité de
ces effets dans le Pays. L'affoiblissément
de la monnoie que je viens de supposer
les baisse tous sans distinction, & également comme le Marchand qui vendroit au prix courant, & qui donne-

roit vingt-cinq pour cent de bénéfice
fur la mefure. C'eft le moyen de faire
banqueroute.

En France, les droits de Seigneuriage & de braffage font pris fur la monnoie ; en Angleterre, la monnoie eft
exempte du droit de Seigneuriage, &
la fabrique eft défrayée par l'Etat. En
France, les efpeces font expofées plus
haut qu'en Angleterre ou Hollande ;
mais ces affoiblissemens n'engagent pas
les Anglois & Hollandois d'envoyer
leurs efpeces ou matieres en France ;
au contraire, la valeur des livres, fols
& deniers par lefquels on compte, &
par lefquels le Commerce fe fait étant
par-là diminuée, a été caufe en partie
de la balance dûe par la France & du
transport des efpeces en pays étranger.

Avant ces affoiblissemens de la monnoie de France, je fuppoferai que fon
Commerce avec l'Angleterre & la Hollande étoit égal ; que la France prenoit
la valeur de cent vingt millions annuellement en marchandifes de ces Pays,
& que ces Pays prenoient la même valeur en marchandifes de France : que
les efpeces de France font hauffées de
vingt pour cent ; que les marchandifes

de France continuent de se tenir au
même prix. Les Anglois & Hollandois
prennent la même quantité de ces marchandises qu'ils achetent avec cent
vingt millions monnoye foible, ou cent
millions monnoie d'Angleterre ou d'Hollande. Donc il faut que les François
prennent moins des marchandises d'Angleterre ou d'Hollande , ou qu'ils envoyent vingt millions en especes pour
payer la balance qui sera dûe. Car les
Anglois & Hollandois ne vendroient
pas leurs effets pour être payés en monnoie foible sur le même pied que quand
elle étoit plus forte. Et si les François
veulent prendre la quantité ordinaire
des marchandises de ces Pays, la défense de transporter les especes & matieres n'empêchera pas les vingt millions d'être transportés. Au contraire,
cette défense en fera transporter davantage , à proportion qu'elle fera hausser
le change contre la France , & elle fera hausser le change à mesure qu'elle
fera rigoureusement exécutée comme
je l'ai expliqué.

Objection. L'on dira que les marchandises de France haussent à proportion
que les especes sont haussées.

Réponse. Je conviens qu'avec le tems le prix de toute chose augmentera de ce que la monnoie aura été affoiblie ou surhauffée ; mais en attendant que le prix hauffe, la France perd sur toutes les marchandifes vendues aux étrangers. Les draps & étoffes de laine, les étoffes d'or & d'argent, & autres manufactures où le produit des pays étrangers est employé, feront d'abord vendues plus cher, parce que les matériaux coûtent plus ; mais ces manufactures ne haufferont pas de prix dans la même proportion que les efpeces font hauffées. Car pour quelque tems l'ouvrier travaillera au même prix, & le Marchand vendra au même profit ; les denrées & manufactures où les productions de la France font feules employées, continueront pour quelque tems de fe tenir au même prix ; nonobftant le furhauffement des efpeces, le Fermier qui a des bleds ou des vins à vendre, & qui reçoit douze piftoles à quinze livres, eft auffi content que quand il recevoit quinze piftoles à douze livres, puifque les douze piftoles à quinze livres font cent quatre-vingt livres, qui payent fa taille & fa Ferme, de même que quinze piftoles à douze livres auroient fait.

Suppofons que le moindre payfan en France foit affez habile pour raifonner autrement, qu'il diroit : « telle quantité » de bled valoit hier une piftole en efpe- » ce, le Roi a augmenté la piftole de 12 » livres à quinze, la piftole ne vaut pas » davantage étant du même poids & ti- » tre : ce font les livres qui valent moins ; » comme la piftole vaut plus de livres, » telle quantité de bled doit auffi va- » loir plus : car quoique les livres ayent » diminué en valeur, la valeur du bled » n'a pas diminué : il réfulteroit de ces raifonnemens que le prix des denrées, des manufactures & du travail du Peu- ple augmenteroit avec les efpeces dans l'inftant & dans la même proportion ; mais les impôts & droits n'augmente- ront pas étant réglés par les tarifs.

Si la France & la Hollande renouvel- loient leurs tarifs, la France travaille- roit à fe faire payer les mêmes droits ou à les augmenter, & à diminuer ceux qu'elle paye en Hollande. Si la Hol- lande demandoit la diminution des droits en France, & que la France con- tinuât de payer les mêmes droits en Hollande, la France n'accorderoit pas cette demande : pourtant en hauffant les efpeces, elle fait autant en faveur de tous les pays étrangers , que fi elle l'avoit accordé *.

Si les droits payés en France par les étrangers ou par les Marchands François qui tranfportent des marchandifes en pays étranger , ou qui apportent celles des étrangers en France , montent à foixante millions ; hauffer les efpeces de vingt-cinq pour cent , baiffe ces droits d'autant. Car que les François ou les étrangers tranfportent les marchandifes , à l'égard des droits , cela revient à la même chofe. Cette remarque regarde les droits qui font réglés à tant de livres fur telle quantité de marchandifes , mais ne comprend pas les droits qui font réglés à tant pour cent de la valeur des marchandifes : car il eft à fuppofer que les marchandifes étrangeres avoient augmenté de prix autant que la monnoie.

Donc les droits de Seigneuriage &

_____

* Le raifonnement eft évident & de la plus haute importance ; c'eft un des plus forts argumens employés dans les notes du Négociant Anglois , pour prouver que l'augmentation de droits portée dans le traité de Commerce ftipulé à Utrecht en faveur de nos manufactures étoit chimérique ; & le même calcul peut être appliqué à tous les traités de Commerce que nous avons renouvellés depuis 1689, époque fatale de nos furhauffemens de monnoies.

de braffage, ou autres manieres d'affoiblir la monnoie, ne confervent pas les efpeces & matieres dans le Pays. Elles font tranfporter les efpeces quoique foibles & les matieres en pays étranger.

On a été long-tems dans l'erreur au fujet de la monnoië, croyant que la même quantité d'efpeces furhauffées faifoit le même effet que fi la quantité avoit été augmentée, & il fe trouve encore des perfonnes qui croyent bien entendre la monnoie, & qui foutiennent cette opinion. Si en faifant paffer l'écu de trois livres pour quatre, on augmentoit la valeur de l'écu ; & que cet écu ainfi furhauffé fît le même effet que quatre livres faifoient quand l'écu étoit à trois livres ; le faire paffer pour cinq livres rendroit la monnoie encore plus abondante, & par la même raifon un million pourroit être augmenté à cinq cent millions, & fervir à tous les befoins de l'Etat.

C'eft de même que fi un homme qui auroit trois cent aunes d'étoffes pour tapiffer une chambre, prétendoit faire fervir les trois cent aunes en les mefurant avec une aune de trois quarts ;

il

il auroit alors quatre cent aunes d'étoffes, mais la chambre ne sera pas mieux tapissée.

L'écu avoit cours hier pour trois livres, aujourd'hui il a cours pour quatre livres, la valeur de l'écu n'est point augmentée, car il est du même poids & titre ; les livres, sols & deniers ne sont plus du même poids & titre, donc leur valeur est diminuée.

Les Marchands étrangers achetent l'écu en especes par lettres de change, & ne donnent que le même prix qu'ils donnoient avant le surhaussement. Ils achetent les livres par lettres de change à trente-trois pour cent meilleur marché. Donc il est évident que les surhaussemens des especes ne les rendent pas plus valables dans le pays, ni en pays étranger. Ces surhaussemens font que les especes valent plus de livres, mais c'est en rendant les livres moins valables.

Je veux croire que les Ministres sçavent que les surhaussemens des especes ne les rendent pas plus valables, & qu'ils ne font de changement dans la monnoie que pour épargner ou trouver des sommes au Prince ; mais il y a apparence

qu'ils ne fçavent pas toutes les mauvai-
fes fuites de ces changemens.

Les Anciens eftimoient la monnoie
facrée; elle étoit fabriquée dans les
Temples; les Romains fabriquoient la
monnoie aux dépens de l'Etat; le même poids en matiere & en efpeces de
même titre étoit de la même valeur.

L'autorité publique, en fabriquant
la monnoie, eft fuppofée garantir que
les efpeces feront continuées du même
poids & titre, & expofées pour le même nombre de livres, fols & deniers;
& le Prince eft obligé en juftice & en
honneur envers fes Sujets & les étrangers qui trafiquent avec eux, de ne
point faire de changement dans la monnoie; quand un contrat eft acquitté,
on doit recevoir la même quantité d'argent & du même titre, fous la même
dénomination que lorfque le contrat
étoit fait.

S'il fe trouve des raifons d'Etat qu'on
ne comprend pas, pour affoiblir la monnoie, cette monnoie foible ne doit pas
avoir cours dans les payemens des contrats déjà faits. Ces contrats doivent
être acquittés en efpeces du même poids
& titre & au même prix que lorfque

les contrats ont été faits, ou avec des especes de la même valeur.

C'est ainsi que le Parlement d'Ecosse en a ordonné, quand les especes d'Ecosse ont été surhaussées, ou que la monnoie a été affoiblie ; car c'est la qualité & quantité de la matiere qui fait la valeur de la monnoie & non le prix marqué par le Prince.

J'avois oublié de remarquer que d'affoiblir une espece de monnoie, & de continuer les autres d'un titre plus fort, fait peut-être plus de tort à l'Etat que si toutes les especes étoient affoiblies.

Je suppose que les pieces de dix sols sont affoiblies, & que les autres especes sont continuées du même titre ; alors l'étranger peut fabriquer ces especes foibles, les envoyer dans le Pays, & les échanger contre les especes qui sont d'un titre plus fort ; alors les faux-monnoyeurs peuvent fondre les especes fortes & en fabriquer de foibles.

Comme les especes fabriquées par les faux-monnoyeurs seroient du même poids & titre que celles fabriquées par le Prince, on ne pourroit pas facilement les découvrir ; alors le change haussera, étant supposé que les lettres

V ij

feront payées en monnoie foible.

De même fi les efpeces étrangeres font furhauffées, & que celles du Pays continuent aux prix qu'elles étoient, celui qui apporte des efpeces étrangeres, & qui rapporte la valeur en efpeces du Pays, gagne autant que les efpeces étrangeres font furhauffées ; & ce que l'étranger gagne, l'Etat le perd. Exemple. La piftole de France eft expofée à douze livres, & la piftole d'Efpagne à treize livres ; l'Efpagnol apportant des piftoles d'Efpagne en France, & rapportant la valeur en piftoles de France, gagneroit neuf pour cent.

Si les piftoles de France font furhauffées dans la même proportion, l'Efpagnol alors ne fe donne pas la peine d'apporter les efpeces d'Efpagne en France, quoique ces efpeces ayent cours en France pour plus de livres qu'en Efpagne, parce qu'avec mille piftoles en Efpagne il achetera une lettre de change de mille piftoles fur la France, & qui lui produira le même bénéfice que s'il avoit porté les efpeces en France.

Enforte que les furhauffemens des efpeces du pays ou étrangeres peuvent faire préjudice à l'Etat, mais ne peuvent pas faire du bien.

Quatrieme Partie.

Les matieres qui font propres aux ufages de la monnoie doivent être fabriquées, mais le prix des efpeces faites de différentes matieres ne doit pas être réglé par le Prince.

Si deux ou plufieurs matieres font fabriquées, & que le prix des efpeces faites de ces différentes matieres foit réglé; il arrivera fouvent que le prix marqué par le Prince ne fera pas le jufte prix; & alors ceux qui ont des payemens à faire s'acquitteront dans l'efpece qui eft expofée le plus haut.

Je fuppofe les efpeces d'or & d'argent réglées fur le pied de quinze onces d'argent pour une once d'or, que quinze onces d'argent font préfentement la jufte valeur d'une once d'or. Je prête des efpeces d'or pefant cent onces, & valant la même fomme en livres que quinze cent onces en efpeces d'argent. Je fuppofe qu'il arrive une quantité d'argent des Indes affez grande pour changer confidérablement la proportion de valeur entre l'or & l'argent, & que l'once d'or vaut alors feize onces d'argent. Le prix des efpeces d'or & d'argent étant réglé fur le pied de quinze, celui à qui j'ai prêté les cent onces d'or me paye avec quinze cent onces en efpeces d'argent, quoique ces quinze cent onces ne valent alors que quatre-vingt-treize onces & trois quarts d'or.

L'on dira que je les peux donner en payement fur le pied que je les ai reçus.

Par cette raifon, fi le Prince expofoit une once d'argent en efpeces pour le même prix qu'une once d'or eft expofée, je ne perdrois pas, quoique les cent onces d'or me foient payées avec cent onces d'argent. Si je ne dois rien, je perds; fi je dois, ceux qui les reçoivent en payement fouffrent la perte; car nonobftant que le Prince expofe les efpeces d'argent pour autant que les efpeces d'or du même poids font expofées, on ne donneroit pas la dixieme partie des marchandifes ou denrées pour les efpeces d'argent qu'on donneroit pour le même poids en efpeces d'or.

Régler le prix des efpeces d'or ne feroit aucun tort, fi le prix des efpeces d'argent n'étoit réglé. Comme de régler le prix des efpeces d'argent ne feroit tort à perfonne, fi le prix des efpeces d'or n'étoit pas réglé. Ordonner que l'écu ait cours pour quatre livres, les autres especes d'argent à proportion, regle la valeur des livres, mais ne regle pas la valeur d'argent en matieres ni en especes : car les livres, sols & deniers n'ont aucune valeur que celle qu'ils reçoivent des especes. Mais d'ordonner que l'écu d'argent ait cours à tant & la pistole à tant, c'est vouloir régler la proportion de valeur entre l'or & l'argent qui ne peut pas être réglée.

Il est impossible que deux matieres de différente espece soient continuées dans la même proportion de valeur, à moins que la quantité de ces matieres ne soit continuée dans la même proportion l'une avec l'autre, & avec la demande : car les changemens de cette proportion changent la valeur, & le prix marqué n'est plus le juste prix ni celui peut-être qui convient le plus à l'Etat.

Quand les guinées furent fabriquées en Angleterre, elles étoient données & reçues en payement sur le pied de vingt sols sterlins : vingt sols sterlins & une guinée étoient alors d'égale valeur ; la guinée vaut présentement vingt-un sols & demi sterlins, quoique la guinée & le fol sterlin ayent été continués du même poids & titre.

La raison est que l'once d'or valoit alors quatorze onces & demie d'argent : la quantité de ces métaux n'étant plus dans la même proportion l'une avec l'autre & avec la demande, le prix est changé, & l'once d'or vaut quinze onces d'argent & quarante - neuf centiemes d'once.

En Angleterre l'or fabriqué n'est pas monnoie ; la guinée a cours volontaire à vingt-un sols & demi sterlins, mais on n'est pas obligé à la recevoir.

En France le prix des especes d'or & d'argent est réglé par le Roi sur le pied de quinze onces d'argent & vingt-quatre centiemes d'once pour l'once d'or ; donc l'or est réglé plus bas en France que sa valeur naturelle en Angleterre, à proportion de l'argent ; & il y un profit à transporter l'or de France en Angleterre.

Le Pays qui doit la balance, & qui tâche par des loix d'empêcher le transport des especes, devroit régler l'or plus haut qu'il n'est pris dans les autres Etats, parce qu'il est plus facile à voiturer ; mais la France, quoiqu'elle se trou-

vât

vât devoir la balance, a pris l'or plus
bas, & a donné par là un profit aux Billonneurs, outre celui qu'ils avoient fur
le change.

Pour retourner à mon fujet, je dis
que le prix des efpeces ne doit pas être
reglé, non plus que le prix d'un cha-
peau. Le Prince peut nommer une once
d'argent fabriqué un écu, & le faire paffer pour quatre livres; cela ne regle pas
fa valeur: car les livres n'ont pas d'autre valeur que celle qu'elles reçoivent
des efpeces, comme j'ai déjà remarqué.

Auffi l'intérêt de la monnoye ne doit
pas être réglé par le Prince. Je fuppofe
qu'elle vaut préfentement à Gènes quatre pour cent, qu'on attend des vaiffeaux d'Efpagne avec des groffes fommes; fi ces vaiffeaux arrivent heureufe-
ment, l'intérêt baiffera à trois: s'ils
n'arrivent pas, ne dois - je pas en profiter, & faire valoir mon argent cinq pour
cent ? *

* Les principes expofés jufqu'ici par M. Law font
d'une évidence à laquelle il eft impoffible de fe refu-
fer de bonne foi avec un efprit jufte. Mais ici il
commence à s'éloigner du vrai, pour avoir vû les
chofes trop en général, fans faire attention aux circonftances particulieres ; & fon fyftême étoit une
conféquence de ce qu'il avance ici fur l'intérêt de
l'argent. Si la circulation étoit fort rapprochée de
fon ordre naturel, il eft probable que les Princes

La monnoye est comme une marchandise. J'ai un magazin de draps d'Angleterre, qui valent six livres la palme. Si le Prince régloit le prix de nos draps à six livres, il me feroit tort; car s'il arrive une quantité de draps, je ne trouverai plus à vendre les miens six livres, je serai obligé de m'en défaire à moins, & le Prince ne me bonifiera pas la perte.

Si ces draps n'arrivent pas, comme je cours le risque de la perte, ne dois-je pas jouir du bénéfice que le prix naturel de mes draps me donne alors ?

Le Prince quelquefois regle le prix des effets, comme le bled dans les années stériles, ou en cas de monopole ; par la même raison il peut régler l'intérêt de la monnoye ; mais s'il prétend régler l'intérêt à quatre pour cent quand les especes sont rares, la loi sera aussi peu observée, que s'il prétendoit faire vendre la livre de pain à un sol dans une année stérile, de même que dans une année abondante.

n'auroient pas besoin de régler le taux des intérêts ; mais comme dans les Royaumes où la circulation paroît le mieux établie, il ne laisse pas de subsister un nombre infini de causes d'obstruction, les propriétaires de l'argent composent toujours le plus petit nombre ; ainsi ils exercent un véritable monopole. *Voyez* la Dissertation sur l'intérêt, page 55 *& suiv.*

Pour réduire l'intérêt, il faut rendre la monnoie moins valable, en augmentant la quantité ou en diminuant la demande. Il y a deux cent ans que l'intérêt étoit à dix pour cent, préfentement il eft à cinq, & en quelques endroits à trois pour cent ; mais ce n'eft pas la Loi qui l'a réduit, c'eft l'augmentation de la quantité de monnoye depuis la découverte des Indes.

En France depuis cette guerre la monnoie étant rare rendoit dix & douze pour cent, quoique réglée par la loi à cinq ; & il eft facile d'éviter les peines portées par la loi en France. C'eft ufure par les Loix Canoniques, de prendre aucun intérêt, à moins que d'aliéner le capital ; c'eft-à-dire que, fi je prête cent mille écus pour deux ou trois années, il n'eft pas permis de prendre un intérêt, pourtant il n'y a rien de plus commun. Je prête cent mille écus pour un an à cinq ou dix pour cent ; l'emprunteur confeffe avoir reçû cent cinq ou cent dix mille écus, & promet de les payer dans une année.

Il fe trouve des perfonnes fcrupuleufes, qui ne veulent pas profiter de la cherté des efpeces en prenant plus d'intérêt que la loi ne permet ; mais il en coûte plus à l'emprunteur, il faut payer le Notaire, fans quoi il fait naître des difficultés fur la fûreté qui empêchent l'emprunt.

Ces Mémoires ne font pas dans l'ordre où ils devroient être préfentés à V. A. R. mon foin a été d'examiner fi mes raifonnemens étoient bons; les défauts dans la maniere de les expliquer, j'efpere, feront excufés.

Aufi je me fuis apperçû que ces Mémoires ont été longs & ennuyans: comme il a fallu éclaircir plufieurs chofes qui regardent la monnoie, je n'ai pû m'empêcher de tomber dans ces défauts. Ceux que je préfenterai avec mon projet feront plus courts & plus faciles à fuivre, & je tâcherai de n'y rien offrir d'inutile ou éloigné du fujet.

S'il fe trouve quelques erreurs dans les principes que je pofe, ou dans les conféquences que je tire de ces principes, qui pourroient rendre douteux le fuccès de mon projet, j'aurai obligation à ceux qui me les feront remarquer; car je ferois très-fâché de donner un avis qui dans la fuite ne répondroit pas à ce que j'aurois avancé.

Vûe générale du Syſtême de M. L AW.

POur ſe former une idée juſte du fameux ſiſtême de M. de Law , ce n'eſt
point ſeulement la marche ſuivie dans
ſon exécution qu'il faut conſulter , mais
il convient de remonter aux principes
d'où l'Auteur eſt parti, d'examiner la
combinaiſon des reſſorts qu'il employa
pour arriver à ſon objet.

C'eſt ainſi que l'on connoîtra ſi ce
ſyſtème étoit bon & avantageux en ſoi ;
& rapprochant enſuite les fautes que fit
l'Auteur, ou que les circonſtances le
forcerent de faire dans l'exécution de
ſon projet, on concevra pourquoi ſa
chûte fut ſi rapide.

Les principes de M. Law ſont conſa-
crés par deux ouvrages qu'il avoit com-
poſés avant ſon arrivée en France, pour
le rétabliſſement de l'Ecoſſe ſa patrie ,
qu'il prétendoit égaler à l'Angleterre en
hommes , en commerce , en revenus.
Divers Mémoires manuſcrits qu'il a
donnés, ſoit pour faire goûter ſes idées
en France, ſoit pour les juſtifier depuis,
ſont les autres ſources où l'on a puiſé ,
pour donner une vue générale ſur cette
grande opération.

Avant que l'argent fût introduit dans
le Commerce, les denrées s'évaluoient
en denrées, & le Commerce consistoit
dans l'échange de l'une pour l'autre. Il
est facile de concevoir combien ces évaluations étoient difficiles, soit à raison
de l'inégalité d'abondance, soit à raison
de l'inégalité de qualité dans chaque
denrée. Tout commerce à crédit, c'est-
à-dire, toute promesse de fournir telle
ou telle marchandise dans un tems marqué, en échange de celle qu'on recevoit, devenoit presque impossible. La
culture des terres devoit se borner aux
moyens de subvenir à l'échange du nécessaire physique qui manquoit. Le Commerce ne pouvoit rouler que sur un petit nombre de denrées ; & l'embarras du
troc concentroit nécessairement ce
Commerce entre les habitans d'un même canton.

L'introduction de l'argent dans le Commerce pour y servir de moyen terme à
l'évaluation des denrées, corrigea les
inconvéniens des échanges, engagea les
hommes à produire une plus grande va-
riété d'ouvrages, à cultiver plus de terres, enfin étendit & facilita la commu-
nication de toutes les especes de productions entre les hommes.

De ces principes inconteſtables M. Law tiroit ces conſéquences.

1°. Toutes les matieres qui ont des qualités propres au monnoyage peuvent devenir eſpeces.

2°. L'abondance des eſpeces eſt le principe du travail, de la culture, de la population.

La premiere eſt évidemment juſte.

La ſeconde ne peut être admiſe ſans diſtinction.

L'abondance de l'argent dans un Etat peut être conſidérée ſous deux aſpects : abondance de quantité poſitive des marcs d'argent, abondance proportionnelle dans toutes les parties de l'Etat de la ſomme des marcs qui exiſte.

Entre deux pays parfaitement égaux dans toutes circonſtances, excepté que l'un a le double de marcs d'argent de l'autre, il arrivera qu'une même quantité de vin, de toile, de drap, vaudra vingt marcs dans l'un & dix marcs dans l'autre.

Tant que cette proportion reſpective durera, l'argent ſera réputé également abondant dans l'un & dans l'autre.

La conſommation intérieure des denrées ſera proportionnellement la même, puiſque nous ſuppoſons la répartition de

la somme des marcs proportionnelle.
Ainsi les terres & les manufactures occu-
peront un nombre d'hommes égal pour
la consommation des Citoyens. Le nombre combiné des prêteurs & des emprunteurs se trouvera nécessairement le
même, & par conséquent l'intérêt sera
au même taux dans les deux pays. On
trouvera plus facilement dix mille marcs
dans l'un que dans l'autre ; mais cela revient au même, puisque cinq mille
marcs dans l'un operent autant que dix
mille dans l'autre. L'objet unique dont
la législation doit s'occuper sera également rempli, les hommes seront également heureux dans l'un & l'autre pays,
si nous les considérons également policés.

Cependant il y aura entre ces deux
pays une grande différence pour la facilité du Commerce avec les habitans
des autres sociétés.

Car ces étrangers feront travailler
par préférence les habitans du pays qui
vend le moins cher, jusqu'à ce que l'argent entré par cette voye, avec la même abondance que dans l'autre pays,
rapproche les prix des denrées.

Cette différence de moitié dans le
prix des denrées ne pourroit réellement

subsister long-tems en Europe entre deux pays situés également bien pour le Commerce; mais on a pris un terme frappant, pour faire mieux concevoir les conséquences de la comparaison, & elles sont également applicables à une différence d'un seizieme, d'un trente - deuxieme.

Il en résulte donc que la quantité positive des marcs d'argent n'opere pas aussi sûrement l'abondance de l'argent dans un pays, que la répartition de la quantité existante quelconque dans tous les endroits où il y a des denrées à vendre.

En effet l'argent n'est que le moyen terme qui sert à évaluer les denrées. Dès-lors la somme d'argent d'un pays doit se répartir sur la masse de ces denrées, suivant le besoin qu'on en a, la commodité qu'on trouve à les consommer, & le degré d'estime qu'inspire leur rareté.

De cette répartition générale & insensible, naît un usage général de donner tant de marcs pour telle quantité d'une denrée.

Cet usage ne peut être le même dans toutes les Provinces d'un Royaume étendu : car il est impossible qu'elles

ayent toutes la même facilité pour faire parvenir les denrées superflues au
lieu principal où s'en peut faire la consommation ; elles sont plus ou moins
fertiles : la qualité des productions ne
peut être égale, puisque la nature des
terres & l'industrie des hommes varient
à l'infini.

Il faut donc que la Province éloignée
de la Mer, qui veut envoyer les vins
excédans la consommation, diminue
sur leur prix la dépense du transport,
afin qu'ils se trouvent à égalité de prix
avec ceux de la Province maritime où
ils s'embarquent, si les qualités sont
égales. Cet exemple suffit pour faire
concevoir les différences qui doivent
nécessairement exister dans la répartition de la masse générale de l'argent entre les Provinces d'un pays étendu. Différences qui naissant de la nature même
des choses, ne peuvent être corrigées
par aucun expédient humain, & qu'il
ne faut pas confondre avec les différences qui résultent des vices politiques,
qui cesseront d'exister avec leurs causes,
& qui subsisteront autant qu'elles.

De ces différences que les accidens
apportent dans la valeur des denrées
sur le lieu où elles sont produites, ré-

sulte un usage particulier dans chaque Province, de donner tant de marcs pour telle quantité d'une denrée.

Il est donc évident que l'argent sera réputé abondant dans un Etat, lorsque dans chaque lieu & en tout tems, on trouvera de ses denrées le prix reglé par l'usage général suivant la quantité & la qualité des denrées & leur facilité pour arriver au lieu de la consommation.

Tout ce qui vient d'être dit conduit à conclure que le principe du travail, de la culture, de la population, consiste véritablement dans l'abondance proportionnelle dans toutes les parties de l'Etat de la somme de marcs d'argent qui existe, & non pas dans l'abondance de quantité positive des marcs d'argent.

Ceux qui ont soutenu cette derniere opinion ont été séduits par les effets que produit l'augmentation de la quantité de l'argent introduit par le travail, par la position florissante des pays où le travail a été regardé comme le nerf de l'Etat avant que les autres fussent sortis de l'oisiveté, & par la difficulté qu'ont eu les Peuples, dont l'activité a été plus tardive, à entrer en concurrence avec les autres.

Pour porter un jugement sain sur ce qui résulte de ces sortes d'exemples, il auroit peut-être suffi de comparer l'effet des richesses acquises par la possession des mines, & l'effet des richesses acquises par la culture & l'industrie. On auroit connu par l'expérience que chez les Peuples possesseurs des mines, la culture, le travail & la population ont plutôt déchû qu'augmenté. En approfondissant ce phénomène on seroit peut-être arrivé à convenir que l'augmentation trop subite de ces richesses, & la mauvaise répartion de ces richesses attachée à leur nature, avoient contribué à ces desordres : car par-tout où il arrive un accroissement subit & considérable de métaux par la découverte des mines, comme les denrées ne peuvent augmenter proportionnellement en quantité, leur prix hausse subitement & considérablement, & cette hausse est fort supérieure à l'économie qui peut provenir de la baisse des intérêts. Alors il est évident que le commerce des productions de la terre & de l'industrie, avec les autres Peuples, s'anéantit; & qu'au contraire les autres

Peuples ont une facilité extraordinaire d'introduire les productions de leurs terres & de leur industrie en concurrence, malgré les loix & les prohibitions; d'où résulte, 1º. un écoulement général & prompt de ces richesses immenses ; 2º. une perte réelle & subite du travail ; & de tous les deux un déclin de population : car les hommes ne peuvent être abondans , qu'en raison du travail qui se présente pour les occuper.

L'introduction immense de l'argent par les mines , ou par toute autre voie que le travail, a encore l'inconvénient sensible de se répartir par grosses portions ; or ces grosses répartitions ne contribuent que lentement & difficilement à l'aisance nationale , par la nature des consommations qu'elles occasionnent & qui occupent peu d'ouvriers ; & aussi parce que les grosses répartitions sont toujours accompagnées de gros amas d'argent oisif.

Au contraire les richesses qu'apporte le commerce extérieur des productions de la terre & de l'industrie se distribuent entre une infinité de personnes qui ont contribué à la production , & par portions si médiocres qu'elles sont obligées ou de les dépenser, ce qui produit du nouveau travail, ou de les prêter à intérêt, ou, ce qui arrive le plus communément, d'étendre leurs entreprises avec ce nouvel argent.

Enfin l'accroissement des ouvrages & des concurrences arrête continuellement le surhaussement des prix, ou du moins il n'arrive qu'imperceptiblement: mais alors l'augmentation de l'aisance nationale opere une baisse dans l'intérêt plus que suffisante, si elle est faite à propos, pour corriger dans la même progression la baisse des prix. Il est sensible qu'une nouvelle quantité d'argent ne peut être introduite dans un Etat par la culture ou le travail, sans en augmenter le bénéfice. Toute augmentation de bénéfice invite de nouveaux hommes au genre de travail qui le procure: si la culture seule produit ce bénéfice, la population sera fondée sur la culture; si le travail industrieux seul produit ce bénéfice, la culture sera négligée, & la population sera fondée sur le travail industrieux; si enfin la culture & le travail industrieux donnent tous les bénéfices dont elles sont capables l'une & l'autre, on aura deux sources fécondes pour la population.

Dans tous ces cas le mouvement &
l'activité qu'on remarquera chez les
hommes feront le produit d'un nouveau
moyen de gagner. En forte que ce n'eſt
pas autant la ſomme gagnée qui a été
utile à l'Etat, que la maniere dont elle
a été gagnée, & l'émulation qu'elle oc-
caſionne. Ces examens divers auroient
conduit à conclure que la quantité poſitive des marcs d'argent n'eſt point en
ſoi le principe de la culture, de l'induſtrie, & de la population.

A l'égard de la difficulté qu'ont éprouvé les Peuples tardifs dans leur induſtrie pour ſoutenir la concurrence des
Peuples déja enrichis ; c'eſt bien moins
à la plus grande quantité de leur argent
qu'il faut l'attribuer, qu'aux circonſtances qu'entraîne avec ſoi l'oiſiveté d'une
Nation.

Lorſqu'un Etat eſt dans ce cas malheureux, la répartition des richeſſes
eſt néceſſairement mauvaiſe & concen-
trée entre un petit nombre de mains,
parce que le travail ſeul peut faire paſſer aux pauvres l'argent des riches. La
Nation manque alors de vûes & d'expédiens pour entreprendre ; les entrepriſes trouvent une infinité d'obſtacles
dans les préjugés attachés à l'oiſiveté ;

car elle rend les hommes ignorans &
timides ; l'inexpérience fait commettre
des fautes aux entrepreneurs ; les liai-
sons anciennes sont difficilement sacri-
fiées à de nouvelles, à moins d'un avantage très-marqué. Enfin ce ne sont pas
tant les capitaux qui manquent dans
l'Etat que la volonté d'employer ceux
qui existent aux entreprises de Commerce. Car il est certain que le prix
des denrées est proportionné en général à la somme d'argent qui entre & cir-
cule dans le Commerce , & dès-lors
que quinze millions de marcs d'argent
opéreront autant dans le Commerce
d'un pays que trente millions dans l'autre , si l'emploi des deux sommes s'est
fait exactement dans les mêmes proportions. Il ne faut donc pas appliquer
sans distinction d'Etat à Etat ce qu'on
dit avec raison des Négocians , que le
plus riche en argent a l'avantage pour
son Commerce sur celui qui est moins
riche. L'Etat le plus riche en productions a l'avantage sur l'Etat le moins
riche en productions ; & le Négociant
le plus riche en argent a l'avantage sur
son concitoyen moins opulent dans
la distribution de ces productions , soit
au-dedans , soit au-dehors , puisqu'il a
plus

plus d'occasions de faire du profit , & parce qu'il a le choix de la préférence dans ses achats.

Il a paru nécessaire de détailler un peu les motifs sur lesquels on a cru devoir contredire un des premiers principes posés par M. Law, parce que la matiere est d'une combinaison très-difficile en elle-même, & parce que ces premieres notions bien éclaircies conduiront à juger plus facilement des conséquences ultérieures que l'Auteur du systême a tirées de ces deux propositions préliminaires. Suivons sa marche.

Après avoir établi que toute matiere propre au monnoyage pouvoit devenir espece , il avança que le papier étoit plus propre que les métaux au monnoyage.

1°. La monnoie de papier est plus aisée à délivrer , puisque cinq cent livres de cette monnoie seront plutôt comptées que cinq livres en argent.

2°. Le transport en sera évidemment plus facile & moins coûteux.

3°. On la garde avec moins d'embarras , elle occupe moins de place.

4°. Les frais de la monnoie d'argent tombent à la perte du particulier, souvent même la dépense de la fabrication ; au lieu que la monnoie de papier se fabrique & reproduit aux frais de l'Etat.

5°. Elle est divisible sans perte , en échangeant les grandes sommes avec des billets de moindre valeur.

6°. Elle peut recevoir un coin.

Sans s'arrêter aux petites observations que pourroit fournir la nature de cette monnoie, comme une plus grande facilité pour le vol, pour détourner les effets des successions , l'obligation de la faire renouveller tous les quatre ou cinq ans au lieu de sa fabrication , il est deux qualités essentielles dans les métaux précieux dont on fait usage , & que la monnoie de papier ne pouvoit acquerir par elle-même.

1°. Une des qualités qui rendent l'or & l'argent plus propres au monnoyage, c'est leur rareté & l'impossibilité physique & morale d'en introduire subitement une abondance extraordinaire , qui en rendent la valeur trop incertaine. En effet ce qui empêche la monnoie d'or & d'argent d'être considérée proprement comme le gage des denrées dans chaque société , c'est d'une part la variation dans l'abondance & la qualité des denrées ; de l'autre l'altération

que ces monnoies d'or & d'argent ont
fouvent éprouvée dans leur fineffe,
ou dans leur dénomination, & leur
aviliffement par le travail continuel des
mines ; de maniere que fi toutes les
mines ceffoient de produire de nouveaux métaux, & que les Souverains
par un accord unanime, n'altéraffent
jamais ni le titre, ni la dénomination
des monnoies, l'argent fe rapproche-
roit infiniment de la portion de gages
des biens ; puifque fa valeur dans l'é-
change avec les denrées ne dépendroit
plus que de l'abondance & de la qualité de ces denrées. Dans l'état actuel
des chofes, malgré le travail continuel
des mines, la quantité de l'or & de l'argent ne s'accroît qu'infenfiblement,
de maniere qu'un certain nombre d'années fe paffe fans que la monnoie d'or
ou d'argent en foit avilie, au point que
le propriétaire des denrées s'en prévail-
le pour obtenir des conditions plus a-
vantageufes, & que le propriétaire de
l'argent foit inquiet fur fa poffeffion &
fa valeur.

Il eft évident que par l'invention d'u-
ne monnoie nouvelle, dont la matiere eft fi commune, que dans une fe-
maine le Légiflateur doubleroit à fon

gré la maffe de tout l'argent qui exifte
dans fon Etat, la monnoie fe trouveroit confidérablement avilie. Ainfi les
denrées renchériroient confidérablement ; le Commerce étranger s'anéan-
tiroit, ou plutôt il deviendroit entierement paffif, parce que les autres
Peuples apporteroient leurs productions à moindre prix que celles du pays
même, & fe feroient payer, non pas
dans la nouvelle monnoie qui feroit
pour eux fans valeur, mais dans l'ancienne.

Enfin il feroit impoffible dans cet
Etat que les poffeffeurs de la nouvelle
monnoie y euffent long-tems une confiance égale à celle qu'ils mettoient, &
que les autres Peuples auroient encore
dans l'ancienne monnoie. Dès qu'on
appercevroit un nombre d'hommes oc-
cupés à réalifer ou à changer la nature
de leurs nouvelles richeffes, la timidité
& la défiance s'introduiroient, & la
confufion les fuivroit de près.

Une inftitution qui fixeroit la quantité de la nouvelle monnoie ne feroit
pas évidemment propre à tous les pays,
& vraifemblablement ne pourroit fubfifter dans aucun, parce que le befoin
y dérogeroit fans ceffe, & que les be-

foins y deviennent toujours plus communs, lorſqu'on entrevoit un expédient propre à les ſatisfaire.

On peut donc conclure que la monnoie la plus parfaite ſeroit celle qui par ſa nature ſeroit la plus propre à être conſidérée comme le gage des biens, & que l'or & l'argent ſont moins éloignés de cette perfection phyſiquement & moralement, que la monnoie de papier.

Une ſeconde qualité attachée à l'or & à l'argent, c'eſt qu'ils ſont réputés précieux chez tous les Peuples, à raiſon de leur uſage comme métaux, & de leurs qualités propres au monnoyage. C'eſt un avantage qu'il eſt impoſſible de procurer à la monnoie de papier; car en ſuppoſant que tous les Princes vinſſent à en fabriquer dans leurs Etats, il ſeroit de leur intérêt que celle des uns n'eût point cours chez les autres.

Or toute ſociété policée a des relations extérieures, ſoit à raiſon de ſa défenſe & de ſa conſervation, ſoit à raiſon de ſon Commerce. Un Etat qui poſſéderoit des milliards en monnoie de papier, n'en ſeroit pas plus en état de fournir des ſecours à ſes alliés, de payer des ſoldes à leurs troupes, d'entretenir des armées éloignées de ſes

frontieres. A l'égard du Commerce, il
n'est pas toujours réciproque d'Etat à
Etat ; on doit aux uns pour des denrées
dont on ne peut absolument se passer ;
& tout ce qu'une bonne administration
peut faire, c'est de protéger les commerces avec les pays qui soldent en or
& en argent, pour se dédommager du
payement fait à ceux dont on est forcé
d'acheter plus qu'ils ne reçoivent. On
a vû plus haut combien l'abondance de
la monnoie de papier contribueroit par
le renchérissement des denrées à res-
treindre les ventes extérieures ; les besoins subsisteroient cependant. Par conséquent il est apparent qu'un Etat seroit
insensiblement dépouillé, au milieu
d'une abondance chimérique, des
moyens, soit de se faire considérer au-
dehors, soit de se procurer les choses
dont il ne peut absolument se passer.

De ce que les monnoies d'or & d'argent peuvent être regardées comme un
gage momentané des biens, & de ce
qu'elles sont réputées précieuses chez
tous les Peuples, il s'ensuit qu'elles
n'ont besoin d'aucun appui, d'aucune
combinaison de la part du Gouvernement, pour se soutenir dans leur crédit.

La monnoie de papier étant privé^e
de ces deux avantages, avoit donc befoin d'un reſſort qui le maintînt dans
ſon crédit. M. Law avoit ſi bien reconnu cette difficulté, ſans l'avouer, que
ſon ſyſtême d'Ecoſſe étoit fondé ſur la
valeur des terres, & ſon ſyſtême de
France ſur la valeur des Actions.

En Ecoſſe on eût délivré des billets
ſur des ſûretés en biens-fonds qui n'euſſent pas excédé les deux tiers, ou les
trois quarts de ces biens. *L'or & l'ar-*
gent, diſoit M. Law, au Parlement d'E-
coſſe, ſe ſont avilis continuellement de-
puis deux cent ans, & s'aviliront encore :
dès-lors ils perdent chaque jour quelque
choſe de leur prix dans le Commerce. Les
terres ne peuvent perdre leur uſage, & ne
peuvent qu'augmenter en valeur. Par con-
ſéquent la monnoie de papier doit avoir
l'avantage & la préférence ſur l'argent.

En France il diſoit au Régent : *Il eſt*
de l'intérêt du Roi & du Public d'abolir
la monnoie d'or & d'aſſurer la monnoie
de banque. La monnoie d'or tire ſa valeur
de ſa matiere qui eſt un produit étranger.
La monnoie de banque tire ſa valeur de
l'Action de la Compagnie des Indes qui
eſt un produit de la France. L'Action des
Indes a plus que l'or les qualités eſſentiel-

les pour devenir monnoie ; elle est plus por-
tative ; elle est divisible par sa conversion
en billets de banque ; sa valeur est plus
certaine & doit augmenter pendant que celle
de l'or doit diminuer. Preuve : *La quan-*
tité d'Actions est fixée, & la quantité d'or
augmente journellement ; l'or ne produit
rien par lui-même, & l'Action produit ;
le Commerce de la Compagnie augmentant,
la valeur des Actions doit hausser ; la mon-
noie d'or peut être enlevée par un Commer-
ce desavantageux, & sa circulation arrê-
tée ; l'Action & les billets de banque peu-
vent bien passer chez les Etrangers ; mais
ce n'est qu'un gage qui leur en assure la
valeur en France où ils l'employeront en
marchandises. Donc il est de l'intérêt du
Roi & des Peuples d'agmenter la valeur
de l'Action en lui donnant la qualité de
monnoie, & de diminuer la valeur de l'or,
en lui ôtant la qualité & les usages de la
monnoie.

Ce qui a été dit précédemment suffit
pour découvrir les sophismes contenus
dans ce qu'on vient de citer. Ces passages ont été rapportés principalement
pour prouver que l'Auteur du système
reconnoissoit lui-même que la monnoie
de papier avoit besoin d'être soutenue
par quelqu'autre crédit ; & que dès-lors

il

il ne tenoit qu'à lui de voir que le papier n'étoit pas auffi propre à devenir
monnoie que l'or & l'argent.

Il eft conftant d'ailleurs que le fondement du fyftême d'Ecoffe eût été plus
folide que celui du fyftême de France.
Le premier, bien moins compofé, étoit
auffi d'un objet moins étendu ; il ne
s'agiffoit que de donner quelque mouvement à la circulation, & d'occuper
les pauvres ; fa combinaifon n'offrant
point aux agioteurs un jeu exceffive-
ment lucratif, le mouvement ne pouvoit être violent ; la quantité de la
monnoie devoit être fixée & connue.
Ainfi le fyftême d'Ecoffe eût répondu
à une banque fimple fans aucun rapport
avec le crédit de l'Etat, & qui dans un
pays où il n'y a ni argent, ni crédit,
ni induftrie parmi le Peuple, peut faire
du bien, comme l'établiffement de la
banque générale eut de bons effets en
1716. Un pareil fyftême auroit cependant eu de la peine à s'établir, parce
que la monnoie de papier ne fera jamais réputée équivalente à la monnoie
d'argent, que dans le cas où les porteurs
auront la faculté d'échanger indifféremment l'un pour l'autre à volonté dans le
lieu même où fe fabrique la monnoie de

papier ; & il n'y avoit point de fonds deftinés à cette opération. D'ailleurs les propriétaires des terres auroient-ils voulu s'expofer à la vente forcée de leurs fonds, fi par hafard le crédit des papiers-monnoie, qui leur auroient été fournis pour payer leurs dettes, & dont ils feroient toujours reftés garants, étoit venu à tomber.

Quoiqu'on ignore les raifons qui empêchèrent le Parlement d'Ecoffe d'adopter ce projet, on ne doute point que ces deux motifs n'y ayent contribué.

M. Law ayant raifonné conféquemment à des principes vicieux, il a paru néceffaire de difcuter ces principes, à mefure qu'ils fe font préfentés. Nous avons vû qu'il établiffoit,

1°. Que toutes les matieres qui ont des qualités propres au monnoyage peuvent devenir efpece.

2°. Que l'abondance des efpeces eft le principe du travail, de la culture, de la population.

3°. Que le papier étoit plus propre que les métaux à devenir efpece.

Ces trois propofitions préliminaires lui étant accordées, on ne pouvoit fe difpenfer de convenir que la converfion de toutes les dettes de l'Etat en monnoie de papier, libéroit non-feulement les revenus publics, mais répandoit une aisance inconnue parmi les Sujets , procuroit au Prince la faculté de diminuer les impositions onéreuses,& augmentoit considérablement celles qui sont le produit des consommations,diminuoit considérablement la valeur de l'argent , & procuroit aux particuliers des moyens faciles, soit d'acquitter leurs dettes, soit de mettre leurs biens en valeur.

Ce tableau étoit séduisant. Il ne se présentoit que la difficulté de soutenir la valeur de la monnoie de papier en concurrence de la monnoie d'argent.

C'est dans l'art de l'aplanir que consistoit principalement la combinaison du système , comme on l'a déja observé. L'Auteur ne se proposa pas seulement d'accréditer sa nouvelle monnoie en la faisant recevoir dans les caisses publiques , en ordonnant qu'elle y seroit échangée à la volonté des porteurs contre l'or & l'argent , enfin en bannissant l'argent des gros payemens. Il porta ses vûes plus loin ; il forma le plan d'une Compagnie dépositaire du crédit public , à laquelle on réuniroit successivement le privilége exclusif des affaires de Commerce & de Finance les plus lucratives du Royaume , enfin des créances fur le Roi , & dont les actions feroient converfibles en billets qui pouvoient eux-mêmes redevenir actions par une nouvelle converfion au gré des propriétaires. Cette Compagnie payant un dividende à fes actions fondé fur de grands profits apparens , & les divers avantages qu'on lui deftinoit ne s'accordant que fucceffivement, il en devoit réfulter , 1°. une vivacité dans les négociations qui rendoit l'argent incommode , & la multiplication de la monnoie de papier néceffaire ; 2°. un accroiffement fucceffif dans la confiance publique , dans la valeur de l'action , & dès-lors dans le crédit du billet.

Sans raifonner d'après les événemens, ce plan étoit-il bien folide ? Ces avantages multipliés devoient avoir un terme ; n'étoit-il donc pas dans la nature des chofes que ce terme arrivé , & la Compagnie ne pouvant plus recevoir de nouvelles faveurs , la valeur de fes actions tomberoit au niveau de leur produit réel ? Et la valeur des actions baiffant à ce niveau, le crédit de la monnoie de papier ne devoit-il pas baiffer dans la même proportion ? On voit l'argent hauffer de prix fur la place lors d'une grande demande précipitée pour des objets lucratifs, & on le voit baisser aussi-tôt lorsque cette demande est remplie. Il étoit donc naturel que la monnoie de papier perdît de son estime dans l'opinion publique, lorsqu'on auroit le tems de s'appercevoir de la surabondance. Mais cette perte devoit nécessairement être irréparable à l'égard d'un établissement nouveau, puisque la premiere idée de défiance entraînoit avec elle l'ardeur de réaliser, & enfin l'avilissement de la monnoie artificielle.

M. Law prétendoit que cela ne devoit pas arriver, parce que le crédit d'un négociant monte au décuple de son fonds ; ce qui est vrai même de la somme de tous les crédits particuliers dans le Commerce de l'Etat. Mais l'application qu'il en faisoit au crédit de l'Etat étoit fausse par plusieurs raisons. 1°. Il ne pouvoit esperer que les douze cent millions à soixante livres le marc qui circuloient dans l'Etat seroient déposés dans ses caisses, à moins que l'autorité & la violence n'entreprissent d'y parvenir ; ce qui ne pouvoit manquer de décréditer sa monnoie de papier, & d'augmenter la recherche de l'argent. 2°. Les particuliers se font crédit entre eux ; parce qu'ils ont un emploi utile à faire de leur argent, ce qui est impossible à l'Etat. 3°. Le Négociant qui manque d'argent pour faire honneur à son crédit, a des effets dont il trouve de l'argent. Or la sûreté de la banque consistoit dans le dépôt de deux cent mille actions que l'on vouloit que le Public regardât comme monnoie par leur propriété d'être converties en billets ; par conséquent le payement du billet en argent pouvoit seul en rétablir le crédit dès qu'il seroit une fois attaqué. 4°. Les engagemens des particuliers ont un terme prévû ; ceux de la banque pouvoient être reclamés en entier dans peu de jours, comme cela arriva en effet. 5°. Il est aisé à chacun de connoître que l'argent étant au billet & à l'action comme un à sept, l'argent étoit sept fois plus précieux que le papier.

Pour mieux développer le ressort du système, considérons-le sous une autre face. Supposons que la Compagnie de crédit eût été formée avec tous ses avantages à la fois, qu'aucun manége n'eût présidé à la négociation des souscriptions, il est constant que la valeur de l'action se seroit proportionnée à

celle du dividende annoncé. La quantité des billets eût été bornée à la ſomme qu'eût exigé la circulation du capital de ces actions, ſans quoi on ſe
ſeroit récrié contre leur ſurabondance
inutile. Dans ce cas l'Auteur du ſyſtême n'atteignoit point à ſon but, n'avi-
liſſoit pas la monnoie d'argent, ne multiplioit pas la monnoie de papier au
point de réduire l'intérêt à un & demi
pour cent, en rembourſant les dettes
publiques en billets ; enfin ne donnoit
point aux denrées, dans toute l'étendue du Royaume, ce mouvement rapide & convulſif qui, ſelon ſes idées,
devoit produire la libération du Peuple envers le Roi, des propriétaires
des terres envers les créanciers ; & dès-
lors il ne parvenoit point à cette augmention ſubite des revenus dont il a-
voit flaté le Régent. Le ſyſtême étoit
donc fondé ſur un jeu forcé, qui ne
pouvoit pas durer dans l'ordre ordinaire des choſes. Un joueur animé
par le gain peut bien ne pas compter
ni examiner les eſpeces qu'il reçoit ;
mais à la fin de la partie il compte ſon
argent.

Ceux qui manient le crédit public
ont ſans doute raiſon de préſenter quel-

quefois des opérations où il y ait du jeu, afin de réveiller la cupidité des prêteurs. Mais en général ce jeu doit être déterminé, réductible en calculs, & ne doit être produit que dans les occasions où l'on craint de manquer de ressources par les voies simples & ordinaires. Ces sortes d'opérations ont toujours un grand vice, en ce que le profit de la combinaison n'est jamais fait que par un très petit nombre de particuliers plus riches ou plus accrédités que les autres, & toujours prêts à compromettre le crédit de l'Etat avec le bénéfice qu'ils se promettent d'arracher du Public. D'ailleurs l'agiotage est le tombeau de l'industrie & l'un des moyens les plus sûrs de concentrer les capitaux d'une Nation dans la capitale. Ceux qui approfondiront les affaires d'Angleterre, reconnoîtront que la multiplicité des effets publics & l'agiotage ont nui à son Commerce.

Si ces réflexions sont justes, il paroît qu'on a eu tort de reprocher à notre Nation d'avoir précipité la chûte du système, & que la faute est toute entiere du côté de ceux qui ne lui ont pas présenté une combinaison capable de soutenir la confiance publique.

Après avoir exposé les principes sur lesquels M. Law avoit fondé son plan, il convient de suivre la marche de ses principales opérations le plus brièvement qu'il sera possible.

La banque générale avoit été établie en 1716, malgré beaucoup d'oppositions, parce que les circonstances déplorables où l'on étoit réduit rendoient nécessaire l'établissement d'un crédit neuf & d'une monnoie fixe pour ranimer la circulation du Commerce presque anéantie. Elle rendit en effet d'aussi grands services que les circonstances le permettoient; elle soutint les changes à l'avantage de la France, rétablit la confiance entre les Négocians tant au-dedans qu'au dehors, & arrêta le cours de l'usure.

Dès le 10 Avril 1717 il fut ordonné que ses billets pourroient être reçus en payement des impositions, & même à tous les Caissiers de les échanger contre l'or & l'argent qui se trouveroient dans leurs caisses. Ce Réglement essentiel à la prospérité de la banque générale devenoit très-intéressant pour les Provinces dont il empêchoit l'argent de s'éloigner; il épargnoit au Prince & aux Peuples les frais de la voiture de l'ar-

gent & les circuits auffi multipliés qu'i-
nutiles que la routine des finances lui
fait faire entre les mains des Tréforiers
jufqu'au lieu de la dépenfe. Enfin cette
banque, ne mêlant point fes intérêts
avec ceux de l'Etat, procuroit à la circulation la fûreté & la facilité dont elle
manquoit alors entierement. Le Parlement ne laiffa pas de s'oppofer à cet arrangement par un Arrêt qui pouvoit en
détruire l'établiffement, & qui entre-
prenoit fur le pouvoir légiflatif. La vivacité de cette démarche fut réprimée
fur le champ par un acte d'autorité qui
ôtoit au Parlement plus de droits qu'il
n'en avoit voulu ufurper.

La Compagnie d'Occident avoit été
établie par des Lettres patentes du mois
d'Août 1717, avec le privilége exclufif du Commerce de la Louifiane, dans
le deffein de retirer du Public cent millions de billets de l'Etat qui feuls pouvoient entrer en payement de fes actions. Elles étoient de cinq cent livres
chacune, & le montant total devoit
être converti en rente à quatre pour
cent payable de fix mois en fix mois,
le produit de la premiere année feulement devant être deftiné à faire le fonds
du Commerce de la Compagnie.

C'est sur cette Compagnie que M. Law projettoit de fonder le système de crédit qu'il avoit proposé avant celui de la banque générale, & qui avoit été rejetté. Il éprouvoit sans doute encore des contradictions, puisque la Compagnie d'Occident resta dans un état de médiocrité conforme à sa constitution pendant près de dix-huit mois. Ses premieres opérations furent en 1717 de former un établissement à la Baye Saint-Joseph, où se trouve le meilleur port de toutes ces mers; d'envoyer un Gouverneur avec des troupes, des mineurs, & des fondeurs aux Illinois; de la graine de vers à soye, & des tireurs à la Mobile; & enfin des ouvriers pour la culture du tabac. Tous établissemens dont il paroît qu'il ne reste aucune trace.

En 1718 elle s'occupa des moyens de diminuer la contrebande du Castor dont elle avoit l'exclusif, & de gêner les traiteurs le plus qu'il lui seroit possible. Elle distribua pour cet effet des gratifications en Canada, & fit acheter sous-main ce qui étoit arrivé de Castors par les vaisseaux du Roi, pour soutenir ses prix, tant en Hollande qu'en France.

Des vûes plus utiles à l'Etat l'enga-

gerent à fe rendre adjudicataire de la
Ferme du tabac pour quatre millions
vingt mille livres, afin de favorifer fes
plantations à la Louifiane.

Enfin au mois de Décembre elle a-
cheta la conceffion du Sénégal de la
Compagnie de ce nom pour un million
fix cent mille livres, y compris les effets.

En 1718 au mois de Septembre une
Compagnie porta la valeur des Fermes
générales à quarante-huit millions cinq
cent mille liv. & propofa fous le nom
d'Aymard Lambert de mettre fes fonds
en actions de mille liv. chacune pour
la valeur totale de cent millions, dont
le fonds feroit fourni en contrats de
diverfes natures de rentes, ou en billets
de la caiffe commune de l'adminiftration des recettes générales. Il fut arrêté
que chacune des cautions dudit Lam-
bert dépoferoit cinq cent mille livres
en pareils effets à la caiffe des Fermes
générales, pour y être converties en
cinq cent actions, dont trois cent ref-
teroient en dépôt pour tenir lieu d'a-
vance & de fûreté de fa geftion ; &
que les deux cent actions reftantes lui
feroient délivrées pour en jouir. C'eft
cette Compagnie que l'on appella l'an-

ti-fyftême par oppofition aux projets de M. Law dont l'exécution paroiffoit toujours follicitée.

Il eft conftant que les actions des Fermes avoient un avantage décidé par la nature des bénéfices & des affaires qu'elles embraffoient; elles devoient gagner le deffus, & cela arriva en effet.

Cette opération retiroit, ainfi que la premiere, des effets décriés, pour leur en fubftituer d'autres auxquels étoit attachée une efpérance de profits au-delà de l'intérêt des effets dépofés. La circulation & le crédit public ne pouvoient manquer de recevoir avec le tems quelque mouvement favorable par ces opérations.

`Mais une circonftance digne de remarque dans l'établiffement de la Compagnie des Fermes, c'eft que la régie de l'adminiftration devoit en être faite fous les yeux du Confeil. Il paroîtroit que ce plan, auffi utile au Prince qu'honorable à fes auteurs, n'auroit jamais dû être abandonné : telle eft cependant la force des intérêts particuliers, qu'il a été décrié & qu'il paffe aujourd'hui pour une de ces chimeres qu'enfante de tems en tems un amour peu éclairé du bien public. Cet étran-

ge renversement d'idées est né de l'af-
cendant prodigieux qu'a pris la finance
à la faveur de son argent sur l'esprit des
Ministres. Toute administration qui ne
sortira point des formes pour remonter aux grands principes , ne secouera
jamais aucun des préjugés qui retardent
le progrès de nos finances, c'est-à-dire,
de l'aisance publique & de la force de
l'Etat. Trop peu de gens parmi nous
sont persuadés que l'art des finances
consiste dans une combinaison politique & profonde, pour qu'on puisse se
flatter d'être crû ; chacun croit les entendre quand il en connoît quelques dé-
tails , & tout ce qu'il ne conçoit pas il
le traite de spéculation ou de chimere ;
ce mot est devenu synonyme de la réflexion. N'y a-t-il donc plus de différence entre un homme qui sçait conserver son bien , ou celui qui sçait le gouverner , faire valoir ses terres , & préparer des ressources à sa postérité ?

L'effet des opérations dont on vient
de parler ne pouvoit être que lent &
borné, en comparaison des succès dont
M. Law faisoit l'étalage. On prit enfin
le parti d'exécuter ce même projet qui
avoit été rejetté en 1716.

Le 4 Décembre de l'année 1718 le

Roi convertit en banque royale à son profit la banque générale au moyen du remboursement qu'il fit aux Actionnaires des six millions auxquels montoient les douze cent actions. Ces actions resterent à la caisse pour en assurer les opérations au Public.

Cette caution auroit peu donné de crédit à la banque, si d'autres opérations n'eussent suivi celle-ci ; & si la conversion de la banque n'avoit pas eu d'objet ultérieur, elle n'auroit pû être regardée que comme une imprudence capable de diminuer la confiance.

Le 27 Décembre un Arrêt du Conseil établit à Lyon, la Rochelle, Tours, Orléans & Amiens, un Bureau particulier de banque composé de deux caisses, l'une en argent pour acquitter les billets à vûe, l'autre en billets pour fournir à la demande. Il ordonnoit qu'à Paris, à commencer du premier Janvier 1719, & dans les Provinces au premier Mars, la monnoie de billon ne feroit plus reçue ni donnée dans les payemens au-dessus de six livres ; que les monnoies d'argent ne pourroient entrer dans les payemens qui excéderoient la somme de six cent livres dans les villes où il y auroit des Bureaux éta-

blis ; enfin qu'on ne pourroit protester
contre ceux qui offriroient les billets en
payement dans les Villes où il y auroit
des Bureaux établis , puisqu'ils seroient
toujours acquittés à vûe.

Il est aisé de concevoir que la clause
qui défend de faire les payemens au-
dessus de six cent livres en argent avoit
pour objet de faire de gros fonds dans
les principales Villes du Royaume ,
avec lesquels on accoutumeroit insensiblement le public , par l'exactitude
des payemens à vûe , à préférer la
monnoie de papier , & dont on pourroit disposer par la suite avec d'autant plus de facilité , que les payemens
au-dessus de six cent livres en argent
étant défendus , il étoit presqu'impossible que tout l'argent fût redemandé le
même jour. Mais il paroît que cette
voie d'autorité étoit dangereuse , & ne
pouvoit qu'altérer le cours du Commerce , surtout depuis la conversion de
la banque. Il suffisoit pour l'accréditer
que les impositions pussent être payées
en billets de banque , que l'on ne pût
protester contre le payement en cette
monnoie. Cette voie eût été un peu
plus longue ; mais plus juste & plus
sûre , parce que le billet ne devoit jamais

mais recevoir de préférence fur l'argent que par l'opinion des contractans. Vraisemblablement on compta que les mouvemens, auxquels on préparoit en fecret la Nation, repareroient ces difpofitions imprudentes.

Au 22 Avril 1719 il fut rendu un Arrêt du Confeil portant Réglement fur divers points à l'égard des billets de banque, particulierement fur leur ftipulation en livres tournois au lieu d'écus de banque, & dont la fabrication conftatée par cet Arrêt montoit déja à cent dix millions en billets de mille livres, de cent livres & de dix livres. La fabrication de ces derniers peut être regardée comme une des fautes de l'auteur du fyftême, parce que c'étoit faire participer les menues denrées & les falaires au renchériffement général que devoit occafionner la multiplication des efpeces ; & auffi parce qu'il eft dangereux d'affocier au crédit public le petit peuple toujours trop timide ou trop hardi dans toutes fes démarches.

Cet Arrêt contenoit encore une claufe très-remarquable par les effets qu'elle produifit dans la fuite, puifqu'on s'en fervit pour décrier la feule opération qui pouvoit foutenir encore le fyftême,

& dont l'inexécution précipita du moins fa chûte. Par l'article III. il étoit ftatué que les billets de la banque étant plus utiles à la circulation que celle des efpeces d'or & d'argent, & méritant une préférence fur les monnoies faites des matieres qui font apportées des pays étrangers, lefdits billets ftipulés en livres tournois ne pourroient être fujets aux diminutions qui pourroient furvenir.

Les amis de M. Law, & lui-même, ont proteflé depuis que cette claufe avoit été inférée contre fon avis; qu'il avoit toujours établi pour maxime que le prix d'une chofe, même de la monnoie, devoit dépendre de fa demande. Il eft vrai que dans plufieurs de fes Mémoires il avoit foutenu ce principe; cependant ici fon ftyle & fes principes fe trouvent exprimés d'une maniere très-marquée; dans le fyftême qu'il avoit préfenté en 1704 au Parlement d'Ecoffe, il avoit dit en propres termes: « S'il étoit permis de payer en efpeces » d'argent un contrat payable en mon- » noie de papier; fon prix, je l'avoue, » ne pourroit jamais hauffer au-delà des » efpeces d'argent, & il tomberoit à » mefure l'un de l'autre. *Mais la mort-*

» noie de papier étant des especes d'une
» autre nature que celle d'argent, elle ne
» seroit point sujette au changement de
» ces dernieres ». Il sembleroit donc
qu'au moins il avoit varié dans son
plan à cet égard. Est-il bien facile de
croire qu'au commencement des opé-
, rations & dans la plus grande faveur
de l'Auteur, ont eût pû le forcer de
souscrire à une condition de cette importance ? Quoiqu'elle parût inconsé-
quente à l'Arrêt du 11 Février, qui ordonnoit que la banque ne recevra &
ne payera les especes tant d'or que d'argent, que pour la valeur, & suivant
le cours qu'elles auront alors dans le
Commerce ; n'étoit-ce point plutôt un
expédient qu'on se ménageoit pour engager l'apport de l'argent à la banque,
dans l'espérance d'éviter les diminutions, l'argent étant alors à soixante
livres le marc, & pour réprimer à l'occasion par une augmentation subite l'ardeur qu'on pourroit montrer pour en
retirer son argent ?

Enfin pouvoit-on se dispenser de donner à la monnoie de papier cet avantage sur la monnoie d'argent, sur-tout
en privant la banque royale de la facilité qu'on avoit très-sagement accordée

en 1716 à la banque générale de tenir
ses livres en écus qui seroient toujours
du même titre & du même poids que
ceux qui avoient cours au jour de son
établissement, afin que sa monnoie ne
fût sujette à aucune variation ? Il est
constant que le billet de la banque générale devoit plutôt prévaloir à l'espece par ses avantages, que le billet de
la banque royale , & il n'est pas probable que dans un établissement si récent
l'Auteur eût voulu se déterminer à diminuer cet avantage de la monnoie de
papier , & le seul qui l'avoit accrédi-
tée.

Ainsi que l'Auteur du système eût
consenti ou non à cette clause , elle paroît avoir été si raisonnable , qu'on ne
peut la regarder comme un piége tendu
par ses ennemis. Ils pouvoient même
d'autant moins prévoir les suites de
cette clause, qu'aucune des opérations
qui devoient mettre le système en mouvement n'étoit commencée , & que
l'Auteur gardoit un profond secret sur
ses projets , dans le dessein de tenir les
esprits dans une incertitude nécessaire à ses vûes.

Ce fut dans ce mois-ci que les roues
du système commencerent à marcher.

Les actions de la Compagnie d'Occident languissoient encore, quoique ses divers établissemens commençassent à promettre de bons succès. Par la maniere dont on régla le payement des intérêts des actions, on porta son fonds de Commerce de quatre millions à sept.

Surquoi la Compagnie se trouvoit au 27 Mars avoir acquis seize vaisseaux, dont dix avoient été expédiés pour la Louisiane avec sept cent hommes de recrue, cinq cent habitans, & toutes les munitions nécessaires pour la Colonie. Deux étoient allés en Guinée pour la traite de huit cent cinquante Noirs.

Parmi les effets de la Compagnie du Sénégal, il se trouvoit onze vaisseaux à la mer, & trois millions pesant de gomme.

Malgré toutes ces dépenses & celles qu'il avoit fallu faire pour monter la régie du tabac, il restoit encore en caisse en argent trois millions cinq cent soixante-dix-sept mille six cent quatre-vingt dix-sept livres neuf sols; en marchandises destinées pour la Colonie, cinq cent quarante-huit mille deux cent soixante-douze livres un sol un denier; en Castors pour deux cent vingt mille livres.

On avoit déja quatre-vingt-seize milliers de tabac de la Louisiane, qui se trouvoit supérieur à celui de la Virginie, vingt mille peaux de diverses especes, cent barils de bray & de goudron. On avoit reçu avis que la soie y réussissoit à merveille, & qu'il se trouvoit sur les meuriers des cocons de très-bonne qualité, des vers à soie naturels du pays, que la terre y produisoit l'herbe à indigo, enfin qu'on en pouvoit retirer diverses autres productions utiles; & vraisemblablement si l'attention de la Compagnie n'eût pas été détournée par d'autres objets, on pouvoit espérer en très-peu de tems des retours abondans de ce pays-là.

Mais M. Law méditoit pour la Compagnie d'Occident une plus grande fortune; il prit des engagemens pour payer dans six mois au pair de l'argent des parties de deux & trois cent actions, avec une prime de quarante mille livres comptant. Ses émissaires commencerent à leur donner de la faveur par les mêmes moyens, & d'autres imiterent ces opérations par confiance, sans en pénétrer le secret.

Le motif de ces négociations surprenantes fut expliqué au mois de Mai par

la réunion du privilége exclusif du
Commerce des Indes & de la Chine à
la Compagnie d'Occident, qui fut depuis appellée Compagnie des Indes.
Cette réunion étoit accompagnée des
plus grands priviléges, & de la permission de faire pour vingt-cinq millions de nouvelles actions de même
nature que celles qui composoient cent
millions originaires. Chacune étoit de
cinq cent livres payables en argent
comptant ; mais les acquéreurs devoient payer dix pour cent au-delà du
pair, en souscrivant, & le principal de
l'action en vingt payemens de cinq pour
cent par mois. Les difficultés que fit le
Parlement d'enregistrer cet Edit, qui
ne regardoit cependant que le Commerce, en retarderent la publication
jusques vers le milieu du mois de Juin.
Mais comme le contenu en avoit transf-
piré, les actions d'Occident monterent
dans l'intervalle du pair jusqu'à cent
trente pour cent ; & l'ardeur pour la
souscription des nouvelles se trouva
prodigieuse. M. Law voulut rendre ce
premier mouvement encore plus violent ; il fit rendre le 20 Juin un Arrêt
par lequel Sa Majesté disoit que sça-
chant l'empressement extraordinaire

que l'on témoignoit pour la souscription des nouvelles actions, & voulant établir une regle générale, qui ne seroit susceptible d'aucune faveur, elle vouloit que chaque souscripteur ne fût admis qu'en représentant une somme d'anciennes actions quatre fois plus forte que celle pour laquelle on vouloit souscrire.

Les vingt-cinq millions furent partagés en trois mille billets de dix actions, & vingt mille d'une action.

On conçoit aisément la faveur que donna ce Réglement aux Actions de la Compagnie d'Occident: & elle fut portée à l'excès par la promptitude avec laquelle les actions nouvelles furent enlevées. On prétend même que l'auteur du système y contribua par ses Agens secrets, afin de redoubler l'empressement. Dès qu'on ne trouva plus de nouvelles actions qu'on appella *les filles*, on chercha des actions d'Occident à tout prix ; on les achetoit au comptant, ou par des marchés à prime en sus du prix convenu. D'autres vendoient pour s'assurer un gros bénéfice ; & voyant ensuite que les effets montoient toujours, ils rachetoient de nouveau.

Dans une pareille fermentation, la
vivacité

vivacité des négociations ne permettoit
pas d'employer l'argent; le billet lui étoit
préféré ; & afin que le public n'en manquât point ou n'y mît pas un trop haut
prix , on avoit eu la précaution d'en ordonner le 10 Juin une nouvelle fabrication de cinquante millions , ce qui avec
les cent dix précédens formoit une fomme de cent foixante millions.

Les amis du fyftème ont reproché à
la Nation l'efpece d'enthoufiafme avec
lequel elle s'étoit portée à pouffer la
valeur des actions au-delà du prix où
elles pouvoient fe foutenir, & ils ont
affuré que l'Auteur du fyftème avoit
été furpris de fes fuccès. Mais on vient
de voir qu'on avoit pris tous les moyens
propres à infpirer au Public cette précipitation , & la chaleur du début devoit en ce cas avertir M. Law de modérer l'activité de fes refforts.

On réunit encore à la Compagnie
des Indes le privilége de la Compagnie
d'Afrique , avec exemption de tous
droits à Marfeille fur les marchandifes
apportées des Etats de Tunis & d'Alger.
Il fut délibéré de rembourfer à cette
derniere le montant de fes effets , ainfi
que le prix des Places de Cap - Negre ,
du Baftion de France & lieux dépen-

dans, & d'employer deux millions à ce Commerce.

Le 20 Juillet M. Law repréfenta à la Compagnie qu'il lui feroit utile de fe charger du bénéfice des monnoyes pendant neuf années, moyennant un payement au Roi de cinquante millions en quinze payemens égaux de mois en mois, à condition que pendant ces neuf années il n'y auroit ni augmentation d'efpeces ni altération dans le titre, & qu'en cas de diminution les matieres & anciennes efpeces feroient diminuées dans la même proportion. La propofition fut acceptée par le Roi que cette fomme mettoit en état de payer les arrérages des penfions & autres charges, & de regagner le courant dans l'année 1720. Cette derniere raifon paroîtra extraordinaire, lorfqu'on fe reffouviendra qu'en 1718 on étoit au courant fuivant le projet de recette & dépenfe. Mais M. Law avoit engagé le Régent à rétablir les penfions & diverfes autres dépenfes diminuées, afin de faire des amis au fyftème qui alloit mettre tout le monde dans l'abondance.

Ce nouvel avantage apporta un nouveau crédit aux actions, qui monterent encore. On dit qu'alors une Compagnie fit des efforts pour arrêter les progrès du système, & même le décrier. Elle retira à la fois plusieurs millions qu'elle avoit en dépôt à la caisse ; & pendant ce tems des émissaires ramasserent une très-grande quantité de billets pour attaquer les caisses, qu'on se flattoit de trouver dégarnies après un si gros payement. M. Law pour parer ce coup fit publier une diminution subite de vingt sols sur le Louis d'or, pour commencer du jour de la publication : elle ôta aux particuliers le desir de retirer leur argent, & même les engagea à l'y rapporter. Si cette anecdote est vraie, l'attaque étoit maladroite, puisque le remede étoit si facile : & le véritable moyen de décréditer le billet, cût été plûtôt de le refuser en payement dans des négociations considérables, ou de le convertir en especes même à perte sur la place. Ce qui fait douter de la vérité de ce fait, c'est qu'on voit un plan suivi de diminutions depuis le 7 de Mai, dont l'intention étoit de présenter un motif puissant aux particuliers de laisser leurs especes dans les caisses de la banque, attendu que le billet n'étoit pas susceptible de diminutions suivant l'Arrêt du 22 Avril. C'est ce qui porte à croire, comme on l'a déja observé, que la clause de cet Arrêt entroit dans le plan du système, quoique l'Auteur l'ait désavouée depuis.

Le même jour on annonça une fabrication de billets de banque pour la somme de deux cent quarante millions, faisant avec les précédens celle de quatre cent millions. Pour les distribuer on établissoit des caisses dans toutes les Villes où il y avoit des Hôtels des Monnoies : & pour donner au papier plus de faveur à mesure qu'on le multiplioit, Sa Majesté permettoit du jour de l'ouverture des bureaux aux créanciers d'exiger leur payement en billets, quand même ils gagneroient sur l'argent.

Cette disposition que l'on cherchoit à insinuer au Public de donner au papier une valeur supérieure à celle de l'argent, paroît peu conforme aux regles de la prudence, sur-tout dans un moment où l'on multiplioit si considérablement le premier. Car le desir de réaliser en argent un profit fait sur la monnoie de papier devoit naturellement résulter de cet agiotage, puis qu'enfin la valeur du billet étoit réellement attachée à l'opinion qu'on pouvoit l'échanger dans les caisses au pair contre l'argent. Il paroît qu'il eût fallu se contenter de la préférence que lui eussent acquise sa commodité, & la faculté de n'être point sujet aux diminutions. Si l'on n'eût employé des ressorts secrets pour établir cet excédent de prix, jamais la préférence n'y eût conduit par les voies ordinaires, puisqu'insensiblement la monnoie de papier devenoit aussi commune que l'autre, & alloit bien-tôt l'excéder.

Le 26 Juillet la Compagnie assemblée délibéra que pour acquitter les cinquante millions portés par la soumission des Directeurs en consequence de la cession du bénéfice des monnoies, il seroit ouvert une souscription de vingt-cinq millions de nouvelles actions de même nature que les premieres. Mais elles devoient être acquises sur le pied de cent pour cent de bénéfice, c'est-à-dire en payant mille livres, & en représentant pour cinq fois autant d'anciennes actions. On exposa que le bénéfice des monnoies la mettoit en état d'étendre son Commerce, & de répartir des bénéfices considérables dans la suite; même d'établir, à commencer du premier Janvier prochain, deux répartitions par an de six pour cent chacune.

Cette délibération fut agréée & autorisée. D'un côté en multipliant chaque jour la monnoie, on faisoit tomber l'intérêt; & de l'autre en promettant douze pour cent de répartition annuelle aux actionnaires, on portoit la valeur de leurs effets au quadruple du premier capital, puisque le capital d'un effet est toujours calculé sur le pied de l'intérêt courant. Comme si cela n'eût pas suffi, on mettoit les cent vingt-cinq premiers millions dans un mouvement prodigieux en mettant les acquéreurs dans la nécessité de représenter cinq des premieres actions pour en acquérir une nouvelle. Ceux qui n'avoient point eu de part aux premieres souscriptions, & qui desiroient être admis à celle-ci, devoient donc porter les anciennes à un prix encore plus considérable. Dans une concurrence dont l'objet est pressé & momentané il se trouve toujours des hommes plus ardens ou plus hardis que les autres; chacun s'échauffe & sort malgré lui de ses mesures, souvent même de son intérêt; en effet les actions monterent à deux cent pour cent. Les nouvelles furent appellées les petites filles sur la place. Pour favoriser la rapidité qu'on vouloit donner à la circulation de cet effet, il fut ordonné le 12 Août que les foufcriptions des actions de la Compagnie des Indes feroient divifées en autant de parties de cinq cent livres que les porteurs voudroient.

Le mouvement des Négocians ne fe borna pas aux actions feulement ; une partie du projet de M. Law ayant tranf-piré, on vit tout-à-coup un nombre de perfonnes s'empreffer à fe procurer des billets de l'Etat, des billets de la caiffe commune & autres effets fur le Roi qui perdoient encore plus de trente-trois pour cent. Cette grande recherche les fit prefque monter au pair de l'argent, & la révolution qu'elle opéra dans les fortunes amena de nouveaux concur-rens dans le Commerce des actions.

En effet, le 25 d'Août la Compagnie délibéra de repréfenter à Sa Majefté que s'il lui plaifoit de lui accorder le bail général des Fermes, cette opération fortifieroit la confiance du public & la mettroit en fituation d'avancer au Roi par fon crédit les fommes dont il pour-roit avoir befoin. A cet effet elle offrit d'augmenter le bail des Fermes de trois millions cinq cent mille livres en la fubftituant aux droits d'Aimard Lam-bert depuis le premier d'Octobre 1718

fur le pied de quarante - huit millions
cinq cent mille livres, de prêter au Roi
à trois pour cent la fomme de douze
cent millions pour rembourfer les rentes & les charges fur les Aides & Gabelles, les Tailles, les Recettes générales, le Contrôle des Actes & celui
des Exploits, fur les Poftes; les cent
millions d'actions fur les Fermes, les
billets de l'Etat, les billets de la caiffe
commune, & les Charges fupprimées
ou à fupprimer.

Pour parvenir au prêt de douze cent
millions, la Compagnie demandoit à
être autorifée à les emprunter en actions rentieres au porteur, ou contrats
à trois pour cent payables de fix mois
en fix mois, à commencer du premier
Janvier 1720; qu'à mefure qu'elle auroit fourni les douze cent millions, il
feroit paffé à fon profit par les Commiffaires de SaMajefté un ou plufieurs contrats à trois pour cent dont la rente feroit affignée fur les Fermes. Elle demandoit la confirmation de fes priviléges
divers pour cinquante ans.

Le 2 Septembre le Roi agréa ces propofitions : & ce fut le fignal de l'efpece
d'enchantement qui enyvra en quelque
façon toute la Nation. On s'imagina

que le progrès des actions étoit illimité ; elles monterent de deux cent pour cent à sept & huit cent pour cent. La rue Quinquempoix où demeuroient les principaux Banquiers se remplit d'une foule extraordinaire ; & la seule variation du cours des actions dans l'espace d'une journée qu'occasionnoit la diversité des spéculations, étoit capable de procurer des gains considérables à ceux qui connoissoient les manéges de place.

Le 12 Septembre on ordonna une nouvelle fabrication de billets de banque pour la somme de cent vingt millions, ce qui avec les précédentes formoit celle de cinq cent vingt millions. On voit l'attention avec laquelle on augmentoit la quantité des billets, à mesure que la valeur des actions haussoit, ou qu'on ouvroit de nouvelles souscriptions. En effet la veille, c'est-à-dire le 11 Septembre, la Compagnie avoit arrêté de supplier le Roi de lui permettre de faire pour cinquante millions de nouvelles actions de même nature que les cent cinquante millions anciens, lesquelles au nombre de cent mille seroient acquises sur le pied de mille pour cent ou cinq mille livres chacune, payables en dix payemens égaux : ce qu'elle avoit obtenu. Ceux qui avoient des remboursemens à recevoir s'empresserent de souscrire ; l'émulation redoubla dans le public. Pour favoriser cet emploi des remboursemens, il fut arrêté le 22 Septembre à la Compagnie, que l'on ne recevroit en payement que des billets de l'Etat, des récépissés de caisse de la Compagnie, des billets de la caisse commune, des actions sur les Fermes sans especes d'or ni d'argent. Ce Réglement fit tellement monter tous ces effets, que les négociations devinrent difficiles ; & le 25 Septembre il fut réglé que l'on recevroit des billets de banque en payement avec dix pour cent en sus. La solidité que l'on crut voir dans le système, la commodité des payemens, & l'impossibilité de faire usage des métaux, firent monter le billet à dix pour cent au-dessus de l'or & de l'argent.

Dès le 27 d'Août les rentes avoient été supprimées avec leurs Payeurs & Contrôleurs, & le remboursement ordonné en actions rentieres à trois pour cent. La Compagnie pour se rendre agréable au Peuple proposa le 17 de Septembre au Roi de lui prêter aux mêmes conditions cent millions pour la

rembourfer des cent millions des premieres actions d'Occident dont l'intérêt à quatre pour cent lui étoit affigné
fur le tabac, n'étant pas jufte qu'elle re-
çût un plus fort intérêt que le refte des
fujets. Elle fupplia Sa Majefté d'accorder ce million qu'il gagnoit en foulagement au Public par la fuppreffion des
droits fur les fuifs, huiles, cartes, &
les vingt-quatre deniers fur le poiffon à
Paris. Toutes ces demandes furent accordées.

Pour fatisfaire à l'empreffement du
Public dont les foufcriptions paffoient
de beaucoup le montant des dernieres
actions, & procurer un placement à
ceux auxquels on avoit délivré des récépiffés de rembourfement, il fut délibéré le 26 Septembre de créer pour cinquante millions de nouvelles actions
en cent mille billets qui ne pourroient
être acquis autrement qu'en effets
Royaux, fans efpeces ni billets. Le Roi
confirma cette délibération par un Arrêt du 28 Septembre.

Le mouvement fut extraordinaire
dans la rue Quinquempoix pour fe procurer les effets propres à être convertis
en récépiffés de rembourfement. On
donnoit communément onze mille li-

vres en or pour dix mille livres en papier de l'Etat, & l'on payoit des cour-
tages assez considérables pour procurer
de petites fortunes à ceux qui avoient
le secret de faire expédier promptement
cette conversion.

Les esprits étoient dans une telle fermentation qu'on ne raisonnoit plus ; on
alla jusqu'à imaginer que les nouvelles
actions valoient mieux que les anciennes, sans doute parce qu'elles em-
ployoient le remboursement de dettes
privilégiées. Un assez grand nombre de
gens s'empressèrent à les vendre, afin
d'en acheter de nouvelles, pour que la
valeur des anciennes baissât de huit
mille livres à quatre mille. Ce qui procura aux négocians, aux personnes un
peu plus au fait des négociations, le
moyen de faire de grandes fortunes en
assez peu de tems. Car il falloit ou que
toutes les Actions tombassent, ou que
celles-là revinssent au niveau des autres, étant toutes dans la même espece, & le remboursement changeant la
nature du privilege des dettes du Roi.

Ce mouvement singulier auroit dû
faire pressentir à l'Auteur du système
que les révolutions de son crédit mar-
cheroient à pas précipités : & peut être

étoit-il encore tems de le sauver en fixant le prix de toutes les actions à cinq mille livres. Mais cette modération étoit opposée à son principe, qui étoit de faire circuler un capital immense dans l'Etat pour hausser toutes les valeurs, & par conséquent les revenus du Roi. On l'accusa même alors d'avoir donné à entendre par des discours ambigus, que les nouvelles souscriptions donneroient un grand profit.

Le 30 Septembre les mêmes motifs de satisfaire l'empressement du public firent proposer par la Compagnie une nouvelle souscription de cinquante millions en cent mille actions aux mêmes conditions : & elle y fut autorisée par un Arrêt du 2 Octobre.

De cette façon la totalité des actions étoit de six cent mille, nombre auquel elles furent fixées par un ordre signé du Régent du 4 Octobre.

A peine ces nouvelles suscriptions étoient-elles sorties du Bureau qu'elles gagnoient plus de cent pour cent. Pour animer encore plus la concurrence & procurer à chacun la faculté de prendre part au système, il fut ordonné le 12 Octobre que les certificats des cent cinquante millions de nouvelles actions pourroient être coupés, à la volonté des porteurs, en billets de cinq cent livres.

La multiplication des billets de banque devenoit plus néceffaire à mefure que les négociations s'échauffoient davantage & que les actions hauffoient de prix : il en fut fabriqué par Arrêt du 24 Octobre pour cent vingt millions. Cette nouvelle délivrance jointe aux anciennes auroit dû former la fomme de fix cent quarante millions, en fuivant les Arrêts connus & publics ; mais il paroît que la quantité réelle étoit beaucoup plus confidérable. Elle n'auroit pû fuffire à la valeur actuelle des fix cent mille actions, qui paffoit fix milliards dans le Commerce. Il eft vrai que le Roi en avoit cent mille en propriété qui ne circuloient pas, non plus que cent mille dépofées par les Directeurs : mais au moins la valeur de quatre cent reftantes paffoit quatre milliards. On vit bien dans la fuite que toutes les fabrications de billets n'avoient pas été autorifées par des Arrêts du Confeil : exemple dangereux, & qui prouve que toutes les inftitutions ne conviennent pas à tous les pays également.

Les habitans des Provinces furent

attirés dans la Capitale par la nouvelle des fortunes immenſes & rapides que
produiſoit un ſeul jour dans la rue
Quinquempoix. Mais ce qui fut plus
funeſte, les étrangers profiterent du
vertige national qui fit tomber ſans ceſſe les actions pendant les mois d'Octobre, Novembre & Décembre, pour
faire des gains immenſes qu'ils ſçurent
réaliſer bien plus à propos que les François. Ils leur laiſſerent leurs richeſſes
artificielles, & emporterent dans leur
pays l'or & l'argent avilis.

Mais n'anticipons point ſur l'ordre
des tems. Le 10 Octobre la Compagnie
obſerva qu'au moyen des trois cent
mille nouvelles actions, elle ſe trouvoit en état de prêter au Roi quinze
cent millions au lieu de douze cent, &
elle ſupplia Sa Majeſté, ſi Elle agréoit
cette offre, de lui faire paſſer un contrat à trois pour cent ſur les Fermes de
quarante-cinq millions de rente. Il y
eut deux avis pour créer de nouvelles
actions en vieilles eſpeces : mais Sa
Majeſté en acceptant l'offre de la Compagnie, par ſon Arrêt du 12 Octobre
déclara qu'il ne ſeroit plus fait de nouvelles actions ni en vieilles eſpeces,
ni de quelque autre maniere que ce pût
être.

Le même jour le crédit de la Compagnie reçut encore un nouveau degré d'accroissement par la réunion qui lui fut faite de l'exercice des recettes générales des Finances, au moyen du remboursement des Offices de Receveurs généraux. Quelque tems auparavant on lui avoit passé bail des Gabelles & Domaines de l'Alsace & de la Franche-Comté pour un million quatre cent trente mille livres.

Un Arrêt du 20 Octobre prolongea le terme des payemens des souscriptions jusqu'aux mois de Mai & Juin, & contribua beaucoup à soutenir les actions au prix considérable où elles étoient montées. Car un grand nombre de souscripteurs favorisés & autres avoient pris des engagemens fort au-dessus de leurs forces, & se voyoient à la veille d'être forcés de vendre une partie pour satisfaire au payement du surplus.

Le lendemain un autre Arrêt admit en payement les récépissés expédiés & à expédier pour les arrérages des pensions arriérées. Ces mesures successives soutenoient la confiance des Actionnaires, & secondoient à merveille l'enchantement du public.

Le

Le 8 Novembre la Compagnie, informée qu'il se présente une association pour la pêche & les Manufactures, délibéra d'offrir à Sa Majesté d'employer à ces objets telle partie de ses fonds qu'elle voudra, sans en priver les autres sujets. D'autres propositions également utiles à l'Etat & au Peuple, telles que la conversion du droit exclusif du tabac en un droit d'entrée, la réunion des divers droits d'Aides de Paris en un seul de vingt-trois livres par muid de vin entrant par eau, & vingt livres par muid de vin entrant par terre, contribuoient à la rendre agréable au Public. L'édifice du système paroissoit plus solide, à mesure que l'on croyoit voir le Roi & la Nation plus intéressés à le conserver. Le jeu des actions monta à l'excès pendant tout le cours de ce mois ; chacun vouloit y employer ses remboursemens ; on vendoit les plus belles terres pour les échanger contre du papier. Le prix des terres étoit monté en proportion de la baisse des intérêts ; beaucoup d'acquéreurs n'en payerent qu'une partie comptant, ne voulant pas renoncer entierement à leurs négociations ; de maniere qu'un très-grand nombre de propriétaires de terre ont trouvé le moyen de payer leurs dettes avec les à-comptes qu'ils avoient reçus en papier, & de rentrer dans le fonds peu de mois après.

Dans cette fermentation générale le prix des actions étoit monté de dix-huit à vingt mille. M. Law s'apperçut alors, mais trop tard, du danger de cette hausse excessive, & employa le manége de divers Négocians pour soutenir le prix & empêcher une baisse rapide. Mais il ne pouvoit empêcher que les plus habiles ne fissent réflexion sur l'impossibilité de conserver à l'action cette valeur, & ne se déterminassent à la convertir en billets, & le billet en or & en argent. Ainsi les mesures qu'il prit pour qu'il y eût dans la même journée tantôt une demande considérable, tantôt une offre de vendre à tout prix, ne furent utiles qu'aux réaliseurs. Elles soutinrent pendant une quinzaine de jours le prix des actions. Tandis que ce flux & reflux journalier accoutumoit les esprits à la hausse & à la baisse périodique des effets, & les tenoit au moins en suspens sur le parti qu'ils devoient prendre, les gros intéressés fondoient sourdement leurs effets à des prix exorbitans. Divers Arrêts rendus dans le

mois de Décembre, & que les agioteurs firent valoir dans le Public, fer-
virent encore à maintenir la confiance
à l'égard des actions.

Le premier de Décembre il fut ordonné qu'à compter de ce jour-là la
banque ne recevroit plus aucunes efpeces d'or & d'argent pour être converties en billets de banque ; & cependant
on renouvelloit tous les avantages qui
devoient affurer à la monnoie de papier la préférence fur l'argent, Sa Majefté défendant même à la Compagnie
de faire fes payemens au Tréfor Royal
en autre monnoie qu'en billets de la
banque, & lui permettant d'exiger à
l'avenir le payement des impofitions
de la même maniere dans les Villes où
il y a des caiffes de la banque. Ce réglement n'influoit point directement fur le
crédit des actions, mais il préparoit le
Public à s'accoutumer à l'abondance
du papier, qui naîtroit de la converfion que M. Law méditoit de l'action
en billet & des billets en actions,
pour que leur nature s'identifiât en
quelque façon, & pour les foutenir
mutuellement l'un par l'autre. Il efpéroit fans doute auffi que le peu d'ufage
auquel la monnoie d'or & d'argent

se trouvoit bornée, empêcheroit beaucoup de personnes de réaliser le billet. Sa conduite opéroit du moins un bien auquel il n'aspiroit pas ; car les douze cent millions d'especes qui se trouvoient en France ne circulant pas en entier, l'augmentation des prix n'étoit pas aussi forte que si la somme totale des especes eût circulé concurremment avec celle des billets.

Le 2 de Décembre un Edit ordonna une fabrication de quinzains d'or au titre de vingt-quatre carats, & de livres d'argent, au titre de douze deniers dans la seule monnoie de Paris. Cette fabrication qui n'eut point lieu à cause de divers inconvéniens, servit au moins à faire valoir sur la place les bénéfices qu'elle alloit procurer à la Compagnie. On fit le même usage du privilége qui lui fut attribué des affinages & départs de l'or & de l'argent, ainsi que de divers Arrêts portant confiscation à son profit des anciennes especes d'or & d'argent trouvées chez des particuliers. On répandit même le bruit d'une nouvelle refonte au sujet de la diminution ordonnée le 10 Décembre sur les pieces de vingt sols, & qui n'étoit qu'une suite des diminutions graduelles qu'on

étoit réfolu de faire fur l'argent pour
en empêcher la demande aux caiffes de
la banque.

Tous ces moyens aiderent à entretenir la valeur des actions , jufqu'à ce que
les plus gros intéreffés euffent mis à cou-
vert une partie de leurs effets.

Les variations des actions cependant
porterent quelque incertitude dans
l'efprit de ceux qui avoient des efpeces d'or & d'argent ; quoique la crainte des diminutions engageât le plus
grand nombre à donner huit & dix
pour cent d'avantage au billet fur l'argent.

L'Auteur du fyftème réfolut de tirer
avantage de la circonftance en faveur
de la banque , & de confirmer la confiance du Public pour la monnoie de
papier. Un Arrêt du 21 Décembre expofoit que Sa Majefté voulant procurer
à fon Peuple le moyen d'éviter les pertes que caufent ordinairement les variations fur le cours des monnoies , Sa
Majefté ordonnoit que l'argent de la
banque feroit & demeureroit fixé à
cinq pour cent au-deffus de l'argent courant, auquel prix il feroit délivré des
billets de banque tant au Bureau général de Paris , que dans les Bureaux éta-

blis dans les Provinces , fauf aux porteurs defdits billets, après que ceux de
la banque auroient été diftribués , à les
négocier à tel plus haut prix qu'ils jugeroient à propos. L'article fecond portoit que les efpeces d'argent ne pourroient plus être reçues dans les payemens au-deffus de dix livres , & celles
d'or dans les payemer.s au-deffus de
trois cent livres. L'article troifieme autorifoit la Compagnie à recevoir cinq
pour cent des contribuables qui payeroient les impofitions au-deffus de dix
livres en argent & au- deffus de trois
cent livres en or ; à condition qu'elle en
tiendroit compte à Sa Majefté. L'article quatrieme ordonnoit que le payement des lettres de change fe feroit en
billets, & dérogeoit en ce point à l'Arrêt du 27 Mai. Ce dernier article étoit
d'une imprudence extrême par rapport
au Commerce avec les Etrangers , qu'-
on ne pouvoit en aucune maniere affujettir à nos réglemens intérieurs. M.
Law fe flattoit d'aftreindre par cette
voie les Etrangers à employer leurs
créances en denrées de France. Projet
chimérique , toujours éludé par l'intérêt particulier, & par l'exactitude qui
regne dans les engagemens des Com-

merçans entr'eux , malgré les gênes
que l'Etat y voudroit imposer.

Cet Arrêt n'arrêta point les réalisa-
tions qui se firent par les Etrangers ,
principalement par les Génevois, les
Allemands & les Hollandois , & par
ceux des François qui sçavoient calculer. La prime de cinq pour cent attachée par le Roi au billet de banque sur
l'espece procura même plus de facilité
à ces opérations secrettes. On en fit
grace à ceux qui avoient de gros payemens à faire. Le 29 Décembre il en fut
ordonné une nouvelle fabrication de
trois cent soixante millions , pour faire
avec les précédentes la somme d'un
milliard, sans qu'elle pût être excédée
à l'avenir , cette somme paroissant suffisante pour la circulation. Mais cette
promesse n'empêcha point ceux qui
étoient empressés à réaliser de se résoudre à échanger à perte le billet contre
l'espece.

Le 30 Décembre une assemblée générale de la Compagnie approuva tout
ce qui avoit été statué jusqu'alors, &
regla le dividende des actions pour
l'année 1720 à quarante pour cent sur
trois cent millions ; ce qui ne faisoit pas
deux pour cent sur le pied où circuloient

les six cent mille actions. Cette répartition de cent vingt millions étoit impossible, & le parut au Public dès le commencement de l'année 1720. Le revenu solide de la Compagnie étoit son assignation sur les Fermes générales de la somme de . . . .

	liv.
	48000000
Le bénéfice sur les Fermes pouvoit être estimé . .	12000000
Celui du tabac	6000000
Des Recettes générales.	1000000
	67000000

M. Law évaluoit celui des monnoies à 12000000
mais il y avoit impossibilité
à le soutenir sur ce pied . .
Il évaluoit le bénéfice
des divers Commerces à . 12000000

·91000000

Mais cet article paroît encore forcé dans ces commencemens d'établissemens.

Il n'est donc pas étonnant que lui-même n'ayant pas porté plus loin ses évaluations dans les Mémoires justificatifs du système, le Public les ait faites au rabais ; & il paroît que ce fut un

mauvais

mauvais parti de vouloir foutenir le crédit des actions par une répartition qui n'étoit pas vraifemblable. Il eût été plus fûr de la borner à 20 pour cent fur trois cent millions ; le prix des actions eût baiffé en proportion, mais il n'auroit pas baiffé au-deffous, puifqu'on auroit été en état de fatisfaire à tout. Tant que la circulation du billet fe feroit foutenue feulement au pair de l'argent, l'intérêt étant fort bas la valeur de l'action n'auroit pas été au-deffous de cinq mille livres. C'étoit affez de fuccès pour un effet originaire de cinq cent livres. Il eft vrai que M. Law prétendoit avoir fondé en partie le payement du dividende fur la circulation des billets de la banque. Telle fut l'origine de la converfion qu'il força depuis la Compagnie de faire à bureau ouvert de l'action en billet & du billet en action ; efpérant que par ce moyen il fe trouveroit toujours deux cent mille actions au moins en dépôt à la Compagnie, auxquelles il ne feroit point payé de dividende. Mais il devoit prévoir qu'en faifant circuler la valeur de deux cent mille actions en billets, il aviliroit ces derniers par leur abondance exceffive, comme on le verra.

Nulle puiffance humaine n'étoit capable de garantir le fyftème de l'atteinte que lui avoient portée la hauffe prodigieufe des actions & la précipitation des réalifeurs. Ceux qui ne pouvoient trouver de terres ni d'efpeces, s'attacherent à convertir les billets en diamans, en meubles précieux, en denrées & en marchandifes de toute efpece, & les porterent à des prix auffi exorbitans que les actions.

M. Law devenu Contrôleur général réfolut de lutter contre l'orage. Il feignit de paroître furpris qu'on manquât de confiance dans le fyftème au moment où il pouvoit devenir le plus avantageux. On paya avec beaucoup d'exactitude à la banque.

Le 9 Janvier les Directeurs arrêterent que la Compagnie s'engageroit à fournir dans les fix mois des actions avec les répartitions de l'année à raifon de onze mille livres l'action, en lui payant mille livres de prime, dont elle donneroit fa reconnoiffance au porteur.

Pour animer les négociations, le Contrôleur général parut lui-même dans la rue Quinquempoix accompagné d'un nombre de Seigneurs intéreffés au maintien du fyftème : il encouragea les Négocians, & leur prodigua de magnifiques promeffes fur le fuccès de leur confiance. Cela opéra quelque mouvement ; mais ceux qui devoient recevoir des rembourfemens ne laiffoient pas de fe trouver dans une étrange perplexité. Parmi les Négocians, les uns montroient de la confiance, les autres foutenoient l'impoffibilité de maintenir le crédit des actions ; les terres, les marchandifes avoient une valeur prodigieufe ; on ne fçavoit quel emploi faire en fûreté des rembourfemens ordonnés par le Roi. Pour les déterminer à recevoir & à remplacer malgré eux les deferteurs du fyftème , un Arrêt du 12 Janvier ordonna que tous les rentiers euffent à recevoir leur remboursement avant le premier Avril , faute de quoi les fonds feroient remis au Tréfor Royal pour être délivrés aux rentiers , ainfi qu'il feroit ordonné par Sa Majefté. Cet Arrêt produifit moins d'effet cependant qu'une lettre qui fut adreffée au Public , dans laquelle on cherchoit à lui infpirer de la confiance par l'exemple du paffé , & qui finiffoit par un raifonnement propre à faire impreffion fur le plus grand nombre. Le fyftème, difoit-on , s'établira fans vous & malgré vous ; vous aurez feulement le chagrin

d'avoir retardé fa marche fans participer à fes bénéfices. Dans le deffein
d'augmenter le nombre des Négocia-
teurs & des intéreffés dans le fyftème,
on liquida les comptes des Traitans généraux, & leur rembourfement fut ordonné.

Cependant l'ardeur de réalifer ne s'a-
mortiffoit point chez un certain nombre
de perfonnes. Les Marchands s'obfti-
nerent à vendre le double, lorfque le
payement s'en faifoit en billets.

Plufieurs faifoient convertir leurs
billets en efpeces à la banque, en faifant demander le payement par petites
fommes & par diverfes perfonnes. Différens Arrêts contre la garde des anciennes efpeces, des exemples de con-
fifcations de celles de nouvelle fabrique, des diminutions prefque journalieres fur les efpeces, ralentirent un peû
la recherche des matieres d'or & d'argent. L'Arrêt du 28 Janvier fut particulierement remarquable. Sa Majefté
informée que des gens mal-intentionnés
travaillent à diminuer la confiance publique, juge devoir faire de nouvelles
difpofitions pour favorifer la circulation, & impofer des peines contre ceux
qui defobéiront à fes ordres en refler-

rant les efpeces ; en conféquence elle ordonne une diminution fur toutes les efpeces , excepté fur les pieces de vingt fols & de dix fols. Elle permet pendant trois jours de recevoir dans les Hôtels des Monnoies l'or fur le pied de neuf cent livres le marc , & l'argent fur le pied de foixante livres ; mais paffé ce terme elle fixe la valeur de l'or à huit cent dix livres , & celle de l'argent à cinquante quatre livres.

Tout tranfport d'efpeces & matieres d'or ou d'argent hors de Paris & des villes où il y a Monnoie, eft défendu, & le cours des billets de banque eft ordonné dans toutes les Villes du Royaume.

Sa Majefté permet à la Compagnie de faire des vifites dans toutes les maifons de fes fujets , & veut que les efpeces faifies foient en entier au profit du dénonciateur.

Elle ordonne à tous dépofitaires de deniers de les porter aux Hôtels des Monnoies, à peine d'en être refponfables en leurs propres & privés noms.

Enfin pour la commodité publique elle veut que les efpeces continuent d'être reçues & payées à la banque fur le pied porté par l'Arrêt du 22.

Indépendamment de l'odieux attaché

à des inquisitions , & encore plus à des dénonciations de cette nature , pour empêcher un Peuple de garder ce que tous les hommes sont convenus de regarder comme un gage de leurs propriétés , on ne peut rien concevoir de plus imprudent que cette violence faite à la confiance dans un moment où elle chanceloit. Chacun se persuada qu'on vouloit le dépouiller , & s'attacha plus fortement à ses especes , malgré l'exemple de quelques infâmes dénonciateurs & de la confiscation qui leur fut adjugée. Si les Législateurs concevoient combien une Nation qui se gouverneroit par les mœurs seroit heureuse , & combien ils le seroient eux-mêmes , jamais on ne les verroit autoriser la corruption pour se procurer l'obéissance.

Quoique les menaces de cet Arrêt & la crainte des diminutions engageassent plusieurs personnes à porter leurs especes à la banque, l'effet général fut médiocre ; on ne fit qu'effaroucher les esprits & aliéner les cœurs.

Un autre Arrêt du 30 Janvier qui remettoit les quatre sols pour livre rétablis en 1718 sur les droits des Fermes à ceux qui les acquitteroient en billets , & qui ordonnoit de les percevoir de ceux qui payeroient en especes , outre les cinq pour cent, ne procura pas plus de confiance aux billets. Un crédit forcé devient un discrédit général ; bientôt les matieres se trouverent trop rares pour les réaliseurs. Ils acheterent alors à tout prix les perles, les diamans, malgré la défense qui survint d'en porter. Les Jouailliers envoyerent leurs billets en Provinces pour les faire payer aux caisses qui y étoient établies. Les Orfévres, qui avoient vendu tous leurs ouvrages à des prix excessifs, acheterent avec leurs billets aux Hôtels des Monnoies des matieres qu'on ne pouvoit leur refuser, & les garderent jusqu'à ce que les affaires prissent une tournure décidée.

Le 6 de Février il fut ordonné par un Arrêt du Conseil, que tous les rentiers dont le remboursement avoit été précédemment indiqué, seroient tenus de recevoir leurs remboursemens, sauf à ceux qui ne se seroient pas présentés à être réduits à deux pour cent. Cette réduction détermina le plus grand nombre des rentiers à recevoir & à suivre le commerce des actions. Ce renfort ne les releva pas ; elles baissoient chaque jour, malgré les expédiens du Contrôleur général. Cependant elles se sou-

tinrent encore quelque tems entre neuf
& dix mille livres, par la concurrence
de ceux qui vouloient employer leurs
remboursemens, & plus encore par
les manéges de ceux qui spéculoient
sur la ruine d'autrui, & à qui il impor-
toit de faire durer le jeu quelque tems
encore. Lorsque le mouvement du crédit dégenere dans un pareil brigandage,
sa chûte totale est inévitable. Aussi la
facilité que la Compagnie avoit voulu
donner au commerce des actions en
prenant des engagemens d'en fournir
dans les six mois à une prime médiocre, tenta peu de personnes ; les Négocians étoient dans cet usage entre
eux avant que la Compagnie y eût pensé, & il se trouvoit plus de gens prêts
à fournir qu'à recevoir.

Le 11 Février un Arrêt défendit aux
particuliers de contracter ces sortes
d'engagemens, en réservant à la Compagnie la permission exclusive : c'est une
opération qu'il eût convenu de faire
dès l'origine ; elle eût servi de gouver-
nail au système ; l'édifice eût été moins
élevé, mais plus solide. Cette défense
fut peu observée. Les Négocians anti-
daterent leurs engagemens, & conti-
nuerent le jeu des primes. Le 20 Fé-

vrier on fut obligé d'ordonner que tous
les porteurs d'engagemens fous le nom
de prime feroient tenus de les rapporter pardevant les Commiffaires dénommés dans l'Arrêt pour les vifer, faute
dequoi ils étoient déclarés nuls après
le dernier Février. Les Négocians firent fur leur parole ce qu'on leur défendoit de faire par écrit, d'autant plus
que les termes fe prenoient fort courts
dans l'incertitude où les chofes paroif-
foient, & que les avances de prime
étoient médiocres. Mais les actions fe
décréditant de plus en plus, les pri-
meurs perdoient toujours ce qu'ils a-
voient avancé.

Dans une fituation auffi embarraf-
fante on crut devoir étayer le fyftême
chancelant par de nouveaux arrangemens. On convoqua une affemblée générale de la Compagnie à l'Hôtel de la
banque le 22 Février.

Le Régent y propofa de remettre à
la Compagnie la régie de la banque
Royale avec les profits faits & à faire
par le Roi, à condition que le Roi demeureroit garant envers le Public du
payement de la valeur des billets, &
que la Compagnie répondroit au Roi de
l'adminiftration de la banque ; à l'effet

de quoi ses prêts & le fonds de ses actions resteroient hypothéqués.

Qu'on ne pourroit augmenter la quantité des billets qu'en vertu des Arrêts du Conseil rendus sur la délibération de la Compagnie.

Que la Compagnie compteroit de la recette & de la dépense de la banque par bref état au Conseil & à la Chambre des Comptes.

Que dans le premier Mars, le Trésorier de la banque rendroit compte à la Compagnie de sa situation par bref état, où l'on n'admettroit aucune autre nature de fonds que les billets de banque, l'argent comptant & les actions déposées pour la sûreté des prêts faits.

Que la Compagnie ne pourroit exiger les cinq pour cent sur l'argent porté au bureau de la banque, ni recevoir les especes qu'au prix courant.

Que les payemens en especes seroient autorisés au-dessous de cent livres.

Que la banque ne délivreroit que des billets de dix mille livres, de mille livres, de cent livres, & que ceux de dix livres seroient rapportés dans les deux mois pour être remboursés en especes.

Que Sa Majefté céderoit à la Compagnie les cent mille actions qui lui appartenoient, avec la cinquieme répartition, pour valeur defquelles elle payeroit à Sa Majefté neuf cent millions, dont trois cent millions dans l'année 1720, lefquels feroient dépofés à la banque pour les befoins de l'Etat, & les fix cent autres millions en dix années de mois en mois, fans qu'on pût faire compenfation des neuf cent millions avec la fomme que Sa Majefté s'étoit ci-devant engagée de ne point amortir pendant vingt-cinq ans.

Que la Compagnie ne feroit tenue en aucun tems de faire des avances au Roi, & que la banque ne feroit de payemens qu'après que les fonds y feroient entrés.

Qu'il feroit inceffamment ouvert trois Regiftres. L'un pour infcrire les billets dépofés chez le Tréforier de la banque & pour ouvrir un compte à chaque particulier. Le fecond pour infcrire les actions dépofées chez le Tréforier de la banque avec le compte de chaque particulier, lefquels effets ne pourroient être faifis. Le troifieme pour infcrire les actions dépofées fujettes à douaires, dots, hypotheques, lefquel-

les feroient faififfables. Que les dépôts
& les livres feroient tenus fans frais
de régie.

Que pour remplacer en faveur des
douaires, fubftitutions des Communautés, des mineurs & autres perfonnes non libres, les rentes perpétuelles
fur la Ville que Sa Majefté étoit réfo-
lue d'éteindre, la Compagnie créeroit
fur elle dix millions d'actions rentieres
à deux pour cent au capital de cinq
cent millions, lefquelles pourroient
être dépofées & infcrites à la volonté
du propriétaire, foit parmi les actions
libres, foit parmi les hypothéquaires.

Qu'il ne feroit plus ouvert à la Compagnie aucuns bureaux d'achats & de
vente d'actions, foufcriptions, polices
& autres papiers de la Compagnie.

Que les Directeurs ne pourroient faire aucun Commerce particulier de quelque nature qu'il fût, ni aucune négociation des effets de la Compagnie qu'-
en compte ouvert & par tranfport fur
les livres de la Compagnie.

Toutes ces propofitions furent ac-
ceptées & autorifées par un Arrêt du
23.

On ne peut nier que plufieurs de ces
Réglemens ne fuffent propres à donner

de la folidité au fyftème , fi la confiance eût été entiere , & s'ils avoient été
fidelement exécutés. Mais le crédit eft
de telle nature qu'il parcourt les extrê-
mes avec une rapidité prodigieufe ,
fans qu'on puiffe l'arrêter. Diverfes
claufes de cet arrangement pouvoient
encore prêter matiere à la défiance. Au
lieu de dire qu'il ne feroit plus fabriqué
de billets de banque qu'en vertu de
délibérations de la Compagnie autorifées par Arrêt du Confeil , il convenoit de ftatuer qu'il n'en feroit jamais
fabriqué dans une plus grande quantité.

Quoique le capital des actions fût
cinq fois plus confidérable que celui
des billets , ceux-ci étoient plus répan-
dus ; la fomme des billets qui s'étoit
trouvée fuffifante pour la circulation de
l'action à dix huit & vingt mille livres,
devoit fe trouver furabondante , l'action à neuf mille livres. Il falloit donc
diminuer par quelque opération la
quantité. La création des actions rentieres , par exemple , eût été un moyen
propre à faire rentrer cinq cent millions
en billets ; en les deftinant à être brûlés
publiquement , on rétabliffoit la proportion , & dès-lors la confiance dans
cet effet devenu moins commun , &

qui avoit ses avantages , puisque la
somme des impositions en faisoit circuler nécessairement pour cent soixante millions.

L'établissement du compte en banque proposé lorsque tout étoit perdu ,
eût employé le surplus des cinq cent
millions , qui auroit existé dans le public. Au contraire la Compagnie s'engageoit à payer au Roi neuf cent millions pour la valeur de cent mille actions , ce qu'elle ne pouvoit faire , au
moins pour le premier payement , qu'-
en multipliant une espece décriée.

On ne peut refuser assurément le génie à M. Law , & à son ouvrage le mérite d'une combinaison bien liée ; mais
il paroît douteux par les diverses opérations qu'il fit depuis le mois de Novembre jusqu'à sa démission du Contrôle général , qu'il eût autant d'habileté dans l'exécution que ses partisans
l'ont publié. Quelque confiance qu'il
eût dans ses principes, dont plusieurs
pouvoient être contredits , il devoit
sentir la nécessité de se plier aux combinaisons du Public , dont dépendoit le
succès. En s'obstinant à lui faire plus
de bien qu'il ne le vouloit , il lui cau-
sa autant de maux qu'il en avoit voulu guérir.

L'effet de cette délibération ne fut favorable au système que jusqu'à l'impression de l'Arrêt qui l'autorisoit. Le discrédit des billets de banque continua, & l'action continua de baisser journellement. Plus la banque payoit lentement, plus on s'efforçoit de réaliser. L'augmentation des especes le 25 ne parut qu'un expédient dont on vouloit couvrir la disette des caisses, & la défense de prendre cinq pour cent pour échanger les especes en billets ne fit pas un meilleur effet.

Le 27 on fit monter la défiance au plus haut point par la défense qui fut faite de garder plus de cinq cent livres chez soi en especes, ni en matieres d'or ou d'argent.

La défense de fabriquer & de vendre de la vaisselle d'argent ne fut qu'une imprudence de plus, & fit monter sa valeur à des sommes excessives, sans diminuer l'ardeur qu'on avoit pour l'enlever.

Le Contrôleur général, après avoir éprouvé si souvent que c'est compromettre l'autorité que de l'opposer au torrent des opinions, se trouva dans un étrange embarras. Il se détermina à rendre le fameux Arrêt du 5 Mars qui

décida absolument la chûte du système.

Le premier article enjoint au Trésorier de la banque de faire rentrer aux
échéances toutes les sommes prêtées
par la banque. Cette disposition devoit
diminuer la quantité des billets de
banque, & dès lors étoit convenable
aux circonstances.

Le second fixoit les actions de la
Compagnie des Indes à neuf mille livres, somme trop considérable pour
les répartitions que la Compagnie étoit
en état de faire sur ses profits, qui ne
pouvoient aller à plus de soixante millions. Il eût fallu au moins que l'action
eût pû rapporter deux pour cent, pour
que les porteurs la préférassent à d'autres emplois.

L'article troisieme ordonnoit la conversion des souscriptions & des primes
en actions.

On devoit recevoir suivant l'article
IV. les soumissions, dont il y avoit quatre premiers payemens sur le pied de
six mille livres, les anciennes primes
sur le pied de mille cinquante livres,
les nouvelles sur le pied de cinq mille
livres. Il eût paru plus convenable de
s'attacher uniquement à la diminution
de la quantité des billets dans le public,

&

& de recevoir en payement des billets de banque, comme le portoit l'engagement.

L'article V. ordonnoit, contre la promeffe folemnelle faite à la Compagnie, qu'il feroit ouvert à la banque un bureau pour convertir à la volonté des porteurs les actions de la Compagnie en billets de banque, & les billets de banque en actions fur le pied de neuf mille livres. C'étoit évidemment multiplier le billet déja avili & dont on avoit fait la monnoie de l'Etat. En effet le bureau où l'on vendoit les actions ne fut fréquenté que pendant huit jours, & la foule fe porta à celui qui les payoit en billets ; l'empreffement fut même fi grand, qu'on fut obligé d'en fabriquer pour plufieurs centaines de millions.

M. Law avoit deux motifs dans cette opération ; le premier de foutenir le dividende promis, en facilitant le dépôt d'un grand nombre d'actions à la caiffe de la Compagnie, auxquelles il ne feroit point fait de répartition. Le fecond partoit de fon attachement au principe de multiplication des richeffes, fur lequel fon fyftème étoit fondé, fans vouloir s'appercevoir que ces ri-

cheffes n'avoient de prix que par l'opinion. Travaillant comme fi le crédit
eût été fain & entier, il fe perfuada que
cette facilité donneroit à l'action la propriété de la monnoie dans la circulation. Par le même principe dans l'embarras du choix pour fauver l'un ou
l'autre effet, il eût fans doute préferé
les actions, parce que leur capital dans
la circulation étoit cinq à fix fois plus
fort, quoique ce capital fût totalement
arbitraire, & qu'à toute rigueur la
Compagnie ne dût regarder les actions
que fur le pied de cinq mille livres.
Mais il étoit clair que cette converfion
même attachoit le fort de l'action à celui du billet, la Compagnie & les actions répondant de la banque. Auffi eft-
il vraifemblable que ce choix ne fut
point l'objet de fon opération, comme
quelques uns l'ont prétendu. D'autres
l'accuferent d'avoir voulu favorifer
les actionnaires, parmi lefquels fe trouvoient les plus grands Seigneurs de
France, & leur donner le tems d'acquitter leurs dettes. Mais il eft vraifemblable, par la conduite qu'il tint pour
fa propre fortune, que fes intentions
étoient pures, qu'il compta trop fur
l'autorité, & fe flata de pouvoir foute-

nir le crédit par la violence, jufqu'à ce que fes bons effets le rendiffent volontaire.

L'article VI. ordonnoit qu'il feroit dreffé tous les fix mois un état des actions converties en billets, pour en répartir le produit entre les actionnaires qui n'auroient point converti leurs actions.

Les articles VII. & VIII. augmentoient les monnoies & portoient le marc d'or à douze cent livres, & le marc d'argent à quatre-vingt livres. On conçoit aifément qu'il devenoit néceffaire de multiplier le numéraire de l'efpece en même tems qu'on alloit multiplier le billet : fans quoi les caiffes n'euffent pû fuffire aux payemens. Ainfi cette augmentation étoit favorable à la banque.

L'article IX. porte que le billet de banque étant une monnoie invariable, & les efpeces monnoyées que S.M. autorife dans les payemens au-deffous de cent livres devant être réduites, la fuppreffion de quatre fols pour livre continuera en faveur de ceux qui payeront les droits des Fermes en billets, & que dans le payement des impofitions qui ne font pas fujettes aux quatre fols pour livre lefdits billets feront reçûs fur le pied de cent dix pour cent.

Les autres articles ne font pas intéreffans, ne faifant que confirmer d'anciennes difpofitions.

Malgré la crainte que devoient infpirer les variations d'efpeces annoncées par cet Arrêt, il ne diminua point l'attachement du public pour l'or & pour l'argent. M. Law dans ces circonftances défefpérées adreffa une feconde lettre au public, dont les raifonnemens plus fpécieux que folides n'étoient pas capables de diffiper la crainte générale qui frappoit les efprits. Il les révolta au contraire en faifant valoir d'une maniere dure pour le public & peut-être outrageante pour la majefté du Prince même, un pouvoir defpotique dont il affuroit que fon fyftème étoit étayé, & que la France toujours heureufe fous un Gouvernement modéré voyoit reclamer ouvertement pour la premiere fois.

Il voulut inutilement l'employer en faifant défendre par une Déclaration du 11 Mars, non-feulement l'ufage de la monnoie d'or, mais encore de la garder, ni même aucunes matieres d'or, fauf à les porter aux Hôtels des Mon-

noies & aux bureaux de la banque où
elles feroient payées fur le pied porté
par l'Arrêt du 5.

Il étoit également défendu, paffé le
dernier Décembre, de garder aucunes
efpeces ni matieres d'argent, autres
que les fixiemes & douziemes d'écus
de la fabrication de 1718, & les livres
d'argent de la fabrication ordonnée en
1719.

La fabrication des efpeces d'or étoit
prohibée pour l'avenir, ainfi que celle
des efpeces d'argent plus pefantes que
de la taille de trente au marc.

Divers articles étoient deftinés à encourager les dénonciations, & les derniers annonçoient une diminution d'un
huitieme, à commencer au 20 Mars à
Paris, & au premier Mai dans les Provinces.

L'allarme fut génerale, non-feulement parmi les réalifeurs, mais encore
parmi les Commerçans, qui dépen-
doient de la probité de leurs Courtiers
& de leurs Commis. Divers exemples
redoublerent la méfiance entre les Citoyens; & la confternation fut portée
à fon comble par la dénonciation d'un
fils contre fon pere, malgré la punition
que le Régent décerna contre ce monf-
tre.

Le nombre de ceux qui fe foumirent à la loi ne laiffa pas cependant d'être affez grand pour les circonftances, puifque la banque reçut dans tout le mois quarante-quatre millions fix cent quatre-vingt feize mille cent quatre-vingt-dix livres en efpeces à quatre-vingt livres le marc, & ce fut l'effet des diminutions indiquées. Mais cette fomme étoit bien foible relativement à la maffe numéraire de l'argent du Royaume qui devoit être de feize cent millions environ fur le pied du marc.

La fabrication ordonnée dans ce mois des louis d'argent de trente au marc, en conféquence de l'Arrêt du onze, porta même la valeur de l'argent à quatre-vingt-dix livres, & la maffe numéraire de l'argent à dix huit cent millions. Il eft vrai que par une opération fans exemple, le même Arrêt annonçoit une diminution graduelle de ces nouvelles efpeces, de maniere qu'en Décembre le marc d'argent ne devoit plus valoir que trente livres.

La rue Quinquempoix continuoit d'être encore le théâtre des négociations, des brigandages de toute efpece: on fut obligé d'y défendre les affemblées, qui devenoient inutiles par la faculté des conversions à la banque, & la fixation du prix des actions. Mais les intéressés ne purent se résoudre à abandonner les négociations, & s'assemblerent par pelotons, malgré les défenses, partout où ils purent.

La perte des billets de banque en échange de l'argent augmentoit journellement. Quoique par l'Arrêt du 19 Avril qui en ordonnoit une fabrication de quatre cent trent-huit millions, il parut qu'il n'y en avoit dans le public que pour douze cent millions ; on sçut depuis qu'il en avoit été délivré sans Arrêt jusqu'à la somme de deux milliards six cent quatre-vingt-seize millions, & beaucoup de gens prétendoient même que cette somme avoit monté jusqu'à trois milliards, sans compter ce qui en avoit été contrefait dans le pays étranger.

L'Auteur du système étoit enfin contraint de céder à la nécessité, & avoit formé, mais trop tard, le projet de proportionner le capital des billets de banque à celui des remboursemens qu'il étoit en état de faire. Il fut permis à la Compagnie des Indes de constituer sur elle des rentes viageres au denier vingt-cinq pour la somme de cent millions.

Cet objet médiocre par lui-même ne pouvant diminuer la quantité des billets d'une maniere fenfible, il falloit employer des expédiens plus efficaces.

Le 21 Mai parut un Arrêt célebre : le préambule, après avoir expofé que les augmentations d'efpeces avoient plus porté de préjudice au Royaume que toutes les dépenfes occafionnées par la guerre fous le dernier Regne, comparoit la fituation déplorable où l'Etat étoit réduit en 1715 avec l'aifance où le fyftème l'avoit conduit. On faifoit remarquer que les Finances du Roi étoient rétablies, que la Nobleffe s'étoit libérée de fes dettes, que les terres étoient cultivées, le Peuple occupé par les manufactures & le Commerce. Mais on ajoutoit que malgré les avantages fenfibles que ces établiffemens avoient procurés, *il s'eft trouvé des perfonnes af-fez mal intentionnées pour former le deffein de le détruire, en obligeant Sa Majefté de donner l'Arrêt de fon Confeil du 5 Mars pour foutenir par l'affoibliffement des monnoies le crédit de ces établiffemens fi utiles & fi néceffaires.*

On ne peut fe difpenfer de s'arrêter fur ces dernieres paroles pour prouver que les perfonnes mal intentionnées,

dont

dont parle Sa Majesté, n'étoient autre chose que les réaliseurs dont l'avidité & la défiance ayant épuisé les caisses de la banque, forcerent le 5 Mars le Gouvernement de hausser les especes. Les amis de M. Law ont toujours tâché de faire de la chûte du système un mystere d'intrigue & même de politique. M. Du Tot entr'autres, en retranchant ces mots : *pour soutenir par l'affoiblissement des monnoies le crédit de ces établissemens,* dans les citations de cet Arrêt, a prétendu montrer clairement que l'Auteur du système avoit été conseillé par ses ennemis, & forcé par les intrigues des Ministres de la quadruple Alliance, d'ordonner la conversion fatale des actions en billets, & des billets de banque en actions. On a vû cependant, par l'extrait d'un de ses Mémoires cité au commencement, que cette conversion étoit dans son plan, qu'il l'appuyoit par des raisonnemens analogues à ses principes, & tout-à-fait conformes à sa méthode. Voici ce qu'il dit dans un autre Mémoire justificatif de son système depuis sa chûte, & où il entreprend de prouver par sa solidité la différence qui s'y trouvoit avec le système de la mer du Sud. *Le Roi avoit aussi cédé à la Compagnie la banque & tous ses profits provenant de la circulation de ses billets qui étoit d'environ deux millards de France : & comme ces billets ne sortoient point de la banque que pour une valeur en especes ou en actions, la Compagnie avoit deux cent mille actions entre ses mains qui servoient de dépôt ou de valeur des billets qui circuloient.*

Dans un autre endroit : *Tout étoit monnoie, actions & billets de banque ; il n'y avoit qu'à fixer les proportions, & tout discrédit, toute demande sur la caisse cessoit.*

On voit par ces passages que M. Law regardoit la conversion comme un des avantages de son système ; & s'il eût pensé différemment, il n'eût pas manqué de se plaindre de ses ennemis.

Une autre citation de ces Mémoires prouvera également que l'augmentation des especes eut pour objet de soutenir le crédit. *L'Arrêt qui fut donné ensuite pour porter le prix de l'espece à quatre vingt-dix livres le marc d'argent, étoit fondé sur des raisons d'Etat, & pour soutenir le crédit public qui chanceloit alors. Par cet Arrêt le Roi engageoit la banque à soûtenir le prix des actions à neuf mille livres. Et c'étoit pour la mettre en état de soutenir cet arrangement que Sa Majesté sut déterminée à porter les especes à quatre-vingt-dix livres.*

Cette digression a paru utile pour détruire les préjugés avec lesquels on ne pourroit se faire une idée nette, ni du système, ni de l'opération dont nous allons suivre le récit.

Le préambule de l'Arrêt, après avoir fait valoir les avantages du système de crédit, s'étendoit sur le préjudice qu'a-voient causé les augmentations de mon-noie. Le véritable point où il vouloit arriver étoit de prouver la nécessité de rétablir le prix des monnoies dans une proportion qui convînt au Commerce étranger & au débit des denrées.

La Déclaration du 11 Mars y avoit pourvû en ordonnant les réductions ; mais comme elles devoient produire une diminution, continuoit le préam-bule, non-seulement sur le prix des denrées & des biens meubles, mais en-core sur le prix des terres & autres biens immeubles, Sa Majesté jugeoit que l'intérêt général de ses sujets deman-doit qu'on diminuât le prix ou la valeur numéraire des actions & des billets de la banque, pour soûtenir ces effets dans une juste proportion avec les especes

F f ij

& les autres biens du Royaume , *empêcher que la plus forte valeur des especes ne
diminuât le crédit public* , donner en même tems aux créanciers privilégiés les
moyens d'employer plus favorablement
les remboursemens qui pourroient leur
être faits , & enfin prévenir les pertes
que ses sujets souffriroient dans le Commerce avec les étrangers.

En conséquence l'article I. porte une
diminution successive sur les actions
pour les fixer au premier Décembre à
cinq mille cinq cent livres.

Par l'article II. les billets de banque
sont réduits de maniere qu'au premier
Décembre ils ne vaudroient plus que
la moitié du numéraire actuel.

L'article III. observe que les actions
procurant un placement avantageux des
billets de banque , il convenoit de faciliter leur emploi aux sujets qui n'étoient
pas assez riches pour acquérir des actions ; & en conséquence Sa Majesté
ordonne que les billets seront reçus pour
leur valeur entiere en payement des impositions jusqu'au premier Janvier 1721,
& en acquisition des rentes viageres.

L'article IV. ordonne que les lettres
de change seront acquittées en billets
de banque sur le pied où ils se trouveront lors de l'échéance.

La publication de cet Arrêt caufa un boulverfement affreux dans la Capitale & dans les Provinces. Chacun s'écria que la foi publique étoit violée, & s'imagina perdre la moitié de fon bien : encore n'étoit-on pas affuré que l'autre moitié fût confervée.

Cette opération étoit certainement imprudente fi on la confidere du côté de la confiance, puifqu'en tant d'occafions on avoit déclaré le billet une monnoie fixe & invariable. Nous avons vû plus haut que, malgré le defaveu de cette claufe par M. Law, il eft très-vraifemblable qu'il ne l'avoit pas defaprouvée dans les tems, qu'elle étoit prefque indifpenfable ; enfin elle avoit été confirmée par différens Arrêts, & l'on s'en étoit fervi utilement pour foûtenir le crédit : ainfi il paroit inconteftable qu'il falloit s'y aftreindre, fur-tout dans un tems où la confiance chanceloit, & chez un peuple qui ne favoit pas calculer.

Si l'opération eft confidérée du côté du calcul, elle étoit infuffifante pour réparer les fautes paffées, mais elle ne portoit pas au Public le préjudice qu'il s'imaginoit.

Elle étoit infuffifante, puifqu'en même tems que la fomme des billets eût été reftreinte à un numéraire de treize cent millions, la fomme des efpeces eût été réduite à fix cent millions à trente livres le marc d'argent. Ainfi il y auroit toujours eu la même difproportion à peu-près entre fix cent millions d'argent & treize cent millions en banque, qu'entre treize cent millions d'efpeces à foixante - cinq livres le marc, & deux milliards fix cent millions en banque. D'un autre côté les propriétaires des actions continuoient de recevoir leur dividende de deux cent livres : ainfi recevant de la monnoie forte ils gagnoient moitié, puifque leurs fpéculations s'étoient faites dans un tems où l'efpece valoit foixante livres. Les billets de banque convertis en efpeces à trente livres rendoit autant de marcs que par leur converfion en efpeces à foixante livres le marc, & ils gagnoient fi l'on confidere l'argent au prix de quatre-vingt dix livres : car un billet de mille livres converti à ce dernier prix n'eût rendu que onze marcs une once environ d'argent ; & un billet de mille livres réduit à cinq cent livres valoit à trente livres le marc feize marcs & deux tiers. M. Law s'étoit perfuadé que

cette combinaison feroit fentie, & elle
l'eût peut-être été fi les opérations précédentes n'effent infpiré la frayeur qui
ne raifonne pas.

Quoique le billet eût été déclaré une
monnoie fixe & invariable, le public
devoit concevoir qu'il avoit reçû moins
de marcs d'argent lorfqu'il avoit converti fes billets en efpeces à quatre-
vingt-dix livres, que lorfqu'il avoit reçû fon payement en efpeces à foixante
livres. Une monnoie de banque fixe &
invariable eft celle qui doit s'échanger
contre une monnoie réelle dont le poids
& le titre font fixés comme en 1716.
On ne devoit pas s'attendre qu'il fût
poffible à la banque de payer à trente
livres le marc, le même numéraire qu'-
elle avoit reçû à foixante livres le marc.
Il étoit fans doute impoffible de foûtenir la difproportion énorme entre la
quantité du billet & celle de l'efpece :
pour le corriger il ne reftoit qu'un feul
moyen, c'étoit de porter la valeur du
marc d'argent à cent quarante livres,
ce qui eût produit un numéraire en argent égal au numéraire des billets. Ce
remede étoit violent fans doute, def-
tructif du Commerce étranger ; mais il
valoit encore mieux facrifier une par-

tie que de perdre le tout par le renver-
fement des fortunes, & de s'expofer à
la chûte énorme d'un crédit immenfe,
dont la fecoufse devoit fe faire reffen-
tir encore long-tems après. On eût gagné du tems & pris des mefures pour
retirer une partie des billets, en diminuant l'efpece dans la même proportion.

Il y avoit peut-être encore un expédient compatible avec la diminution :
c'eût été de commencer par réduire
feulement le billet fans diminuer le prix
de l'action. Alors les porteurs des billets
euffent voulu les convertir en actions.
Le Roi auroit pû faire le facrifice des
cent mille qui lui appartenoient, pour
retirer une fomme de neuf cent millions
en billets qu'on auroit brûlés. Ces neuf
cent millions en euffent abforbé près de
onze cent fur le pied de la premiere
diminution d'un cinquieme. Les quinze
cent millions reftant n'euffent formé au
premier Décembre qu'une valeur de
fept cent cinquante millions, l'argent à
trente livres le marc. Les fix cent millions d'efpeces au même prix euffent
formé une proportion capable de foutenir la banque ; & en abandonnant les
billets au cours de la place, on les au-

roit vû monter au pair par le feul befoin de la circulation.

On objectera peut-être que l'efpece
forte faifoit valoir l'action le double de
ce qu'elle valoit l'efpece étant foible ;
on peut dire même les deux tiers de
plus, puifque l'argent fut porté à quatre-vingt-dix livres, en même tems que
les actions étoient fixées à neuf mille
livres. Mais puifqu'on leur confervoit
le dividende de deux cent livres en
monnoie forte, il n'y avoit pas plus de
difficulté de leur conferver le même capital en monnoie forte. Dans la fuite,
après avoir affuré la fortune du billet,
on auroit réduit le dividende de l'action qu'il n'étoit pas poffible de foûtenir à deux cent livres. Tout ce qui pouvoit en arriver, c'étoit qu'elle tombât
à la valeur du dividende qu'on auroit
fixé ; elle n'auroit pas tombé au-deffous, & il falloit l'abandonner au cours
de la place : c'étoit opérer la diminution d'une autre maniere qui eût paru
volontaire.

Cet expédient eût changé quelque
chofe au plan du fyftème, en ce que
le capital des billets n'étant plus dans
une proportion fuffifante avec le capital des actions, il auroit fallu fermer

le Bureau de converfion auffi-tôt après la ceffion des cent mille actions ; & l'action n'eût plus eu la propriété de la monnoie que M. Law vouloit lui donner à quelque prix que ce fût. Il aima mieux perdre de force tout fon terrein, que d'en céder une partie.

Ceux qui ont encore attribué à fes ennemis ou à fes envieux l'Arrêt du 21 Mai, connoiffoient peu fes principes, & n'étoient pas bien informés, puifque le projet avoit été dreffé plus de deux mois avant fon exécution, & remis à M. le Régent. Quelques clameurs qu'il ait excitées, il ne paffera jamais aux yeux de ceux qui entendent même legerement les combinaifons, pour une atteinte réelle donnée à la propriété, foit des actionnaires, foit des porteurs d'actions. Mais on ne peut difconvenir en même tems qu'il étoit imprudent par les circonftances, & infuffifant dans l'exactitude des principes véritables de la Finance.

On ne donna pas le tems au public de faire des réflexions fur cette opération. Dès le 27 Mai l'Arrêt du 21 fut révoqué, & ce fut un coup plus funefte dans fes effets que l'Arrêt même dont on s'étoit plaint. Les billets perdirent

en peu de semaines moitié, & furent
enfin escomptés aux neuf dixiemes de
perte ; & le même jour les actions tom-
berent de huit mille à six mille pour dé-
cliner sans cesse. Ainsi le second Arrêt
sollicité & présenté par les Gens du
Roi du Parlement comme un remede,
fut l'époque véritable du renversement
du système : & quoique M. Law l'eût
bien prévû, il fut forcé de le rapporter. Expérience funeste & trop commune, qui prouve que la science des
Loix est souvent fort étrangere à celle
de l'administration.

En vain un Arrêt du 29 Mai donna-
t il cours aux anciennes especes d'or &
d'argent, & rendit-il aux particuliers
la liberté de garder telle somme en espece qu'ils jugeroient à propos ; la confiance ne se rétablit point. Le seul remede qu'on pût employer, c'est-à-dire
l'augmentation de l'espece, fut négligé ; car celle qui fut faite de soixante-
cinq livres à quatre-vingt-deux livres
dix sols, étoit insuffisante dans la circonstance, puisqu'elle ne rétablissoit
pas la proportion numéraire suffisante
pour soutenir les payemens de la Banque.

M. Law cessa de rapporter au Con-

feil des Finances, & l'administration de
son système passa en d'autres mains.

Le même jour la Compagnie reçut
ordre de faire son bilan, avec de nouvelles assurances de la part de Son Al-
tesse Royale de sa protection & de la
conservation de ses priviléges. Les Directeurs lui promirent de présenter le
bilan dans peu de jours, & lui demanderent des marques sensibles de sa protection, pour rassurer le Public sur le
crédit de la Compagnie, la suppliant
en même tems de donner ses ordres sur
les opérations présentes. Le Régent
leur en signa un, portant qu'ils conti-
nueroient la conversion des primes &
des souscriptions en actions, de même
que la conversion des actions d'Occident en celles des Indes ; qu'ils conti-
nueroient de délivrer des actions rentieres en échange des billets de banque
& des récépissés du Trésor Royal ; de
recevoir des billets de banque pour la
somme qui restoit à remplir des quatre
millions de rentes viageres ; de continuer sans interruption le payement des
dividendes de ses actions pour les six
premiers mois de 1720 ; de ne faire aucune difficulté de rendre les actions &
billets de banque mis en dépôt, & d'en
recevoir.

Le 3 de Juin les Directeurs fourni-
rent le bilan de la Compagnie, par lequel il paroiſſoit qu'au moyen des différentes opérations & des actions réité-
rées, elle ſe trouvoit un fonds de plus
de trois cent millions ; que par rapport
à ſon Commerce elle avoit fait des entrepriſes conſidérables & avantageu-
ſes ; qu'elle avoit porté le nombre de
ſes vaiſſeaux à cent-cinq, expédié de
riches cargaiſons ; que ſes livres étoient
dans un très-bel ordre ; qu'elle avoit
augmenté le produit des Fermes & le
recouvrement des Recettes générales.

Mais vû le grand nombre d'actions
qui circuloient dans le public, il fut délibéré de repréſenter à Sa Majeſté, 1°.
qu'il convenoit d'en réduire le nombre
à deux cent mille ; que la Compagnie
en ayant retiré près de trois cent mille,
il ne reſtoit qu'à les éteindre, ainſi que
les cent mille qui appartenoient au Roi,
& dont la valeur étoit un bénéfice fait
par Sa Majeſté : que la Compagnie ſe
verroit en état de s'acquitter envers le
Roi & la Banque par de nouvelles opérations, de retirer une quantité conſidérable de billets de banque pour les
réduire au nombre qui ſeroit fixé ; que
dans ce deſſein elle offroit de rétroce-

der à Sa Majesté vingt-cinq millions sur les quarante-huit qui lui étoient assignés sur les Fermes. 2°. Elle demandoit à être autorisée à faire un appel de trois mille livres par action, dont le dividende seroit payé à trois pour cent sur le pied de douze mille livres l'action ; appel volontaire d'ailleurs dans son exécution, de façon que les actionnaires qui n'y voudroient pas répondre recevroient leur dividende ordinaire de deux cent livres : & pour inviter les actionnaires à répondre à l'appel, elle demandoit à être autorisée à former une société d'assurance qui auroit pour fonds vingt mille actions remplies, montant, sur le pied de douze mille livres l'action, à deux cent quarante millions, dont le profit & le principal répondroient du dividende de trois pour cent.

3°. Elle proposoit de nommer des Commissaires pour brûler à l'Hôtel-de-Ville les actions & souscriptions retirées.

4°. D'ordonner un terme pour rapporter les actions qui circuloient dans le public, afin de les convertir en nouvelles actions.

En conséquence le 10 Juin le Roi

créa vingt-cinq millions de rente fur l'Hôtel-de-Ville au denier quarante, au capital d'un milliard payable en billets de banque & récépiffés : ceux qui avoient été rembourfés de pareilles rentes devoient être préférés pour l'acquifition de celles-ci. Mais tant qu'on efpéra trouver d'autres reffources, on ne s'empreffa point à acquérir à un intérêt auffi bas un remplacement de rentes au denier vingt-cinq.

Le lendemain un autre Arrêt ordonna que tous les billets de banque de dix mille livres & de mille livres rentrés à la Banque, ou qui rentreroient par les différentes voies qu'on indiqueroit, feroient brulés à l'Hôtel-de-Ville. Il défendoit de faire les payemens au-deffus de cent livres en autre monnoie qu'en billets ; confirmant la fuppreffion des quatre fols pour livre en faveur de ceux qui payeroient les droits des Fermes en billets, & la faculté à l'égard des autres droits, de faire les payemens en papier fur le pied de dix pour cent.

Le crédit du billet n'augmenta point malgré ces difpofitions ; & les diminutions imprudentes qui fe firent jufqu'à la fin de Juillet, ne firent que refferrer

l'argent. L'Arrêt du 20 Juin ne fut pas
plus favorable aux actions : il permettoit à la Compagnie de faire un appel
de trois mille livres payables en billets
ou en actions au choix des actionnaires ; les actions devoient être reçûes
sur le pied de six mille livres, ensorte
que pour trois actions il en seroit délivré deux nouvelles.

· Le 26 Juin la Compagnie s'apperce-
vant que la préférence accordée aux
possesseurs des anciennes rentes donnoit de l'inquiétude aux autres porteurs
de billets & de récépissés du Trésor
Royal, offrit à Sa Majesté de rétrocé-
der les dix-huit millions restant des quarante-huit qui lui étoient assignés sur les
Fermes, afin de créer des rentes de pareille nature en faveur de ceux qui n'a-
voient point de rentes précédentes.
Cette offre fut acceptée ; mais cette
création de rentes effaroucha le Commerce & tous ceux à qui des Contrats
ne pouvoient qu'être onéreux ; elle
n'eut pas lieu dans ce moment.

Dans la crise où l'on se trouvoit, les
Négocians desiroient avec ardeur de
pouvoir se rassembler ; on toléra qu'ils
le fissent à la place de Louis le Grand,
dans l'espérance de voir leurs efforts

ranimer

ranimer la circulation absolument éteinte. Il s'y fit beaucoup de conversions
de billets en marchandises à des prix
considérables, & par la même raison
l'escompte des billets en argent coûtoit
le tiers de la valeur à leurs propriétaires. En vain ces escomptes usuraires
furent-ils défendus, le besoin des uns
& l'avidité des autres l'emporterent.
Des débiteurs de toutes les Provinces
y accoururent, pour profiter de la baisse
du papier, & faire des remboursemens
qui en les libérant ruinoient leurs créanciers.

On proposa alors un expédient plus
efficace pour rendre quelque faveur
aux billets de banque ; c'étoit d'ouvrir
des comptes courans & des viremens
de parties en banque, tant à Paris que
dans toutes les Villes où il y a Monnoie, dont le fonds ne pourroit passer
six cent millions. Cet établissement
commode au Commerce, & usité presque dans toutes les Villes d'un grand
Commerce en Europe, eût procuré
aux Négocians un débouché considérable de leurs billets ; & si cet établissement eût été suivi, il auroit pû subsister avec succès en rendant insensiblement la banque purement marchande.

Mais tout ce qui avoit précédé ne permettoit plus aucune bonne opération : il n'y eut pas pour deux cent millions d'écritures en banque en conséquence de l'Arrêt du 13 Juillet qui les autorisoit. La cessation que l'on fit à la banque des payemens, excepté pour les billets de dix livres, acheva de porter la consternation à son comble. Les actions ne se négocioient plus que pour cinq mille livres en billets qui ne produisoient pas deux mille cinq cent livres en especes. Jusques-là les caisses des Provinces avoient assez bien payé les billets visés par les Intendans ; mais quand on vit que cette exactitude ne pouvoit plus soutenir l'édifice, on donna des ordres contraires, ce qui précipita sa chûte. Alors chacun voulut se débarrasser du papier à quelque prix que ce fût ; & comme il étoit défendu de le refuser en payement, on l'employa en marchandises, que cette recherche jointe au discredit de la monnoie des payemens firent monter au sextuple de leur valeur.

Conformément aux offres de la Compagnie, S. M. lui confirma par un Arrêt du 28 Juillet tous ses priviléges à perpétuité, à condition qu'à commencer du premier Août elle retireroit du public cinquante millions de billets de banque par mois, jusqu'à la concurrence de six cent millions. Pour lui en faciliter les moyens, un Arrêt du 31 lui permit de faire cinquante mille actions sur le pied de neuf mille livres chacune.

On voit que depuis la création des rentes au capital d'un milliard, on leur avoit encore ouvert deux débouchés pour la somme de douze cent millions; ce qui devoit borner leur quantité à sept cent vingt millions, s'il est vrai qu'il n'en eût été fabriqué que pour deux milliards six cent quatre-vingt-seize millions.

La perte que faisoit la France dans son Commerce avec les Etrangers pendant ces mouvemens, étoit énorme & proportionnée au discrédit du billet.

L'empressement de réaliser avoit fait monter le prix des diamans & des bijoux précieux à des prix si hauts que la cupidité de l'Etranger en fut tentée; & il trouvoit encore dans ses bénéfices de quoi se dédommager de la conversion de ses billets en especes qu'il retiroit en nature. La défense de porter & même de garder des pierreries chez soi, & l'ordre aux Marchands de les faire sortir du Royaume dans un mois, ne firent que des monumens autentiques du resserrement des especes & de la confusion générale; on ne leur obéit pas. Nos pertes s'accrurent encore par les diminutions, lorsqu'enfin la nécessité extrême força de revenir sans fruit à l'opération qui eût sauvé les affaires si elle eût accompagné la révocation de l'Arrêt du 21 Mai.

Le 30 Juillet on haussa le marc d'argent de soixante-sept livres dix sols à cent vingt livres, pour diminuer au premier Septembre à cent cinq livres, le 16 à quatre-vingt-dix, le premier Octobre à soixante & quinze, le 16 à soixante livres.

Le premier effet de cet Arrêt fut de remettre le billet au pair, & il s'y soutint pendant trois ou quatre jours : mais on avoit perdu confiance dans le papier, & peut-être plus encore dans l'administration, qui ne montroit aucun principe décidé. Le billet de cent livres perdoit trente-trois livres à la fin du mois. En effet il étoit fort naturel de penser que les diminutions, annoncées par l'Arrêt même qui ordonnoit l'augmentation, feroient retomber le billet dans le discrédit d'où celle-ci

ſembloit l'avoir tiré : ce qui porte à
croire que le Gouvernement n'avoit
pas bien conçû le principe de ſon opération.

Le 9 Août il fut ordonné de brûler
les cinquante millions de billets retirés
par la Compagnie des Indes en payement des ſouſcriptions ; & le 14 du
même mois il lui fut permis d'ouvrir
une nouvelle ſouſcription de vingt mille
actions.

Le 15 on donna de nouvelles preu-
ves du deſir que l'on avoit de retirer le
papier de la circulation, en annonçant
une création de rentes viageres ſur la
Ville au denier vingt-cinq, & une création de rentes au denier cinquante ſur
les Recettes des diverſes Généralités
du Royaume pour la commodité de
ceux qui y ſeroient domiciliés. En con-
ſéquence de ces arrangemens il étoit
ordonné que paſſé le premier Octobre
les billets de mille livres & de dix mille
livres n'auroient plus cours & ne pourroient être admis qu'aux emplois indiqués juſques alors ou qui le ſeroient
encore pour les retirer. Mais les billets
de cent livres & de dix livres devoient
avoir cours juſqu'au premier Mai 1721.
Cependant à l'égard des ſouſcriptions

de la Compagnie, il étoit ordonné que les billets de mille & de dix mille livres n'y seroient reçûs en payement que jusqu'au premier Octobre, & que passé ce terme les souscripteurs seroient obligés de payer en billets de cent livres & de dix livres : Sa Majesté voulant qu'au premier Octobre les billets de mille & de dix mille livres fussent réputés actions entieres de la Compagnie à deux pour cent d'intérêts payables de six mois en six mois, à compter du premier Juillet, dont elle resteroit garante ainsi que des autres créées par Arrêt du 24 Février.

Enfin il étoit permis dans tous les contrats au-dessus de mille livres de stipuler que les payemens ne pourroient être faits qu'en especes.

Cet Arrêt n'apporta aucun changement au crédit des billets ; & celui du 29 ne fit pas plus d'effet en faveur de la Compagnie, malgré la protection dont on lui renouvelloit les assurances, & la cessation des fonctions des Commissaires du Conseil ; laissant aux Directeurs dénommés la conduite de leurs départemens sous la direction générale de Guillaume Law frere de l'auteur du système. L'article VIII. de cet Arrêt est particulierement remarquable , en ce que Sa Majesté déclare, pour faire cesser les bruits des gens mal intentionnés , que les actionnaires de la Compagnie ne pourront en aucun tems & sous aucun prétexte être taxés à raison des profits qu'ils ont faits , ou pourront faire dans ladite Compagnie.

En effet on parloit déja du visa , qui fut exécuté en 1721.

Le 30 Août on créa huit millions de rentes au denier cinquante sur les Recettes générales.

Le 2 de Septembre on ordonna une fabrication de cinquante millions de billets de cinquante livres & de cent livres, pour satisfaire à une clause de l'Arrêt du 15 Août, qui permettoit aux porteurs des billets de mille & dix mille livres de placer seulement en rentes & en comptes courants en Banque , les neuf dixiemes du capital , & de se faire rendre un dixieme en billets de cent livres & au-dessous. Quoique cet arrangement fût en quelque façon nécessaire à un grand nombre de personnes qui ne pouvoient faire leurs payemens avec des Contrats , le public ne laissa pas de voir avec inquiétude cette fabrication nouvelle. Dans le trouble & le

defordre général où les affaires étoient
réduites, tout faifoit ombrage.

Le 15 Septembre la défolation redoubla. L'Arrêt de ce jour portoit qu'à
commencer du jour de la publication
de l'Arrêt, & jufqu'au premier Octobre,
les billets de mille & dix mille livres ne
pourroient être donnés en payement
qu'avec moitié efpeces, à l'exception
des dettes antérieures : que les billets
de cent livres, de cinquante livres, &
de dix livres ne feroient reçûs jufqu'au
premier Novembre qu'en payement de
fommes au-deffous de vingt livres &
au-deffus avec moitié efpeces, paffé
lequel terme ces billets ne feroient reçûs fans efpeces que pour l'acquifition
des rentes, fauf à continuer de les donner avec moitié d'efpeces : que les fommes écrites en comptes courants en
Banque feroient fixées au quart de la
valeur, fi mieux n'aimoient les propriétaires les retirer en billets de dix
mille livres dans le cours du mois de
Septembre : que les actions de la Compagnie des Indes feroient fixées à l'a-
venir fur le pied de deux mille livres :
que Sa Majefté permettoit à la Compagnie de faire cinquante mille nouvelles
actions en cinq cent mille billets d'un
dixieme

dixieme chaque, lefquels pourroient
être acquis pour huit cent livres chacun
en billets de cinquante livres ou de dix
livres, & que leur dividende feroit de
trente-fix livres, à raifon de trois cent
foixante livres l'action : que le montant des actions, dixiemes & comptes
en Banque ne pourroient excéder cinq
cent millions monnoie de Banque, &
qu'il refteroit toujours en dépôt à la
Compagnie une partie des deux cent
cinquante mille actions égale au montant du crédit de la Banque fur le pied
de deux mille livres l'action.

Il n'y a pas un feul article dans cet
Arrêt qui n'annonçât le peu de valeur
que l'on finiroit par donner aux billets,
& la faute qu'on avoit faite en faifant
révoquer l'Arrêt du 21 Mai. La diminution fur les effets au cours de la place
étoit déja plus grande que celle contre
laquelle on s'étoit récrié ; & cette multitude d'arrangemens qui fe détruifoient
les uns & les autres, ne pouvoit que
porter le defefpoir dans toutes les familles. On fe croit difpenfé de faire des réflexions plus profondes fur toutes ces
opérations, qui paroiffent n'avoir eu
aucun principe conftant, & qui déce-
lent encore plus de précipitation de la

part de ceux qui gouvernoient, que d'effroi de la part du Public. Quelque deſeſpérée que parût la ſituation des affaires, on ne ſçut pas mieux en tirer parti qu'en 1709, parce que les mouvemens populaires parurent plûtôt préſider aux déciſions, que les principes ſans leſquels on opere toujours mal.

Un Edit du même mois renouvella à l'égard des billets de dix livres, de cinquante livres, & de cent livres, l'opération faite en 1709 pour retirer les billets de monnoie. Il ordonnoit une nouvelle fabrication qui portoit le marc d'argent à quatre-vingt-dix livres, & le marc d'or à treize cent cinquante livres, & que les eſpeces anciennes ou les matieres ſeroient reçues aux monnoies avec moitié en ſus en petits billets. Le calcul de l'Etranger étoit fort ſimple ; il pouvoit envoyer en matieres ſoixante livres, faire acheter pour trente livres de billets qui lui euſſent coûté dix livres : avec ces ſoixante-dix livres de débourſés, il recevoit quatre-vingt-dix livres en eſpeces qu'il plaçoit en France, & lors de la diminution inévitable après un gain auſſi forcé ſur la refonte, il ſe faiſoit rembourſer en monnoie forte la même ſomme de quatre-vingt-dix

livres. Un autre moyen encore plus
lucratif étoit de fabriquer des especes
pareilles à celles de la nouvelle refonte, & de les envoyer en France pour
retirer des débiteurs le même numéraire
après la diminution. Il est surprenant
que des expédiens aussi ruineux ayent
été employés plus d'une fois, & qu'il
se soit trouvé des gens assez peu clair-
voyans pour les regarder comme utiles,
parce qu'ils avoient libéré l'Etat & procuré une espece d'abondance passage-
re : car il est constant que dans ces deux
occasions l'Etranger fit entrer de l'argent, mais il fut payé cher, & procura
après les diminutions un plus grand
épuisement qu'auparavant.

Le mois d'Octobre acheva enfin l'extinction du système de crédit.

Le 5 il fut ordonné que les porteurs
d'actions non remplies, auxquels on
avoit laissé la liberté de répondre ou
non à l'appel, seroient tenus dans le
mois d'acquitter le supplément de trois
mille livres par action, en billets de
banque de cent livres, de cinquante livres & de dix livres, ou en actions non
remplies sur le pied de trois pour deux
remplies qui leur seroient délivrées : si
mieux ils n'aimoient les convertir en

actions rentieres ; Sa Majesté voulant que le dernier jour d'Octobre les actions non remplies demeurassent nulles, & de nulle valeur.

Trois jours après il parut un autre Arrêt plus célebre. Il portoit qu'on avoit reconnu que la totalité des billets de banque fabriqués avoit

monté à. . . . . 2696400000 liv.

Que sur certe somme il en avoit été brûlé à diverses reprises à l'Hôtel-de-ville de Paris pour . . . . 707327460 ⎫

Qu'il en avoit été porté au Trésor royal pour acquisitions de rentes viageres ou perpétuelles, environ... 530000000 ⎬ 1837327460

Pour les comptes ouverts à la Banque. 200000000

Qu'il s'en trouvoit dans les caisses des Monnoies pour environ. . . . . 400000000 ⎭

Il n'en devoit plus rester par conséquent dans le Commerce que pour 859072540

Cependant l'Arrêt annonce qu'il en reste encore pour la somme d'un mil-

liard cent soixante-neuf millions soixante-douze mille cinq cent quarante
livres, ce qui porteroit à croire qu'il
en avoit été fabriqué pour plus de trois
milliards.

On exposoit ensuite que pour retirer
cette somme, outre ce qui resteroit à
consommer en billets du fonds de vingt-
cinq millions de rentes sur la Ville du
mois de Juin, il en seroit encore éteint
quatre cent millions pour le capital de
huit millions de rente au denier cinquante sur les recettes générales, cent
millions pour le capital de quatre millions de rentes viageres au denier vingt-
cinq, que ce qui n'auroit point été employé par ces moyens pouvoit l'être en
dixiemes d'actions montant à quatre
cent millions, ou être porté aux Hôtels
des Monnoies, ou demeurer actions
rentieres avec la garantie du Roi : qu'au
moyen des facilités données pour l'extinction de tous les billets, leur emploi
dans les payemens ne faisoit qu'empêcher la circulation & soutenir le haut
prix des denrées : en conséquence Sa
Majesté ordonnoit qu'à compter du premier Novembre les billets de banque
ne pourroient être donnés ni reçûs en
payement, pour quelque cause que ce

fût, que de gré à gré; & que du jour
de la publication ils ne pourroient être
admis en payement dans les bureaux
de fes Recettes & Fermes; que paffé
le dernier Novembre, ce qui refteroit de
billets de banque ne pourroit plus être
converti qu'en actions rentieres ou en
dixiemes d'actions. Le 24 Octobre la
Compagnie offrit au Roi un don gra-
tuit de vingt millions en quatre payemens, à condition que les efpeces feroient reçûes fans billets de banque aux
Hôtels des Monnoies, fçavoir les efpeces d'argent fur le pied de foixante dix-
huit livres le marc, & celles d'or fur
le pied de onze cent foixante-dix livres.
En effet elle s'affuroit par ce moyen
un bénéfice de quinze pour cent fur
l'argent, & de douze pour cent environ fur l'or.

Telle fut la fin déplorable de ce fameux fyftème de crédit de Finance,
qu'il étoit encore tems de prévenir à la
fin de Mai. Il eft certain qu'en fe déci-
dant à l'éteindre entierement, on ne
pouvoit trop fe preffer de donner un
débouché aux effets qu'il avoit mis
dans le Public & en profcrire le cours.
La confufion que devoit entraîner fa
chûte eût vrai-femblablement été moins

grande, si le Gouvernement avoit formé un plan de retraite dès le commencement du desastre. Mais des dispositions journalieres détruites les unes par les autres redoublerent la crainte, le discrédit, la perte des particuliers & de l'Etat.

Il paroît que les faits se réunissent aux principes pour prouver que ce projet, de la maniere dont il étoit conçû, ne pouvoit avoir assez de solidité pour être durable. Par un excès plus grand on compta trouver dans l'autorité des ressources pour violenter la confiance, & l'on éprouve en la compromettant que pour soutenir un plan vicieux il n'est point de bons expédiens. Peut-être l'auteur du système s'étoit-il persuadé que le pays où il vouloit opérer donneroit la préférence aux opérations d'un effet rapide & précipité, sur celles dont le succès progressif exige une assiduité constante de vûes, & une uniformité de conduite pendant des années. Mais il devoit par la même raison concevoir que dans un pareil pays les révolutions sur le crédit devoient être rapides & précipitées; car la confiance du peuple gouverné est toujours relative aux maximes du Gouvernement.

H h iiij

Que l'on eût fortifié l'établissement de la Banque générale par des faveurs sans gêne , & sans mêler ses intérêts en aucune maniere avec ceux de l'Etat, on parvenoit , comme on l'avoit commencé en 1716 , à rétablir la circulation éteinte par le seul cours du Commerce. Une monnoie fixe & invariable dans son titre & dans son poids à la Banque en faisoit nécessairement le centre de toutes les négociations intérieures & extérieures : cette sûreté multiplioit les entreprises, l'argent sortoit de ses retraites. Nos denrées, nos fabriques n'étant point renchéries par une abondance excessive & subite de l'espece, nous auroient attiré l'argent des Etrangers , l'aisance renaissoit parmi tous les ordres de l'Etat. Le Gouvernement auroit trouvé dans la baisse successive des intêtêts des moyens de diminuer ses charges, & dans l'augmentation de ses revenus des expédiens pour les libérer. Il restoit encore à la vérité un vice confidérable dans la circulation occasionné par le discrédit des effets royaux : c'étoit un projet utile sans doute de les employer en actions dans une Compagnie à laquelle on eût procuré de grands bénéfices. Mais por-

ter la valeur de ces actions à un taux
qui avertissoit les propriétaires de s'en
défaire, leur assigner un dividende plus
fort de la moitié qu'il ne pouvoit être
payé; pour soutenir ce dividende en
retirant une partie des actions, répandre tout à coup dans la circulation pour
deux milliards de monnoie de papier,
c'étoit élever un édifice que son propre
poids devoit écraser. C'est cependant
sur ces opérations qu'étoit fondée la libération prétendue de l'Etat, puisque
sans le jeu des actions, sans le prix ex-
cessif auquel elles monterent, il eût été
impossible de déterminer les créanciers
de l'Etat, d'y fondre pour quinze cent
millions d'effets dont la rente étoit assi-
gnée à quatre pour cent. Encore ces
opérations ne libéroient-elles pas l'Etat
du capital, elles ne faisoient que diminuer sa charge de treize millions environ : car le Roi avoit hypothéqué cin-
quante-un millions de rente à la Compagnie, pour remplacer soixante-quatre
millions qu'il payoit à quatre pour cent
pour les quinze cent millions remboursés par elle & les cent millions de son
capital.

Avec de la confiance, disent les partisans du système, on eût mis son au-

teur en état de perfectionner son établissement, de porter les revenus du
Roi à trois cent millions, & dès-lors
d'assigner annuellement des rembourfemens considérables sur les capitaux.
Mais pour exiger de la confiance il faut
la mériter par des opérations claires &
solides. Chez un peuple qui n'a point
de part à l'administration publique par
ses représentans, on doit employer à
la conduite du crédit public de plus
grands ménagemens qu'ailleurs ; parce
que ce peuple retire d'autant plus vîte
sa confiance qu'il est plus facile d'en
abuser, & parce que les combinaisons
générales ne venant point à sa connoissance, chacun n'en juge que par les effets personnels. Alors dans les circonstances critiques il n'arrive que trop que
le soin de pourvoir aux suretés particulieres détruit la sureté générale, c'est-
à-dire, que la prudence timide de chaque citoyen rompt les mesures de celui
qui les gouverne. Mais celui-ci doit
connoître la nature de la constitution,
y accommoder ses réglemens, en prévoir les suites ; & il seroit aussi injuste
de rejetter le blâme du mauvais succès
sur la legereté ou la précipitation de la
Nation, que de reprocher à un malade

de n'avoir pas été guéri par le même remede qui a sauvé son voisin. Chaque constitution de Gouvernement a des avantages qui lui sont propres, & il n'en est point qui puisse les réunir tous au même degré ; tant qu'il ne s'agira que de rendre les hommes heureux dans chacune, on arrivera au même but, si l'on sçait choisir le moyen d'exécution qui lui convient. Mais si l'on n'apportoit pas d'habileté dans ce choix, le Gouvernement du Légiflateur le plus actif & le mieux intentionné ne seroit que l'assemblage monstrueux de toutes les institutions qui ont produit ailleurs quelque bien.

Si l'on veut faire attention aux facilités que le Gouvernement a éprouvées en France pour le crédit depuis François I. malgré divers exemples fâcheux de l'abus de ce crédit, on concevra qu'il est possible de lui en procurer un très-étendu & à bon marché, si l'on veut le bien conduire & le fonder sur un pied solide. Dans le même espace de tems, aucun Etat n'a trouvé la moitié autant d'argent à emprunter, soit qu'on prenne des époques particulieres, soit qu'on les confonde toutes dans un espace de deux cent cinquante ans environ : cha-

cun d'eux eût éprouvé les mêmes révolutions si l'administration eût été la
même. On conviendra d'ailleurs que
cette proportion, au lieu d'être de moitié devroit être de plus des deux tiers
vis-à-vis de l'Angleterre par exemple,
si l'on compare la position des deux
Etats. Mais ce n'est pas encore la faute
de la confiance nationale. L'Angleterre
est mieux mise en valeur soit du côté des
hommes, soit du côté des terres, & le
montant des impositions dicte la proportion de rigueur des engagemens publics.

Ces réflexions paroissent propres à
justifier notre Nation contre les imputations indécentes que lui ont fait quelques partisans du système, & à détruire
le préjugé qu'ils ont voulu insinuer que
c'étoit le seul moyen d'établir parmi
nous le crédit public.

Une preuve sans replique que la chûte
du système ne fut point une faute nationale, mais qu'elle étoit attachée au
vice de sa construction, c'est que les
Etrangers qui s'y trouvoient intéressés
furent les premiers réaliseurs. Tandis
que les Citoyens voyoient enlever leur
argent en échange du papier, pouvoit-
on exiger d'eux qu'ils se rassurassent les
uns & les autres, & qu'ils s'occupas-

fent uniquement du foin de maintenir
l'harmonie du fystème en attendant les
fruits ? Suppofons même que par un
effort au-deffus de l'humanité, cela fût
arrivé, voyons-en les fuites. Les Etrangers à la faveur du furhauffement ex-
ceffif du prix de nos denrées & de nos
manufactures, de l'accroiffement im-
modéré de notre luxe occafionné par
celui de quelques fortunes particulieres, auroient apporté leurs denrées
avec avantage; payés fuivant la Loi
en monnoie de papier, ils auroient continué de l'échanger avec l'argent : bien-
tôt il auroit difparu en entier. Il nous
feroit refté une grande valeur en monnoie de papier ; nos confommations intérieures euffent été très-abondantes,
les revenus publics fe fuffent accrûs
dans la même proportion ; mais l'Etat
n'auroit confervé aucune influence au-
dehors, n'y pouvant faire de dépenfe ;
les Etrangers fe feroient emparés non-
feulement de nos richeffes réelles, mais
des Commerces qui les produifent ; une
pareille fituation pouvoit-elle fubfifter ?
A moins qu'on ne veuille fe féparer des
autres hommes, il faut fuivre les ufages généraux confacrés parmi eux.
Nous avons deux fortes d'intérêts à

nous procurer l'abondance de l'argent,
celui d'occuper notre peuple, & celui
d'empêcher les autres Etats de le gagner, puisqu'il eſt reçû que la ſomme
des richeſſes influe ſi conſidérablement
ſur la balance des pouvoirs.

L'inſtant de la chûte totale du ſyſtème fut une criſe violente dans l'Etat,
& replongea la circulation dans un
anéantiſſement plus grand encore que
celui où elle ſe trouvoit au premier
Septembre 1715. Les effets publics montoient à des ſommes beaucoup plus
conſidérables, ils intéreſſoient un bien
plus grand nombre de familles, & les
plus pauvres ſe trouvoient quelques
billets de banque. L'impoſſibilité de
ſoutenir la Compagnie, l'incertitude
des meſures qu'on alloit prendre, tout
contribua au reſſerrement de l'argent
qui ſe trouvoit concentré entre un petit
nombre de mains ; le travail ceſſa, on
ne vouloit point vendre les denrées.
Quoiqu'on eût promis autentiquement
de ne jamais rechercher les actionnaires
à raiſon de leurs bénéfices, on ſe crut
forcé le 28 Octobre d'obliger les plus
conſidérables de répandre dans le public une partie des richeſſes qu'ils gar-
doïent. Il fut dreſſé des rôles par leſ-

quels ils étoient taxés à l'achat d'un nombre d'actions proportionné aux gains qu'ils avoient faits, & qu'ils devoient rapporter dans quinzaine à la caisse de la Compagnie, où elles resteroient trois années en dépôt : dans le cas où ils n'en pourroient trouver dans le public la quantité prescrite par leur taxe, ils devoient en acheter à la Compagnie de celles qui lui restoient des deux cent cinquante mille créées le 15 Septembre, pour les y payer sur le pied de treize mille cinq cent livres l'action en billets de banque. Pour distinguer les actionnaires de bonne foi, il fut ordonné à tous porteurs d'actions de les apporter dans huitaine à la Compagnie, pour y être déposées en compte jusqu'au 15 Novembre, & timbrées d'un second sceau.

La faveur éluda en partie ce réglement, & les actionnaires de bonne foi aimerent mieux vendre à tout prix que de déposer leurs actions, dans la crainte de ne les revoir jamais ; ce qui les fit encore baisser de prix sur la place.

Le premier Novembre le terme du dépôt des actions à l'égard des actionnaires de bonne foi fut prolongé de dix jours pour Paris & de vingt jours pour les Provinces ; mais l'Arrêt ajouta que paffé ce terme, les actions qui n'auroient pas été rapportées demeureroient nulles & feroient biffées fur les Régiftres de la Compagnie. Cette contrainte fufpecte décria abfolument les actions ; elles fe négocioient publiquement, malgré les défenfes de s'affembler, à deux mille livres en billets de banque, qui perdoient quatre-vingt-dix pour cent ; de maniere qu'une action qui repréfentoit treize mille cinq cent livres fur le pied de la fixation, ne produifoit pas deux cent livres en efpeces. Le befoin que les Négocians avoient d'efpeces & la défiance en déterminerent un grand nombre à s'en défaire fur ce pied : & les gros réalifeurs, qui ne fe trouverent pas affez de crédit pour fe faire décharger de leurs taxes, profiterent de leurs détreffes pour les remplir à peu de frais.

Le 27 Novembre la Compagnie fe procura quelques fecours de la part de fes actionnaires par un emprunt de vingt-deux millions cinq cent mille livres, pour le foutien de fon Commerce, par un appel de cent cinquante livres par action payables un tiers en billets de banque & les deux tiers en efpeces, Sa Majefté

Majefté ordonnant qu'il feroit appofé
un troifieme fceau fur les actions dont
les porteurs auroient rempli l'appel, &
que celles qui n'en feroient pas revê-
tues dans le 20 Décembre demeureroient nulles.

Par le calcul de cet Arrêt il paroît
que les actions exiftantes dans le public
montoient à cent cinquante mille, lefquelles au prix de la fixation, c'eft-à-
dire à treize mille cinq cent livres, euffent formé un capital de deux milliards
vingt-cinq millions , mais qui ne valoient plus au cours de la place que
trois cent millions en billets.

Cette baiffe prodigieufe augmenta
encore à mefure que le bruit fe confirma d'une recherche des actionnaires ;
de maniere qu'on rapporte qu'une action fe vendit un louis d'or.

Cette recherche s'opéra en effet dans
le mois de Janvier par un vifa de tous
les effets & de toutes les actions qui
reftoient dans le public des débris du
fyftème. Les porteurs devoient les dé-
pofer à la Compagnie, & juftifier pardevant les Commiffaires nommés, d'où
& de quels fonds ils avoient acquis ces
effets ; afin de pouvoir retenir ceux qui
appartenoient aux réalifeurs & aux

agioteurs, qu'on vouloit rendre responsables du discrédit public.

Cette opération fut précédée de
deux autres, dont l'une ôta à la Compagnie des Indes l'administration des
recettes générales, & résilia tous les
baux des Fermes qui lui avoient été
passés. La seconde réunit la Banque à
la Compagnie, de maniere que les opérations de l'une seroient pour le compte
de l'autre.

La Compagnie forma opposition à
ce dernier Arrêt avec plus de justice
que de succès. On n'entrera point dans
ces discussions qui n'appartiennent pas
à la combinaison du système non plus
que le visa.

L'une & l'autre entreprise étoient
également contraires aux engagemens
autentiques & réitérés que le Gouvernement avoit pris : & vrai-semblable-
ment on pouvoit recourir à des expédiens moins violens & moins funestes
par la trace qu'ils laissent dans la mémoire des hommes. Il ne s'agissoit plus
d'emprunts ou de traités usuraires faits
par l'Etat, de doubles emplois dans les
comptes des finances, d'imputer les intérêts excessifs sur les capitaux, enfin
le motif n'étoit plus à la suite d'une

longue guerre qui avoit jetté l'Etat
dans un épuifement total, de compofer
d'une partie de la dette pour affurer
l'autre.

. Ici l'autorité n'avoit d'autre vûe que
d'avilir & d'annuller des effets donnés
un an auparavant au public pour lui
fervir de monnoie. On puniffoit des
Citoyens d'avoir manqué de confiance
dans un calcul qui ne leur avoit pas paru
folide, tandis que l'acte feul de cette
recherche juftifioit leur défiance. On
en taxoit d'autres pour avoir acquis à
vil prix ce qu'on eût abandonné avec
une perte totale s'il ne fe fût trouvé
des acquéreurs. Au lieu d'arriver à la
libération de l'Etat par une inquifition
qui portoit le trouble dans les familles
innocentes comme dans celles que l'on
traitoit de coupables, une regle générale qui auroit procuré un emploi à tous
ces effets en les évaluant au cours de la
place, eût produit, fuivant les appa-
rences, un effet plus étendu, moins
odieux, & la crife de l'Etat eût été
moins longue.

. Après avoir tracé le plan du fyftème
de Finance & la marche de fon exécution, il nous refte à le confidérer dans
les révolutions qu'il a opérées, foit à.

Ii ij

l'égard des particuliers, foit à l'égard
de l'Etat.

Les ruines du fyftème ont fans doute
écrafé un très-grand nombre de familles; mais elles en ont relevé d'autres
en leur procurant les moyens de fe libérer de leurs dettes. C'eft principalement
aux propriétaires des terres qu'il a été
favorable. Les uns profiterent du haut
prix auquel elles étoient portées pour
liquider de gros emprunts par la vente
d'une petite partie de leurs fonds; d'autres empruntant à bas intérêt pour rembourfer ce qu'ils devoient fur le pied
de cinq pour cent, diminuerent leurs
charges; un très-grand nombre enfin
profiterent du difcrédit des billets pour
les acheter à vil prix & rembourfer
leurs créanciers. Ainfi à cet égard le
fyftême a produit quelque bien préfent
à l'Etat, parce que la culture eft meilleure entre les mains d'un propriétaire
riche, qu'entre les mains d'un propriétaire obéré, & parce que la Nobleffe
s'eft trouvée plus à fon aife & plus en
état de fervir.

En général tous les débiteurs gagnerent une partie de ce que perdirent les
créanciers; mais il fe trouva une perte
qui ne fut au profit de perfonne fur la

baiſſe des effets qui avoient circulé comme monnoie, & qui avoient été employés dans les rembourſemens. Quand même on ſuppoſeroit que la même ſomme d'argent exiſtoit dans l'Etat, ce qui n'eſt pas vrai-ſemblable, il en réſulteroit toujours une plus grande inégalité dans la répartition, & il eſt toujours vrai de dire que grand nombre de familles bien établies, en état de ſecourir la République, furent renverſées, ſans que leur malheur tournât au rétabliſſement d'un nombre égal de familles réduites au point où celles-ci le trouverent ; dès-lors la population a dû perdre beaucoup, ainſi que les Finances.

Enfin la maniere dont une grande partie des rembourſemens ſe fit aux créanciers a porté au crédit, à la confiance, & peut-être à la bonne foi une plaie qui ſaigne encore. Le ſouvenir de ces évenemens nuit ſur-tout dans les Provinces à la facilité du prêt, retire de grandes ſommes de la circulation, contribue à ſoutenir l'intérêt de l'argent ; & il n'eſt que trop commun de voir des gens qui ne veulent pas ſe libérer en entier de leurs dettes, dans l'eſpérance chimérique d'une pareille révolution.

Les laboureurs & les gens de campagne gagnerent au fystème dans les environs des grandes villes, parce que la confommation fut très - vive, & que leurs fermages continuant fur le pied où le fystème les avoit trouvés, ils s'acquitterent des arrérages de leurs impofitions. Mais ce bénéfice ne fut pas de longue durée, parce que les non-valeurs qui fuivirent la chûte du fystème, le défaut de circulation & l'augmentation des impôts les replongerent dans l'état de pauvreté dont ils venoient de fortir. Les manufactures travaillerent affez vivement pendant quelque tems, pour répondre à l'accroiffement de la confommation, & à la demande de ceux qui réalifoient en denrées. Mais le Commerce perdit confidérablement par le décri des billets de banque, par l'anéantiffement où le défaut de circulation le retint depuis pendant plufieurs années. Cependant le luxe qui commença à s'introduire, foit parmi la Nobleffe qui s'étoit libérée de fes dettes, foit parmi les particuliers enrichis au commerce du papier, anima l'induftrie dans quelques branches. Mais fi cette augmentation eût porté fur les manufactures fimples & communes par les effets d'une bonne

administration, elle eût été plus utile ;
car on ne peut appliquer le nom d'utilité au produit d'une industrie occasionnée par la rapidité & l'immensité
de quelques fortunes particulieres aux
dépens de la fortune générale. La dépense de ces hommes qui fortent tout-
à-coup de la proportion commune à la
faveur d'une crise publique , est un
moindre mal que leur économie, mais
ne peut être réputée un bien.

Il résulte aussi du mouvement rapide
donné pendant quelque tems à la consommation, une espece d'émulation &
d'essor dans le génie des artisans qu'une
longue inaction avoit abattu. On peut
même compter parmi les compensations des pertes que la chûte du système
occasionna au Commerce, l'introduction de l'esprit de calcul. Mais il est à
croire qu'un bon plan d'administration
auroit produit des effets plus étendus
& plus généraux ; que le Commerce
n'auroit point éprouvé l'état de langueur où il resta jusqu'en 1726 ; & il est
très-certain qu'il nous auroit attiré
beaucoup d'argent des Etrangers, au
lieu que les opérations du système leur
firent passer des sommes immenses du
nôtre.,

Il eſt évident que les finances ſe trouvoient chargées de plus gros capitaux
de dettes après la chûte du ſyſtème qu'-
auparavant; puiſque les billets de mille
livres & de dix mille liv. ſe trouvoient
déclarés actions rentieres dont le Roi
répondoit. On a vû que les effets rembourſés par la Compagnie des Indes, y
compris les cent millions de capital des
actions d'Occident, montoient à ſeize
cent millions.

Les effets préſentés au viſa montoient à deux milliards deux cent vingt-
deux millions cinq cent quatre-vingt-
dix-ſept mille quatre cent quatre-vingt-
une liv. par conſéquent la dette étoit
accrue de plus de ſix cent millions.

Le viſa annulla au profit du Roi cinq
cent vingt-un millions huit cent ſoixante-quatre mille cent quatre-vingt-ſept
liv. qui ayant eu les qualités de la monnoie formoient un vuide réel dans la
circulation & les conſommations. L'E-
tat après ce retranchement ſe trouvoit
encore redevable d'un milliard ſept
cent millions ſept cent trente-trois mille
deux cent quatre-vingt-quatorze liv.

Le bénéfice que l'on fit par la réduction de l'intérêt des contrats au denier
quarante ne peut être conſidéré comme

un

un avantage, puisque ce fut une opération violente qui ruina une grande
partie des créanciers de l'Etat, & que
le Commerce ne retrouva pas dans la
baisse générale des intérêts un dédom-
magement des consommations qu'il perdoit; opération qui lui a coûté depuis
par la diminution de son crédit beaucoup plus qu'il ne gagna alors.

Enfin il fallut augmenter de nouveau
les impositions, & faire une seconde
fois divers retranchemens sur les dépenses que l'on avoit rétablies.

Il paroît donc qu'en général le système n'a procuré par lui-même aucun
des avantages que lui attribuent beaucoup de personnes, même dans sa chûte, puisque ces avantages prétendus
eussent également été produits, sans
être accompagnés des mêmes inconvéniens, par une bonne administration
qui auroit travaillé avec moins de précipitation sur un plan fixe & des principes solides à la libération de l'Etat, au
rétablissement de la circulation, de l'A-
griculture, du Commerce, & de la consommation. Quand même cette administration auroit pris le parti de faire
un second retranchement sur les dettes
de l'Etat pour accélérer l'exécution de

les vûes, ce qui eût été une mauvaise opération relativement au crédit, il est évident qu'elle auroit occasionné moins de desordres publics & particuliers, que la chûte du système & le visa. Enfin, puisqu'en 1718 les revenus & la dépense étoient au pair, il est clair que dans l'espace de tems qui s'écoula jusqu'en 1728, que finirent toutes les liquidations, il eût été facile, au moyen du bénéfice de la paix, de se procurer un nouveau fonds destiné à l'amortissement des dettes de l'Etat. Les Fermes générales seules monterent depuis 1718 jusqu'en 1733 de quarante-huit millions à quatre-vingt-six, malgré les révolutions éprouvées dans le crédit public., le Commerce, & les fortunes particulieres. Il est donc évident qu'avec une administration tranquille & économe on auroit pu rembourser dans ces quinze années plus de deux cent cinquante millions de dettes publiques, en les retirant suivant le cours de la place par des achats particuliers. On se seroit au moins trouvé au même point quant à la libération de l'Etat, puisqu'en 1733 il paroît que toutes les rentes montoient à soixante-cinq millions environ, y compris huit millions de rentes viage-

res. Mais il eſt vrai-ſemblable que le
Royaume auroit été plus riche, puiſqu'il n'en ſeroit point ſorti d'argent, &
que le Commerce protégé & favoriſé y
en eût fait rentrer annuellement ; qu'on
ſe ſeroit épargné une interruption de
près de ſix années dans la circulation,
& une plus longue encore dans les conſommations. Enfin, puiſqu'au lieu de
deux criſes éprouvées en quatre années
dans les Finances de l'Etat, il n'en eût
été reſſenti qu'une beaucoup moins
violente que l'autre, & dans l'opinion
des Peuples & dans ſes effets ; on ſe ſeroit par conſéquent épargné pluſieurs
opérations funeſtes, telle que celle des
reſtes du bail de 1726, qui coûta plus
de ſoixante millions à l'Etat, la revente des Offices ſur les ports au tiers de
leur valeur. Si l'on conſidere toutes ces
circonſtances, on verra que la France
eût été réellement plus puiſſante en
1733, ſi le premier plan d'adminiſtra-
tion eût été ſuivi ſans la faire paſſer
par l'épreuve du ſyſtème. Mais ſi l'on
porte ſes regards ſur les mauvaiſes reſſources de finances qui furent employées depuis 1733, telles que les tontines, les traités onéreux au Prince, on
connoîtra que les ſuites de la chûte du

les vûes, ce qui eût été une mauvaise opération relativement au crédit, il est évident qu'elle auroit occasionné moins de desordres publics & particuliers, que la chûte du système & le visa. Enfin, puisqu'en 1718 les revenus & la dépense étoient au pair, il est clair que dans l'espace de tems qui s'écoula jusqu'en 1728, que finirent toutes les liquidations, il eût été facile, au moyen du bénéfice de la paix, de se procurer un nouveau fonds destiné à l'amortissement des dettes de l'Etat. Les Fermes générales seules monterent depuis 1718 jusqu'en 1733 de quarante-huit millions à quatre-vingt-six, malgré les révolutions éprouvées dans le crédit public., le Commerce, & les fortunes particulieres. Il est donc évident qu'avec une administration tranquille & économe on auroit pu rembourser dans ces quinze années plus de deux cent cinquante millions de dettes publiques, en les retirant suivant le cours de la place par des achats particuliers. On se seroit au moins trouvé au même point quant à la libération de l'Etat, puisqu'en 1733 il paroît que toutes les rentes montoient à soixante-cinq millions environ, y compris huit millions de rentes viageres. Mais il est vrai-semblable que le Royaume auroit été plus riche, puisqu'il n'en seroit point sorti d'argent, & que le Commerce protégé & favorisé y en eût fait rentrer annuellement ; qu'on se seroit épargné une interruption de près de six années dans la circulation, & une plus longue encore dans les consommations. Enfin, puisqu'au lieu de deux crises éprouvées en quatre années dans les Finances de l'Etat, il n'en eût été ressenti qu'une beaucoup moins violente que l'autre, & dans l'opinion des Peuples & dans ses effets ; on se seroit par conséquent épargné plusieurs opérations funestes, telle que celle des restes du bail de 1726, qui coûta plus de soixante millions à l'Etat, la revente des Offices sur les ports au tiers de leur valeur. Si l'on considere toutes ces circonstances, on verra que la France eût été réellement plus puissante en 1733, si le premier plan d'administration eût été suivi sans la faire passer par l'épreuve du système. Mais si l'on porte ses regards sur les mauvaises ressources de finances qui furent employées depuis 1733, telles que les tontines, les traités onéreux au Prince, on connoîtra que les suites de la chûte du fyftème ont été bien plus étendues & plus funeftes au Corps politique, qu'on ne fe l'eft imaginé d'abord.

Mais le plus grand des maux qu'il a produits eft peut-être l'odieux qu'il a jetté fur le mot de fyftème; le feul cependant par lequel il foit poffible d'exprimer un projet conféquent à des principes donnés. Trop peu de gens fe procurent les lumieres fuffifantes pour juger des principes par des réflexions profondes fur l'adminiftration ; & le vulgaire, c'eft-à-dire le plus grand nombre, eft parvenu à craindre tout ce qui préfente une fuite d'idées liées entr'elles par un rapport commun & effentiel. Tout homme qui a le malheur de propofer un plan, foit pour opérer des réformes, foit pour trouver des expédiens, fe voit méprifer comme efprit fyftématique, & rarement fera-t-il employé, au-moins dans les matieres fur lefquelles il aura raifonné. Les bons efprits & les bons citoyens ne doivent cependant pas rallentir leurs efforts, & nous devons efpérer que, fi d'excellens Logiciens parviennent une fois à faire adopter des idées faines, le raifonnement reprendra l'empire qu'il doit avoir fur les hommes.

F I N.

TABLE

DES MATIERES

Contenues dans le sixieme Volume.

A

K k iij

B

FIN.

www.ingramcontent.com/pod-product-compliance
Lightning Source LLC
Chambersburg PA
CBHW072009270326
41928CB00009B/1591

9 7 8 2 0 1 3 5 3 2 8 4 6